教育部人文社会科学研究青年项目：

项目批准号：11YJCZH244

项目名称：少数民族语言对汉语发展的影响——以云南地方文献中的语言文献为例

少数民族语言
对汉语发展的影响

——以云南地方文献中的语言文献为例

赵锦华◎著

中国社会科学出版社

图书在版编目（CIP）数据

少数民族语言对汉语发展的影响：以云南地方文献中的语言
文献为例/赵锦华著．—北京：中国社会科学出版社，2017.6
ISBN 978 - 7 - 5203 - 0211 - 1

Ⅰ.①少… Ⅱ.①赵… Ⅲ.①少数民族—民族语—影响—汉语史—研
究—中国 Ⅳ.①H1 - 09②H2

中国版本图书馆 CIP 数据核字（2017）第 086660 号

出 版 人 赵剑英
责任编辑 郭晓鸿
特约编辑 席建海
责任校对 石春梅
责任印制 戴 宽

出 版 中国社会科学出版社
社 址 北京鼓楼西大街甲 158 号
邮 编 100720
网 址 http://www.csspw.cn
发 行 部 010 - 84083685
门 市 部 010 - 84029450
经 销 新华书店及其他书店

印刷装订 北京君升印刷有限公司
版 次 2017 年 6 月第 1 版
印 次 2017 年 6 月第 1 次印刷

开 本 710×1000 1/16
印 张 17.5
插 页 2
字 数 213 千字
定 价 78.00 元

前　言

云南自古即是多民族聚居地，云南汉语方言的形成与云南汉族移民有密切联系。云南汉语方言何时形成、如何形成，少数民族语言与汉语方言是怎样的关系等，这些问题一直为学界所关注。探究方法多种多样，通过分析云南地方文献中的汉语言文献，来探视云南汉语方言史、揭示云南汉语方言与少数民族语言关系，不失为一种有效途径。正如英国历史哲学家科林伍德所说："今天由昨天而来，今天里面就包含昨天，而昨天里面复有前天，由此上溯以至于远古；过去的历史今天仍然存在着，它并没有死去。"梳理云南地方文献中的汉语言文献所含声韵学特质、词汇特点，可探究历史上汉民族共同语的发展演变以及云南汉语方言是怎样一步步独立发展而最终自成体系，也可为双语学、少数民族语言对汉语的影响研究提供研究范例、历史资料和研究性资料，丰实近代汉语研究、成果、认识。

"研究历史就是为了对目前人类的活动看得更清楚。"了解昨天，更重要的是为了把握今天、创造明天，是为了充实自己的大脑，汲取宝贵的人生经验。云南汉语古籍的整理研究，更期待能解释云南历史文化的问题，增进人们对云南民族地区历史与现状的认识，促进民族地区社会、文化的和谐发展。

研究过程中，吸收了学界的多年研究成果，并得到师友的真诚支持与帮助，倾付多年心血，终于完成此书。感谢前贤、学者、朋友的鼎力相助！

由于笔者资料贫乏，学识有限，加之时间仓促，疏误之处在所难免，敬请同人及读者批评指正。

目　录

绪　　论

一　选题意义

选题主要通过对云南地方文献中的汉语言文献的全面系统的整理，形成一个较为全面、系统的"云南地方文献中的汉语言文献辑读"。到目前，收集到有书目的云南地方文献中的汉语言文献近40部，著录书目较多、较为集中的是方树梅的《明清滇人著述书目》，共18篇（部），而原文却散落各处：赵藩、陈荣昌等辑《云南丛书》收录4部，《丛书集成新编》收录9部，李根源辑《永昌府文征》收录18篇（部），王云五的《续修四库全书提要》收录3部，等等，以上有重复收录，还有的为单本存在。以上这些对云南地方文献中的汉语言文献的研究，研究云南汉语史，研究云南历史，无疑是一批重要的材料。

期待通过对云南地方文献中的汉语言文献的专书研究，印证、总结、丰富和修正对云南地方文献中的汉语言文献的认识，纵横比较，揭示云南汉语发展史。兰茂的《韵略易通》堪比音韵工具书，与之相媲美的小学文献大有存在，高奣映的《等音声位合汇》、释本悟的《韵略易通》、释宗常的《切韵正音经纬图》、吴树声的《歌麻

1

古韵考》等，需要我们去发掘、深研。

期待通过分析云南地方文献中汉语言文献与少数民族语言关系、云南少数民族语言对云南汉语的影响，为双语学、少数民族语言对汉语的影响研究提供研究范例、历史资料和研究性资料。

总之，希望通过本书全面系统的整理、研究，能够起到很好地保护云南地方文献的作用，丰富和修正对云南地方文献中的汉语言文献的认识，促进云南地方文献、云南语言文献研究的发展，为学界深入研究云南汉语与云南少数民族语言关系及民族地区少数民族语言对汉语的影响，提供研究范例、历史资料和基础性科研资料，丰实近代汉语研究、成果和认识；增进人们对民族地区历史与现状的认识，促进民族地区社会、文化的和谐发展。

二　研究现状

自方国瑜、李孝友等学者把丰富多彩的云南地方文献展示于世人前，由于多种条件的限制，对于成绩斐然的云南语言文献，后人更多集中在兰茂的《韵略易通》的研究上，致使其他云南语言文献极少为人所知，未能充分发掘。

云南汉语言文献是云南地方文献的重要组成部分，也是研究古代汉语的重要材料，学界对云南汉语言文献的研究和运用主要集中在以下三个方面：

（1）对云南地方文献中的汉语文献的收集和整理。《四库全书》《中国丛书综录》《云南书目》《正德云南志》《万历云南通志》《道光云南通志》《光绪云南通志》《新纂云南通志》《明清滇人著述书目》等在经部小学类多有存目，为云南地方文献中的汉语言文献的收集整理提供了线索，奠定了基础。

（2）对云南地方文献中的汉语言文献的校勘、注释、补注。兰茂撰丽江周杲校录《韵略易通二卷校勘记》二卷、兰茂撰近王有道少卿注释《声律发蒙》二卷、吴树声撰苗夔补注《歌麻古韵考》四卷等，这些对云南文献中的语言文献的专书选编、研究架设了桥梁。

（3）对云南地方文献中的汉语言文献的专书研究。这部分是最少的，多为单篇论文，并且多集中在对兰茂的《韵略易通》的研究上。收录云南文献中的语言文献书目的古籍，其书目下或多或少会有一些评价、议论。这些是我们进行专书研究最好的借鉴、参照和对比研究材料。

通过考察、了解学界对云南地方文献中的汉语言文献研究的历史与现状，发现存在以下几个问题：

（1）对云南地方文献中的汉语言文献收集多为存目，且收集不全面，更甚者作者与著述张冠李戴，给研究带来不必要的麻烦；古籍保护不够，内容缺失严重，亟待收集、整理和保护。

（2）多对单本著述进行研究，对云南汉语发展的历史研究不够系统、深入，不能很好地揭示云南汉语发展历史；研究各有侧重，观点纷纷不一，历有不少争议。

（3）研究民族地区的汉语，不曾考虑到少数民族环境因素，以及少数民族语言对汉语发展的影响。

我们认为随着社会、历史的发展，以及国内外对云南文化、民族地区的文化、中国文化的进一步关注，以及对云南少数民族语言、云南汉语与少数民族语言的关系和双语学研究的深入，对云南地方文献中的语言文献的进一步收集、整理、研究及对民族地区少数民族语言对汉语的影响的研究，大有可为。

三 研究方法

探讨一种方言的历史源流，主要研究方法有：文献研究法、比较归纳法、统计法等，其中文献研究法、比较归纳法是最基本、最常用的方法。

（1）文献研究法。文献包括官方修订的正史、地方志等各种文献；民间撰修的家谱、语言文献、文学文献等。文献是研究云南汉族移民史及云南汉语发展的最主要依据。

（2）"古代汉语—方言—普通话"方言比较研究法。将云南语言文献作纵横分析，分析韵书与云南少数民族语言关系、少数民族语言对汉语方言的影响，揭示语言变异、语言问题，全面、深入认识云南语言文献、云南汉语发展史、少数民族语言对汉语发展的影响。

（3）统计法。通过绝对数量的统计和相对数量的比例计算来分析研究对象，这种科学研究方法也适用于云南语言文献研究。

四 云南汉语方言形成的历史背景

云南地处西南，历史上云南的版图与今天的相比，稍有差异，但大体是一致的。这里自古以来就是多民族聚居之地，除汉族外，现有傣、壮、布依、佤、德昂、布朗、彝、白、哈尼、拉祜、基诺、傈僳、怒、独龙、景颇、阿昌、苗、瑶、回、汉等 25 个少数民族，[①]从语言系属来看，各族分属汉藏语系的壮侗语族、藏缅语族、苗瑶语族、汉语语族和南亚语系的孟高棉语族。但云南方言在现代汉语方言地理格局中却被划归为北方方言中的西南次方言。这是为何？

---

① 根据 1990 年全国第四次人口普查的数据，全国 56 个民族中，云南就有 52 个，其中人口在 5000 人以上的民族有 26 个。

要弄懂这个问题，我们得从云南汉族移民史中去找原因。周振鹤和游汝杰在《方言与中国文化》中就从"什么样的移民就会形成什么样的方言"的认识出发，指出"云南、贵州、广西的西南官话是明代大批北方汉人进入这些地区后带来的"①。此外，张甫、李兆同、张玉来、陈长祚等前辈也都研究过云南汉语方言的形成与云南汉族移民史之间的密切联系。

追溯云南历史，最早进入云南且为数较多的一次汉民入滇发生在战国末期。据司马迁《史记·西南夷列传》记载："始楚威王时，使将军庄蹻将兵循江上，略巴蜀、黔州以西……蹻至滇池，地方三百里……以兵威定属楚。欲归报，会秦击夺楚巴、黔中郡，道塞不通，因还，以其王滇。"② 但是，由于人数较原土著民族少，最终"变服从其俗"淹没在当地的西南夷中。史料可证明，至少在战国时期，云南便与其他各地有了政治、经济、文化等多方面的接触。

西汉元封二年（前109），汉武帝拓边征服云南，滇王降后，在"滇"国辖域设置益州郡；东汉永平十二年（69），又于滇西地区设置永昌郡。汉廷多"徙死罪及奸豪实之"，《华阳国志·南中志》云："孝武时通博兰山，度兰沧水、讄溪，置雟唐、不韦二县。徙南越相吕嘉子孙宗族实之，因名不韦，以彰其先人恶。"③ 主要由秦、晋豪民、囚犯构成的汉族移民陆续进入云南屯田垦殖。《史记·平准书》记载"汉通西南夷道，作者数万人，千里负担馈粮"，移民数量增加了，汉族移民已到达滇西一带，奠定了汉文化和汉语在云南传播的基础。《后汉书·南蛮西南夷列传》称："肃宗元和中，蜀郡王

---

① 周振鹤、游汝杰：《方言与中国文化》，上海三联书店1986年版，第29—31页。
② （汉）司马迁：《史记》第9部，岳麓书社1988年版，第132页。
③ 博兰山在今大理州永平县。

追为太守（益州太守）……始兴起学校，渐迁其俗。"《华阳国志·南中志》亦载："太康三年，罢宁州，置南夷，以天水李毅为校尉，持节，统兵镇南中，统五十八部夷族都监行事。……自四姓子弟仕进，必先经都监。"史料证明，东汉时期云南已"兴起学校"，在云南占统治地位的"四姓子弟"要想入仕，都"必先经都监"（即察举），可见汉族在移民云南的同时也带来了汉文化、汉语，以及汉文化、汉语的迅速传播与扩大影响。

魏晋南北朝时，《晋书·李雄载记》记录："蜀人流散，东下江阳，南入七郡"[①] 为避战乱，大量蜀人进入云南。两晋至唐宋时期，中央政权频繁更迭，内地的战乱不断，逐渐失去了对云南的控制，云南相继由三个比较稳固的政权统治：两晋南北时期，爨氏大姓政权割据滇东北和滇中大部分地区；唐宋时期，云南相继由南诏国和大理国两大政权统治。这段时期，虽然汉族政权丧失了在云南的统治地位，但汉民人口仍以不同方式进入云南，《新唐书·南召传》云："嵯巅乃悉众掩邛、戎、嶲三州，陷之。入成都，止西郛十日，慰赍居人，市不扰肆。将还，乃掠子女、工技数万引而南。"天宝年间，唐派二十万大军征讨南诏，兵败后，大批士兵流落云南，虽然大多与白族融合，但他们使用的汉语仍不可避免地影响着白语。后来，南诏进攻四川，从成都掠夺了几万的能工巧匠入滇，建设云南，于是汉语在当地得到了广泛使用。南诏君臣大多能诗，袁嘉谷说这些诗"雅有唐音"，《新唐书·南蛮传》也载"语言与中原同"，可见，北方汉语在这一时期对云南还是有着不可忽视的影响。[②] 入滇的汉民后裔发展成为具有强大势力、显赫地位的云南地方统治者"南中大姓"，使得汉文化在云

① 七郡，即云南宁州七郡。
② 参见《云南省志·汉语方言志》，云南人民出版社1989年版，第2页。

南得到相当的发展，对当地土著居民特别是滇池、滇东北和滇西一带的僰人产生深刻的影响，相当数量的当地知识分子开始学习汉文化并大量吸收汉族词汇，形成了云南早期的汉语方言。

南宋宝祐元年（1253），元宪宗蒙哥汗派其弟忽必烈率军队攻打云南，大理国被灭。于是忽必烈率领的元军从滇西北经丽江、大理进入昆明，在云南屯垦定居，设立行省。而这批元军中，既有蒙古兵、色目军（即回军），也有汉军。于是，元朝亦为云南输入了汉民，但是为数不多，据《元史·兵志三》载："梁千户翼军屯……以汉军一千人置立屯田。"① 正如方国瑜先生所说："在元之前，汉族人口迁徙至云南者，历代有之。惟数量比原住各族人口只是少数，汉族移民与原住各族人民错杂而居，共同劳动生产，久之汉人融合于各族；虽汉人之生产技术、生活方式以及文化广泛传播于各族社会，然无长期保持汉族特征之人们共同体。"② 可见元以前的汉族移民，跟当地的土著居民比起来毕竟是少数。虽"夷多汉少"，但汉文化、汉语不可阻挡地继续进入云南、影响云南。赵子元的《赛平章德政碑》载："是岁七月抵大理，下车莅政……中庆、大理两路设提举，令王荣午、赵子元充其职。中庆首建文庙，岁祀于春秋二丁，仍收置儒籍……使南方之人，举知风化。"③《元史·赛典赤传》载：（赛典赤）"创建孔子庙、明伦堂，购经史，授学田，由是风化稍兴。"④ 赛典赤·赡思丁带领元军进驻云南，建立巩固的政权，恢复科举制度，大量兴建文庙，广泛传播儒学，移风易俗，云南子弟始

---

① 郝正治：《汉族移民入滇史话》，云南大学出版社2003年版，第29页。
② 方国瑜：《中国西南历史地理考释》（下册），中华书局1977年版，第1132页。
③ 是岁为至元十一年，1274年。
④ 赛典赤，元初担任云南平章政事。

读经书。

大规模的汉族移民云南是从明代开始的，云南人口比例逐渐变为"汉多夷少"。明太祖朱元璋听取朱升"高筑墙、广积粮、缓称王"的计策，为了保证驻军粮食的供给，于洪武中后期，开始在云南推行大规模的屯田，有军屯、民屯和商屯。所谓军屯就是屯田戍守，即在驻地的要害点设立卫所，边镇守边屯垦。查阅相关史料，关于明代在云南的军屯随处可见。如：明洪武十四年秋，命西平侯沐英征云南，籍江南北子弟从军。十五年，云南平，以沐侯镇守，所部官军遂留。侯念地远兵多，饷馈难继，请屯田，从之。遣守御指挥储杰等经营通海屯田……军自为耕，而自为食。① 洪武十六年（1383），《明实录·明太祖洪武实录》卷 154 载："给凉州诸卫所征南士卒十四万四百余人钞十五万五千余锭。""命六安侯王志，安庆侯仇成、风翔侯张龙督兵往云南品甸，缮城池，立屯堡，置邮传、安辑其民人。"洪武二十年（1387）八月癸酉，《明实录·明太祖洪武实录》卷 184 载："诏景川侯曹震及四川都指挥使司选精兵二万五千人，给军器农具，即云南品甸之地屯种。"洪武二十年九月乙巳，《明实录·明太祖洪武实录》卷 185 载："湖广都指挥司言：'前奉诏以靖州五开及辰源等卫新军选精锐四万五千人于云南听征。'今又命市牛二万往彼屯种，请令诸军分领以往，庶民劳民送发，从之。"洪武二十年冬十月丙寅，《明实录·太祖洪武实录》卷 186 载："诏长兴侯耿炳文率陕西土军三万三千人往云南屯种听征。"洪武二十一年二月，《明实录·太祖洪武实录》卷 188 载："遣陕西都指挥同知马烨率西安等卫兵三万三千人屯戍云南。"洪武二十二年四月甲辰，

---

① 康熙《通海县志》，云南人民出版社 1993 年版，第 45 页。

《明实录·太祖洪武实录》卷 201 载："上以云南列置戍兵，平夷尤当南北要冲，四面皆蛮夷部落，必置卫屯田镇守。"可见当时云南军屯规模之大。并且朝廷为了防止士兵逃亡，强制士卒随带家眷，共同屯垦，世代相袭。于是，军人及其家属构成了入滇汉民的主力军。他们主要分布在卫所周围，给卫所驻地带来了先进生产技术的同时，也使北方方言在云南得到广泛的传播。而在明代云南的屯田大军中，除了军屯外，民屯规模也不小。诸葛元声《滇史》卷十提道："十七年（1384），移中土大姓以实云南。时各府设卫所，然屯伍空虚，上欲实之，故巨族富民一有过犯，即按法遣戍云南……"洪武二十年（1387）冬十月戊午，《明实录·太祖洪武实录》卷 186 载："沼湖广常德、辰州二府，民三丁以上者出一丁，往屯云南。"洪武二十二年（1389），据《滇粹·云南世守黔宁王沐英传后嗣略》记录，沐英"携江南江西人民二百五十余万人入滇，给予种子、资金，区别地亩，分布于临安、曲靖、永安等各郡县"。据《明史》记载，民屯的移民数 300 多万人。数量最多的一批江南江西移民多分布于滇中和滇南。① 除军屯、民屯之外，明朝在云南屯田的还有商屯，又称"盐屯"。因为云南有些地方盛产井盐，如大姚、禄丰等地。而洪武三年（1370），统治者为筹措西北边防军粮供应，用盐引向盐商换米。于是商人在边境招募农民开荒耕种，引来大批内地汉人加入开荒洪流，尤中在《云南民族史》中引高岱的《鸿酋录》说："云南平……傅友德奏云：'岁用不足，已督布政司核诸卫所，查有现粮一百八万二千有奇，以给军粮，恐不足，宜以今年所征粮并故官寺入官田与土官供输、盐商中纳、戍兵屯田所入并给之。'上悉可其奏，未几置

①《云南省志·汉语方言志》，云南人民出版社 1989 年版，第 2 页。

云南盐课司以益军费。"明代，云南"夷多汉少"的状况有了根本改变，云南汉族人口远超土著民族。谢肇淛的《滇略》卷四云："高皇帝既定滇中，尽迁江左良家闾右以实之，及有罪窜戍者，咸尽室以行；故其人土著者少，寄籍者多。衣冠礼法，言语习尚，大率类建业。二百年来，熏陶所染，彬彬文献，与中州埒矣。"万历的《云南通志·地理志·云南府风俗》也说："土著者少，宦戍多大江东南人，熏陶所染，彬彬文献，与中州埒矣。"明代在元代基础上大力推广儒学，其科举取士不仅激发广大士子用汉文写作，也激励着更多云南人学习汉文，正德的《云南通志》载："澄江人初不知学，入国朝，渐被文教，有以科第跻跞任而封及亲属者，于是闾里翕然向学，相率延师训导，而家有诵读之声矣。"云南府、州、县、卫所普遍建立儒学，设立乡塾，民间俊秀、子弟读书应举蔚然成风，民风渐变，且多有中举之人，丽江土知府木氏便是"知诗书，好礼守义"的土著代表。据《万历云南通志·学校志》记载，自洪武二十七年至万历二年，云南有 162 人考中进士，有千人中举。

清代，汉族继续向云南移民。清代二百多年间，因战争、游宦、经商、工艺等落籍云南的汉族移民，与明代大体相类，此期，汉族人口占主体格局已然确定。清代汉族移民与明代相比，有一个显著的不同，即扩大和加强了在山区和边远之地的移民[1]。"元代汉人主要住在城市，明代主要住在坝区，清代则山险荒僻之处多有汉人居住，且在边境亦莫不有汉人踪迹。"[2] 在明代尚未有汉族移民的元江、普洱、广南、开化等滇南、滇东南地区，在清代已大量深入。

---

[1] 何耀华主编《中国西南民族研究学会建会 30 周年精选学术文库·云南卷》，民族出版社 2014 年版，第 88 页。

[2] 方国瑜主编《云南史料丛刊》第十一卷，云南大学出版社 2001 年版，第681页。

据雍正《云南通志·户口志》载，在清代初期，元江府俱系夷户，并未编丁。一百多年后，据《普洱府志》卷七统计，普洱府的宁洱县、思茅厅、威远厅、他朗厅，共有土著 39929 户、屯民 40934 户、客家 7622 户。据道光《元江府志》卷九统计，元江地区"江左、黔、楚、川、陕各省贸易客民，家于斯焉。于是人烟稠密，田地渐开，户习诗书，士敦礼让，日蒸月化，骏骏乎具有华风"。据道光《威远厅志》卷三载："百数十年来，风俗人情，居然中土，而其质朴淳良，似犹过之。""汉人有因商贾而来入籍，又因谪戍而来入籍，弟子聪颖者多读书，事半功倍，夷人渐染华风，亦知诵读，有入庠序者。"汉族移民至滇的记录不绝于史，土著习汉文、读汉书的事例屡见不鲜，汉语言、文化更深更广的影响、熏染着云南这块五彩之地。

通过查阅史料，我们可以说，云南自古是西南各少数民族繁衍生息之地，随着中原汉族的不断迁入，给云南带来先进生产技术的同时，也带来了汉语、汉文化，云南方言的形成跟云南汉族移民史密切相关，云南汉语在汉族移民、兴办学校、读书应举、民族杂居、民族融合及文化交融的背景下，以不同阶段、不同区域逐渐地、差异性地形成和发展起来。

第一章　云南地方文献中的语言文献概况

云南地方文献虽然不如中原文献那么丰富，但也蔚为可观，大凡政治经济、历史文化、文学艺术、科学技术、法律宗教等，无不涉及。特别是民族历史、文化、民俗等民族文献，更为引人注目。

云南地方文献研究，成果卓著。但对云南地方文献中的语言文献，除了《韵略易通》外，很少有人研究。云南地方语言文献多为明清时期学者的著述，尤其以清代的最多，之前的很少。明清时期云南的经济、文化有较大的发展，同时受中原地区考据学、小学昌盛的影响，云南也出现了兰茂、本悟、吴树声、高奣映、吴世钊等一批很有成就的小学家，留下了《韵略易通》等众多的语言文献。但由于缺乏整理研究，以至于或被湮没，或已经散佚。以下对云南地方文献中的语言文献进行了较为全面的梳理，对其存亡情况深入考察，以便进一步对其进行整理与研究，为近代汉语的研究提供新的史料。

自《汉书·艺文志》以来，历代对小学类著作皆有著录。现在考察云南地方文献中的语言文献，主要也依据《云南通志》等史志之著录。

第一节　明代云南地方文献中的语言文献考述

一　明代普通话的孕育及云南方音的初步形成

明代的军屯、民屯、商屯以及谪戍、充军等方式，使得内地汉族人口大量涌入云南，据不完全统计，明代入滇的移民达 500 万人以上，① 这从根本上改变了云南人口的民族结构，使得汉族成为云南的主体民族，汉文化成为云南的主体文化，随之汉语也便开始广泛通行于云南。然而由于这批移民来自全国各地，他们虽然都操汉语，却属不同的方言，于是他们之间需要一种民族共同语以供交际。而这个时期，虽然汉民族共同语尚未形成标准音系统，但是当时确实存在着一种通行范围广大的共同语。这在明清来华传教士留下的文献中可以找到证据：明末来华的传教士初到中国，都要学习汉语官话。在明末传教士利玛窦的《利玛窦中国札记》中这样写道："第一件事就是学中国话——宫廷里的官话，全中国所用的话。"② "在中国的许多方言中，有一种称为官话，是为行政及法院用的，很容易学；无论哪一省的人，只要常听就会；所以连妓女及一般妇女，都能与外省人交谈。"③ "除了不同省份的各种方言，也就是乡音外，

① 参见陈长祚《云南汉语方音学史》，云南大学出版社 2007 年版，第 19 页。
② ［意］利玛窦：《利玛窦全集中国传教史（卷二）》，刘俊余、王玉川合译，台湾光启出版社 1986 年版，第 114 页。
③ ［意］利玛窦：《利玛窦全》集 4《书信集下·罗明坚致总会长阿桂委瓦神父书》，罗渔译，台湾光启出版社、辅仁大学出版社联合发行 1986 年版，第 446 页。

还有整个帝国通用的口语，被称为官话，是民用和法庭用的官方语言……官话现在在受过教育的阶级当中很流行，并且在外省人和他们所要访问的那个省份的居民之间使用。懂得这种通用的语言，我们耶稣会的会友就的确没有必要再去学他们工作所在的那个省份的方言了。"① 可见，这一时期，中国确实存在着通行于全国的官话，这种官话应该就是供全民交际的民族共同语，否则这些传教士就不用学习这种官话了。既然明代存在通行于全国的"官话"作为供全民交际的民族共同语，那么明代云南的移民们也应当是以这种作为民族共同语的"官话"来进行交际的。

并且，由于明初的政治中心在南京（明初都南京，成祖朱棣迁都北京，南京成为陪都），所以鲁国尧在《研究明末清初官话基础方言的廿三年历程——"从字缝里看"到"从字面上看"》一文中进一步指出："明末，汉语通语官话的基础方言是南京话。""到北京去工作的外国人，学习当时'官方的国语'，要学习'纯粹的南京话'，说明当时'官方的国语'（即官话）的基础方言和标准音应该是代表着江淮方言的当时的南京话。"② 而据文献记载，明代迁入云南的移民中，有不少来自南京。顾炎武在《天下郡国利弊病》中说道："初明太祖之下金陵也，患反侧，尽迁其民于云南。"而吕志伊、李根源在《滇粹·云南世守黔宁王沐英传后嗣略》中也记载道："春（沐春）镇滇春七年（1392—1398），再移南京人民三十余万。"既然明代移滇大军中有那么多汉民来自南京，那么南京话不可避免

---

① ［意］利玛窦：《利玛窦中国札记（第一卷）》，何高济、王遵仲、李申合译，中华书局1983年版，第30页。
② 鲁国尧：《研究明末清初官话基础方言的廿三年历程——"从字缝里看"到"从字面上看"》，《语言科学》2007年第2期。

地也会对形成中的云南方言产生影响。李兆同就曾在《云南方言的形成》一文中指出："由于历史上的原因，以南京话为代表的江淮官话曾在明代对云南方言的形成产生过很大的影响。"① 云贵总督谢肇淛在《滇略·献略》中说："高皇帝既定滇中，尽迁江左良家间右以实之，及有罪窜戍者，咸尽室以行；故其人土著者少，寄籍者多，衣冠、礼法、言语、习尚，大率类建业。200 年来熏陶渐染，彬彬文献，与中州埒也。"这则材料明确指出，万历末（明代中叶），自江左迁到云南的移民，其语言大都类似南京汉语。我们知道，现在云南有一半左右的人前后鼻不分，这跟江淮官话各点普遍存在"［ən］、［əŋ］，［in］、［iŋ］不分的现象"相类似。②而这点在问世于明代中叶（万历丙戌年，1586）释本悟的《韵略易通》中也有所体现，书中的很多"重韵"现象反映了云南方音［-n］、［-ŋ］相混的特点。可见，当时以南京话为代表的江淮官话确实在云南产生过一定的影响。

但是由于当时入滇屯田的汉民来自陕西、河北、南京、湖广、四川、江西等地，这些地方多属北方官话区，使得今天云南方言总体上属于北方方言。然而这些移民毕竟存在籍贯的差异，各屯点语言来源也有所不同，于是各地汉语方言便对云南方言产生不同程度的影响，加之汉语和云南土著民族语言之间相互渗透影响，于是造成了云南各地方言的人基本上可以通话却又"十里不同音"的局面。比如葛中选家乡人说的通海方言，属于北方方言中的西南次方言，虽与北方话同出一源，但由于历史的演变，通海方言的语音与普通话存在着明显的差异。根据《通海县志》记载："明洪武十四年

---

①　李兆同：《云南方言的形成》，《思想战线》1999 年第 1 期。
②　钱曾怡主编《汉语官话方言研究》，齐鲁书社 2010 年版，第 292 页。

（1381），明军入滇，次年置通海御驻兵屯田，通海汉族人口大量增加。这些新增加的人口，南京籍的最多，通海土著民族语言与内地汉语相互影响，形成具有通海特色的汉语方言。"①

纵观整个汉语语音史，汉语语音发展到明代已经开始向近代汉语语音过渡。王力先生在《汉语史稿》中曾说，至少在 14 世纪，现代汉语普通话的语音系统就已经开始奠定了基础。那么显然，明代正处于普通话孕育的重要阶段，② 而这一时期，随着汉族人口大批涌入云南，汉语官话在云南各地得到广泛传播，于是，大约在明朝中叶，云南汉语方言音系在"官话"的基础上也开始形成。③ 这可以在云南问世于明朝不同时期的三本韵书、韵图中得到证明，它们分别是兰茂的《韵略易通》、释本悟的《韵略易通》以及葛中选的《泰律》。其中兰茂的《韵略易通》问世于正统壬戌（1442），正值汉民入滇后不久，当时的云南正值五方杂处，语言混乱时期，急需一种通用语、标准音来对全民交际的语言进行规范，于是兰茂的《韵略易通》便应运而生，该书的初衷是为"正音"，即推广当时的"官话"而作，因此其书中讲述的显然是北方的普通话。然而由于兰茂毕竟是土生土长的云南人，因此他在创作《韵略易通》的时候不自觉地、不可避免地带上了云南方音的特点。所以可认为"兰茂的《韵略易通》主要继承了《中原音韵》以及《洪武正韵》，既有存古的一面，也有记录时音的一面；既记录了北方官话，也融入了云南方音的特点"④。而继兰茂的《韵略易通》144 年之后，万历十四年

---

① 《通海县志》，云南人民出版社 1992 年版，第 594 页。
② 李兆同：《云南方言的形成》，《思想战线》1999 年第 1 期。
③ 王力：《汉语语音史》，中国社会科学出版社 1985 年版，第 389 页。
④ 吴积才、颜晓云：《云南方音概况》，《玉溪师专学报》1986 年第 4 期。

（1586）其同乡（二人皆为云南嵩明人）释本悟又作了一部同名韵书——《韵略易通》。学术界一般认为，本悟本是兰茂本的增修，该书对兰茂本有继承也有发展。所谓继承是指，本悟本跟兰茂本一样，都将其声母归二十类，韵母分二十部，声调四声都俱全（即"平上去入"），且平分阴阳，入配阳声，这一点（入配阳声）符合云南方言的特点。① 但同中又有异，二者毕竟相距 144 年，语音已经有了进一步的发展，于是张玉来认为："修订后的本悟《韵略易通》恰恰是反映云南方言的，从已知的事实看……本悟书里安排的'重韵'是反映云南方言的。"陈长祚先生在《云南汉语方音学史》中也说道："兰茂、本悟的《韵略易通》属于北音系统，当中反映了当时云南的方音情况，可以为今天说明普通话语音系统的形成和云南方音的研究提供资料。"②

接下来便是成书于明万历庚子（1600）至万历四十六年（1618）之间的通海河西人葛中选的《泰律》，该书是继两部《韵略易通》之后，"又一部记载以北方语音为标准音，汉民族共同语和云南方音进一步形成的重要史料"③。戴飞在《太律篇音系研究》一文中对《泰律》的声韵调系统作了一番较为全面而仔细的梳理，得出了"《太律》音系是明末官话语音的记录，并含有当时云南方音痕迹"④ 的笼统结论。而对于这三部书，后人多集中在两本《韵略易通》的研究上，就这两部同名韵书的语音系统来看，它们分别代表了明初、明中官话和云南方音的横断面，而葛中选的《泰律》作为一部用音律来分析汉语语音

---

① 张玉来：《〈韵略易通〉的音系性质问题》，《徐州师范大学学报》1997 年第 2 期。
② 陈长祚：《云南汉语方音学史》，云南大学出版社 2007 年版，第 110 页。
③ 同上书，第 164 页。
④ 戴飞：《〈太律篇〉音系研究》，硕士学位论文，苏州大学，2010 年，第 53 页。《泰律》也作"《太律》"。

的声韵学著作，长期以来被作为经部乐律书看待，音韵学界重视不够，对其在语音史上的价值认识不足，研究成果也不多。特别是缺乏云南方音特点与之相结合的研究。加之由于时代的限制，记音工具的缺乏，葛中选在描写语音范畴及分析音系时常常语涉律吕、玄虚，创造了一套玄奥难懂的理论和概念，因而对《泰律》的研究一直处于"精深奥衍，人鲜知者"的局面。沿着前人对前两部明代云南韵书研究的方向，对《泰律》进行较为全面而系统的研究，梳理其声韵调系统，挖掘其声韵学价值，可进一步探究继明初、明中之后，汉民族共同语语音的进一步发展演变以及汉语语音阶段性特征，并继续揭示从明初开始云南方音是怎样一步步独立发展而自成体系的。

二　明代云南地方文献中传世的语言文献考述

汉代、明代，云南形成了两次汉族入滇的高潮。伴随着大量中原移民的迁入，中原文化渗入、影响、改变着云南边疆文化。明代，云南出现了兰茂、释本悟、葛中选、杨慎等一批小学家，留下了一批经学著述，成绩斐然，开启了滇中士人学问之风。

（一）兰茂的韵书

兰茂（1397—1476），嵩明杨林人，字廷秀，号止庵，又号和光道人、洞天风月子、玄壶子。他通医道，晓军事，工诗文，精音韵，"先生虽不仕于当时，其永传于后世也。"①《韵略易通》《声律发蒙》为其韵学代表作。

1.《韵略易通》二卷

书成于正统七年（1442），继承了《中原音韵》《洪武正韵》音

———————

① 《四库全书总目》，中华书局出版 1965 年版，第 384 页。

18

系，并反映了《中原音韵》之后汉语语音的进一步演变，同时"尽变古法，以就方音"①，又记载了从明初开始云南方音是怎样独立发展而自成体系的。

声母分为二十个，独创性地用"东风破早梅，向暖一枝开。冰雪无人见，春从天上来"一首五言绝句《早梅诗》来概括声母系统。《中原音韵》由于体例的限制，没有明显的声母标志，经学者多方考证，除了中古音"疑"母还有残余外，二十个声母与兰茂的《早梅诗》完全相同，这是明代通用语的声母，也是现代汉语普通话二十一个声母的前身。此书"惟以应用便俗字样收入"，在每韵里，首按《早梅诗》的次第，再按韵母依声调列出韵字。

韵分二十部，上卷著录：一东洪、二江阳、三真文、四山寒、五端桓、六先全、七庚晴、八侵寻、九缄咸、十廉纤，四声俱全的十部；下卷著录：十一支辞、十二西微、十三居鱼、十四呼模、十五皆来、十六萧豪、十七戈何、十八家麻、十九遮蛇、二十幽楼，无入声的十部。韵目名称与《中原音韵》的相比，有八个相同，兰茂变更的目的是把韵目名称改为一个阴平字一个阳平字，反映出了此时正在发生的"平分阴阳"变化；又将"鱼模"韵分为"居鱼"和"呼模"，韵部由十九分为二十。《中原音韵》时 [iu] 可以与 [u] 押韵，《韵略易通》的"居鱼" [y]，就不与"呼模" [u] 押韵了，这是现代音韵史的一大发展。兰茂在汉语音韵发展史上的贡献，无疑是十分显著的。

此书主要有以下版本：明嘉靖三十二年高岐刻本；明宝旭斋刻本；集义堂本；明万历三十七年吴允中刻本；明宿度本；高举本；

① 《四库全书总目提要》，商务印书馆1933年版，第943页。

19

李棠馥本；明云南刻本（首尾有缺页）；云南省图书馆收藏的两种吴允中校二卷二册本——依吴本所刻之清重刻本；依吴本之清刻本之重抄本，即《云南丛书》底本。

著录可见于：《四库全书总目提要》"经部·小学类·存目二"、《万历云南通志》"艺文志·第十之二·乡人著述"、《正德云南志》"列传·乡献·兰茂"、《道光云南通志》"艺文志二之一·滇人著述之书上"、《新纂云南通志》"艺文考·滇人著述之书一"、方树梅编辑的《明清滇人著述书目》、李小缘编辑的《云南书目》、方国瑜主编的《云南史料丛刊》《中国古籍善本书目》"经部·卷四·小学类·韵书"、《中国丛书综录》经部/小学类/音韵之属。

2. 《声律发蒙》二卷

书成于正统壬戌年（1442），是云南第一部声律启蒙读物。此书根据古诗词格律总结出一套基本规则和要领，用韵语写成供童生学习的音韵对仗，对初学诗词格律者极为有益，清乾隆翰林院编修孙人龙在《序》中评价："《发蒙》一书，切于幼学，吟诵之下，恍觉景物山川，皆成佳趣，庙堂经济，如在眼前；学者童而习之，便不至于白首茫然也。"

韵分二十部，韵目名称有 14 个与《中原音韵》相同，与《韵略易通》略有差异，但部类分合本质一样。《声律发蒙》把"鱼模"韵分为"车鱼"和"模糊"，是对《中原音韵》的发展。至《韵略易通》则分为"居鱼"和"呼模"。没有声母标志，应为本书体例所决定，估计与《早梅诗》相同。此书早于李渔《笠翁对韵》约200年，其价值不仅在于教授童蒙音韵对仗，而且还揭示了继《中原音韵》之后，汉民族共同语韵母系统的发展规律。

《声律发蒙》在云南图书馆存有三个版本：清咸丰十年（1860）

务本堂本，1 册；清光绪十九年（1893）务本堂，2 册；民国云南务本堂铅印本，1 册。此书在《正德云南志》"列传·乡献·兰茂"，李孝友著《云南书林史话》等有著录。

（二）释本悟的《韵略易通》

释本悟，字真空，俗姓秦，云南嵩明邵甸人，生于明正德年间（1520 年前），万历己亥年（1599）坐化，儿童时代即削发出家于普贤寺，后居昆明妙湛寺，今妙湛寺尚有塔铭。生平于《嵩明府志》《云南通志》中皆有记载。

此书又名《捷要易通》，书成于万历十四年（1586），是兰茂《韵略易通》的改订本。本悟本韵部的划分及韵首字与兰茂本完全相同。声母也归二十类，但正如明代古音学家陈第所说"时有古今，地有南北，字有更革，音有转移，亦势所必至"，本悟把兰茂本中的"东"改为"端母第三"，"风"改为"非奉第九"等，从传统的三十六字母中选用二十个字母代替《早梅诗》，并增加若干韵字，这可揭示平分阴阳与古声母清浊的关系。收字顺序也明显不同。每韵部有平声字都分上、下两档排列，中间用"〇"隔开。这是把清声母平声和浊声母平声区别开来的标志。本悟比兰茂更清楚地认识到声母清浊对声调的影响，且在收字上都是阴平在前、阳平在后。本悟在部分韵后批注"重某韵"字样，曲折地反映语音变化，对研究近、现代汉语语音发展史，特别是揭示云南汉语方音源流有重大意义。

此书目前可见三个版本：清康熙六年（1667）释彻润刻本；清康熙八年（1669）嵩明瑶玲山何有庵释书见重刻本；清抄本。著录可见于：《道光云南通志》"艺文志二之一·滇人著述之书上"、《新纂云南通志》"艺文考一·滇人著述之书一"、方树梅著《明清滇人著述书目》、李小缘编辑《云南书目》。

（三）葛中选的《泰律》十五卷

葛中选，字见尧，号澹渊，万历庚子举人，生卒年不详。云南河西（通海）人，历官苑马寺卿。博极群书，精于易象，尤留意律吕，心解神悟，著《泰律》十卷。是书成于万历四十六年（1618），前有焦竑序，称其得千古不传之秘。葛中选用音律来分析语音，把"音律、气、干支、阴阳之声、五音"等概念套在音韵系统上。

全书主要内容分为"专气音图""专气声图"和"直气声音定位图"三部分。声母分为正声与侧声，正声为：牙音、舌音、喉音；侧声为：唇音、齿音。韵母分为宫、商、角、徵、羽、华六音。声调分为平、上、去、入四声，称为"四衡"。葛中选为追求"截然整齐"，所描绘出的整齐的语音系统，包括了许多实不存在的音节，但它以大量史实记载了当时云南汉语方言的状况，"它是继元周德清的《中原音韵》和明兰茂、释本悟的《韵略易通》后，又一部记载北方语音为标准音，汉民族共同语和云南汉语方音进一步形成的重要史料"①。

此书目前可见两个版本：明刊本；明万历金声刻本。云南省图书馆可见三种重刊本：清康熙间刻本，2 册；经正书院，清光绪二十八年（1902）至光绪三十年（1904）本；《云南丛书》经 11。著录见于：《云南丛书总目》"经部/乐类"、《中国丛书综录》"经部/小学类/音韵之属/古今音说"。

---

① 陈长祚：《云南汉语方音学史》，云南大学出版社 2007 年版，第 164 页。

（四）杨慎的几部语言学著作

杨慎（1488—1559），字用修，号升庵，四川新都人。正德间殿试第一，授翰林修撰。嘉靖三年（1524），为翰林学士（正五品），因"议大礼事件"，被嘉靖帝罢官充军云南永昌卫。升庵能文善诗，在云南35年，讲学授课，题诗赋文，对云南文化教育、传播中原文化做出了卓越的贡献。其著述涉及经、史、子、集，多达400种，然多已散佚，仅传世百余种，为古音学先驱之一。

据李调元《升庵著书总目》，杨升庵小学著述大致有：《奇字韵》《古音骈字》《古音复字》《古音略例》《转注古音略》《古音后语》《古音丛目》《古音猎要》《古音余录》《古音余》《古音附录》《五音拾遗》《韵林原训》《经字难字》《六书索隐》《石鼓文音释》《俗言》《古韵》《字音韵》《说文先训》《六书博证》《六书练证》《六书探赜》《篆韵索隐》《分隶同构》《杂字韵宝》《俗言解字》《韵藻》《杂字韵宝》等。因篇幅有限，仅对几本作简要评述。

1.《奇字韵》五卷

"是编标字体之稍异者，类以四声，故曰奇字。考六书以《说文》所载小篆为正，若卫宏、扬雄所学则别有古文奇字，以非六书偏旁所可推也。此书以奇字标名，而若《说文》引经：'丰其屋'，丰作亹……之类。虽与今经文异，而皆有六书偏旁可求，则正体而非奇字。且此类甚多，不胜载。"① 其收录当时不常见而古书上用过的字，按106韵编排，上平、下平、上、去、入各一卷。意义难明

---

① 《四库全书总目》，中华书局1965年版，第353页。

的，则先释义；音不明的，反切注音。但较大部分内容是辨明异体。异体字下先以常用字注明，而后明其出处。目的是存古字，为时人识字提供方便。

据《中国善本书提要》，此书北图藏有明嘉靖间刻本。另外，《四库全书》"经部·小学类"和《丛书集成新编》"语文学类·音韵"都收有此书。

2.《古音骈字》五卷、《古音复字》五卷

《四库全书总目提要》称："《古音骈字》一卷，明杨慎撰；《续编》五卷，国朝庄履丰、庄鼎铉仝撰。古人字少而韵宽，故用字往往假借，是书取古字通用者，以韵分之，各注引用书名于其下。由字体之通，求字音之通，于秦汉以前古音，颇有考证。"

杨慎认为古人字少而韵宽，故古人临文用字，往往假借，此书就取经史子集中古字通用者，以官韵分之，上平、下平、上、去、入各一卷。各注引用书名标于其下。由字体之通，求字音之通，对于秦汉以前的古音，颇有考证。

复字即叠字，今称叠音词。此书收辑经史子集中叠字，亦按官韵编排，上平、下平、上、去、入各一卷，每对叠字下均举例句，有的并用反切或直音法注音，或加以释义。李调元序云："今观所撰《古音复字》五卷，指呼六籍，镕液百家，在前人韵书中别树一帜。取复字以备词赋之取材。其书固可用于临文猎艳，然作意在创迭字韵谱，故调元称为别帜也。"

据《中国善本书提要》，北图藏有《古音骈字五卷复字五卷》，二册，明嘉靖间刻本；美国国会（以下简称国会）藏有《古音骈字》五卷，一册，明万历间刻本；国会藏有《古音复字》五卷，与《骈字》合订一册，明万历间刻本。另外，《四库全书》"经部·小学类"收有《古音骈字》二卷、《续编》五卷；《丛书集成新编》"语文学类·辞书"收有《古音骈字》五卷、《古音复字》五卷。

3.《古音略例》一卷

"是书取《易》《诗》《礼记》《楚辞》、老、庄、荀、管诸子有韵之词，标为略例。若《易》例，'日昃之离'，'离'音'罗'，与歌嗟为韵；'三岁不觌'，觌'音徒谷切，与木谷为韵；'并受其福'，'福'音'偪'，与食汲为韵；'吾与尔靡'之'靡'，音'磨'，与和为韵，颇与古音相和。"① 取《易》《诗》《礼记》《庄子》等书中古今读音不同的押韵字 185 个，标注古音反切。虽"不及后来顾炎武、江永诸书本末融贯，然明白陈第以前，谈古音者如梦语，慎能摹索得其崖略，抑亦可贵矣"②。

据《中国善本书提要》，国会藏有明万历间刻本。《四库全书》"经部·小学类"、《丛书集成新编》"语文学类·音韵"亦收有此书。

4.《转注古音略》五卷

书成于嘉靖十一年（1532）。"大旨谓《毛诗》《楚辞》有叶韵，其实不越保氏转注之法。《易经》疏云：贾有七音，始发其例。宋吴才老作韵补，始有成编。学者知叶韵自叶韵，转注自转注，是犹知二五而不知十也。考叶韵之说始于沉重《毛诗音义》。后颜师古注《汉书》，李善注《文选》，并袭用之。后人之称叶韵，自此而误。然与六书之转注则渺不相涉。慎书仍用叶韵之说，而移易其名于转注，是朝三暮四改为朝四暮三也。"③ 杨慎认为《毛诗》《楚辞》等先秦古籍反映的古韵，有一定标准，称之为"一字数音必辗转注释"

---

① 《四库全书总目》，中华书局 1965 年版，第 364 页。
② 同上。
③ 同上书，第 365 页。

的"转注"，也就是"叶韵"。于是仿宋吴棫《韵补》之例，补缺刊谬，以今韵分部，以古音相协的字注于其下。取例详于经典，略于文集，详于周秦两汉而略于晋以下。书中隶字不甚精密，错误不少。《四库全书简明目录》评价云："六书之转注，许慎具有明文，慎乃以叶音当之，不考殊甚。然其书亦有足供考证者，故顾炎武作《唐韵正》，犹有取焉。"

据《中国善本书提要》，国会藏有明万历间刻本。《四库全书》"经部·小学类"、《丛书集成新编》"语文学类·音韵"亦收有此书。

5.《古音丛目》《古音猎要》《古音余》各五卷及《古音附录》一卷

这四部书虽各为卷帙，实本一书，只因陆续成书，随出随刊刻问世，所以各标书名。四书都模仿吴棫《韵补》的体例，以今韵分部，以古音之相协者分属之。《四库全书总目提要》称："观其《古音猎要》，'东冬'二韵共标'鞠、朋、众、务、调、梦、窗、诵、双、明、萌、用、江'十三字，与《古音丛目》'东冬'二韵所标者全复，与《古音余》'东冬'二韵所标亦复五字。是即随所记忆，触手成编，参差互出，未归画一之明证矣。"

据《中国善本书提要》，国会所藏《古音余》五卷，一册，为明万历间刻本；《古音丛目》五卷、《古音猎要》五卷、《古音略例》一卷、《古音余》五卷、《古音略》五卷、《古音附录》一卷，五册，北图所藏为明嘉靖间刻本。《四库全书》"经部·小学类"《丛书集成新编》"语文学类·音韵"亦收有这几本书。

6.《五音拾遗》五卷，与《古音余》合订一册

卷内题"孙宗吾编辑"。前有宗吾序云："先太史字学之书，已

有《转注古音略》《古音余》《古音附录杂字》《韵宝》诸书矣，乃复有《五音拾遗》焉。其引事必奇与奥，其证字必本之史籀秦汉。采蚌多明月，剖石皆璠玙，不少遗弃，悉在囊载。……宗吾袭藏已久，暇日因取而检之，正音与转音杂见，如亮之在七阳，如翁之在一董是也。中有字同于前诸书，而注则详于此者……仰计先公考索有据，吾小子又何敢妄为移置去留，复有书法各异，而义则同者，以上四者咸并存之，总期无遗乎先氏之纂辑云尔。万历乙巳暮春孙宗吾谨书。"

7. 《韵林原训》五卷

《中国古籍善本书目》称其为明万历二十八年陈邦泰刻本。"程启充《升庵诗话序》云：'升庵戍南荒，十有八年，所著有《丹铅余录》《丹铅续录》《韵林原训》《蜀秋文志》《六书索隐》《古音略》《皇明诗钞》《南中稿》诸集。'末署嘉靖辛丑，则《韵林》成于嘉靖二十年前，且已刊行。《艺林学山》卷八'韵林原训'条云：'是编凡五卷，《艺苑卮言》不录，余尝疑为赝书，阅《丹铅录序》始信之。用修饶字学，所纂《转注古音》等六种，余悉有之。'胡应麟因王世贞书及梁佐序文所列慎著，中无是目，即疑其伪，似亦太过。世贞虽不录，而焦竑编目固有之，何宇度目又见其已刻。况启充与慎至交，言必可信，而张纪《金石古文序》已举是编，彰彰可考。"①

8. 《六书索隐》五卷

自序谓："取《说文》所遗，汇萃成编。以古文籀书为主，若小篆则旧籍已著，予得而略云云。盖专为古文篆字之学者。"

据《中国古籍善本书目》，此书可见版本有：明刻本；明许天叙等刻本；清抄本，叶德辉跋。著录见于：《四库全书总目》，"经

---

① 王文才：《杨慎学谱》，上海古籍出版社 1988 年版，第 210 页。

部·小学类存目一·字书"。

9.《石鼓文音释》三卷附录一卷

据《四库全书总目》，"是编第一卷为石鼓文，第二卷为音释，第三卷为今文。附录则自唐韦应物至明李东阳所作石鼓诗。凡五篇。前有正德辛巳慎自序，称东阳尝语慎，及见东坡之本，篆籀特全，将为手书上石，未竟而卒。慎因以东阳旧本录而藏之。金石古文亦言升庵得唐人拓本，凡七百二字，乃其全文"。

据《杨慎学谱》："是编成书较早，始刻于正德辛巳，凡三卷附录一卷，天一阁曾有藏本。继经嘉靖翻刻，先是嘉靖七年永昌府严时泰所刊，未见传本；十七年滇臬洪珠以永昌本刻陋，因复刊之，今为北京图书馆所藏。《函海》本卷帙亦同。"此书著录见于：《四库全书总目》"经部·小学类存目一·字书"。

10.《俗言》一卷

据《续修四库全书提要》，"是书考订俗语，又记各音所载方言，注其出处。浙江采进遗书目录云：'未详撰人，李调元以焦竑所刻《升庵外集》，有《俗言》，与此本相同，定为慎撰。'书中籧篨条，有薛君采语予云，君采名蕙，正德甲戌进士，官郎中，尝与慎论诗有合，亦以议大议罢归。是书之为慎撰，亦一证也"。

据《杨慎学谱》，《郑堂读书记》补遗二十五著录《函海》本《俗言》一卷。《升庵外集》《续修四库全书》亦有收录。此书著录见于：王云五主持《续修四库全书提要》"简目/小学类/训诂之属"。

11.《韵经》五卷，（梁）沈约撰，（宋）夏竦集古，（明）杨慎转注

是书前有郭正域自序曰："近体诗惟宗沈韵。今所传韵非沈也，

唐礼部韵也，故唐诗宗之。沈韵上平有九咍十八痕，下平有二十二凡。上有十六混、十九 。去有八祭十代十七 。入有十六昔。而今韵无之。其凡例又称家藏有四声韵及约故本。"

据《中国古籍善本书目》，此书可见版本为：明万历二十七年郭正域刻本。书目可见于：《四库全书总目提要》"经部·小学类存目二·韵书"。

杨慎小学著述多已辑入《升庵外集》《函海》《丛书集成新编》《四库全书》，中国科学院图书馆、北京国家图书馆、四川省图书馆等图书馆藏有单行刻、抄本。

（五）《韵略汇通》二卷，明·兰茂撰

《中国古籍善本书目》称："明兰茂撰，明毕拱辰删补，明崇祯十五年毕拱辰刻本。"云南省图书馆亦藏有：毕拱辰更定，油印蓝格钞本。

以上凡二十一种，主要以音韵著作为主，并兼及文字、训诂，可以看出明代云南地方语言文献中的语言文献成绩斐然，这些著作或详或略地记录了明代云南方音的特点，揭示了普通话音系形成的初始状态，对了解明代的语音系统、云南汉语方音状况，研究普通话语音系统的形成，厘清现代北方方言的发展线索，推动北音学研究的发展，提供了重要的实证资料。

三 仅存书目的明代云南地方文献中的语言文献

悠悠历史进程中，云南地方文献中的许多语言文献由于缺乏妥善的保管收藏、系统的整理研究，或被湮没，或已散佚，成为云南文化史上永久的难以弥补的缺憾。明代以下文献便只留下书目，原本难寻。

1. 杨黼撰《篆籀宗源》

杨黼，明太和人。博学多闻，隐居不仕，号存诚道人。曾注《孝经》数万言，有《桂楼集》。尤工篆籀，所著有《篆隶宗源》一书。此书著录见于：《万历云南通志》"艺文志·第十之二·乡人著述"、《滇志》"人物志·第八之一·大理府"、《道光云南通志》"艺文志二之一·滇人著述之书上"、《新纂云南通志》"艺文考一·滇人著述之书一"、方树梅著《明清滇人著述书目》、方国瑜主编《云南史料丛刊》。

2. 董难撰《古音馀奇字韵》

董难，字西羽，太和人。酷嗜吟咏，杨慎谪居永昌，董难追随其后，畅游山水，时有佳作。著书十余种，今所传者，唯《百濮考》一篇。此书著录见于：《万历云南通志》"艺文志·第十之二·乡人著述"、《新纂云南通志》"艺文考一·滇人著述之书一"、方树梅著《明清滇人著述书目》。

3. 董难撰《韵谱》

此书《道光云南通志》"艺文志二之一·滇人著述之书上"有著录。

4. 马之骢撰《小学注解》

马之骢，字存徽，建水人，天启丁卯举人。此书著录见于：《道光云南通志》"艺文志二之一·滇人著述之书上"。

5. 释本悟撰《集韵略》

此书著录见于：《道光云南通志》"艺文志二之一·滇人著述之书上"。

6. 杨慎撰《经子难字》二卷

据《四库全书总目》，"是书上卷乃读诸经义疏所记，凡《易》《诗》《书》、三传、三礼、《尔雅》十书。下卷乃读诸子所记，凡《老子》《庄子》《列子》《荀子》《法言》《中说》《管子》《十洲记》《战国策》《太元经》《逸周书》《楚辞》《文选》十三书。或摘其字音，或摘其文句，绝无异闻。盖随手杂录之文，本非著书。其孙宗吾过珍手泽，编辑成帙，而王尚修序刻之"。此书著录见于：《四库全书总目》"经部·小学类存目一·字书"。

第二节　清代云南地方文献中的语言文献概况

一　清代云南移民及云南汉语发展

清代，汉族迁徙入滇高潮继明代之后仍在持续，明显有两次大规模的移民（明遗民、清移民），入滇原因大体有两点。

（1）因战事入滇。一是清顺治四年（1647），孙可望、李定国、刘文秀、艾能奇率领农民起义军大西军入滇，据王丹岑《中国农民革命史话》载，最初就有 6 万人，后扩军估计达到 20 余万人。二是永历皇帝的逃亡，造成一定规模的移民。清顺治十五年（1658，即永历十二年），永历皇帝从昆明西逃时，据清三余氏《南明野史·永历皇帝记》载："永历十二年十二月十五日黎明，发滇都，从之南者数十万人。"清·邓凯《求野录》载："十五日帝出奔，滇官兵男妇马步从者数十万人，从古奔波，未有若此之众。"倪蜕《永历帝入滇事略》也说:"十五日发云南,百姓愿从未及者,号哭震天,王为停碧鸡关三日始行,从之者男妇老幼几二十万人。"正如方铁、方慧《中国西南边疆开发史》所说,永历帝从广东、广西壮族地区、贵州,又到云南多民族地区的这一过程,实际上也可看作一个相当规模的移民过程。吴三桂从顺治十六年(1659)至康熙十七年(1678)及其孙吴世璠从康熙十七年至康熙二十年(1681)在滇统治23年,不断招兵买马,扩充军队,在吴三桂暴病而亡时(1678),其约30万人的军队驻扎在岳州,17万在长江、汉水一带,7万左右在云贵川。

(2)自发性的移民云南。清政府改土归流、康熙二十四年(1685)废出庄田制度、康熙三十四年(1695)废除屯田制等,以及对云南矿产资源的需求进一步增大——云南矿冶产量在明代时已位居全国之首,其中银课占全国银课的一半以上,据《云南矿产历史资料汇编·第二章·东川市》记载,"乾隆三年以前,京师铸钱所用之铜,大部悉采自外洋,及滇省铜产日旺,铜价颇贱,乃有停办洋铜改采滇铜运京供铸之议,于是由京岁拨银一百万两,每年由东川各厂额解京铜四百四十万斤",政治、经济的系列改革,云南丰富的资源及稀缺的资金、人力、技术矛盾日渐突出,也成为最大的吸引力,吸引着大量汉族移居云南。据道光《普洱府志卷首·叙》记载,普洱府在雍正年间改土归流后,就出现"商旅通焉,威远、宁洱产盐,思茅产茶,民之衣食资焉。客籍之商民于各属地,或开垦田地,或通商贸易而流寓焉"或"携眷依山旁寨,开挖荒土"的现象。

正如李永清《云南人文地理》所说:"迨满清入关,经永历入滇及吴三桂开府以后,云南几成为明末遗老及中土人士之殖民地矣,而汉语势力之膨胀更意中事也。彼苗蛮彝族之属退居深山之中,自用其祖宗遗传之夷语，各大城市难觅其足迹，而汉语之效力随弥漫于全省矣。"可见，明清战事以及自发移民，致使大量汉族移民云南，此期云南居民中汉族人口占了绝对优势，移民的流动性，加速了语言、文化的交汇融合，汉语明显成为强势语言，少数民族语言则成为弱势语言，汉语的影响力压倒性地胜过少数民族语言。

二　清代云南地方文献中传世的语言文献考述

清时云南的经济、文化有较大的发展，受中原考据学、小学昌盛的影响，云南经学研究获得很大发展，滇中士人已形成具有相当实力的群体，专通经学、辨古名物、精识卓见者辈出，不逊于北方诸儒，释宗常、吴树声、高嶅映等是其中代表。但由于缺乏系统整理研究，其著述或被湮没，或已散佚。对这批语言学著述进行全面的梳理，以期为进一步整理、研究提供可信的史料。

（一）释宗常《切韵正音经纬图》一卷

释宗常（？—1733），字见贤，俗姓吴，昆明人，康熙间海印寺僧。书成于康熙庚辰三十九年（1700），前有宗常自序。此书在综合梅膺祚所辑的《韵法直图》（撰人不详）和《韵法横图》（明李世泽撰）的基础上编制等韵图，声母采用三十六字母，但"知照非敷递互通，泥嬢穿彻用时通，澄床疑喻相连属，六母交参一处穷"，宗常认为知、彻、澄、泥、敷、喻六母与照、穿、床、非、娘、疑六母重出，合十二个声母为六个，则实际只有三十个声母。共列十三图，每图列四韵，共五十二韵。其中正韵三十六，附韵十六。三十六正韵代表三十六个韵母，附韵韵母与正韵同。归类为开、发、收、闭四括（即开、齐、合、撮四呼）。开发收闭本是宋邵雍《皇极经世声音唱和图》中表示四等的术语，宗常用它来表示四呼。四括又合为闢、翕两类，开括、发括为闢音，收括、闭括为翕音。闢、翕本是邵雍表示开合的术语，宗常用它来表示洪细。在分析声韵中，此书既有反映口语实际状况的倾向（如将根、巾韵并入庚、经韵，将甘韵附于干韵，将官韵与关韵合并），又有调和古今音的倾向（如区分知、照两组声母，韵图中将三十六母分 23 行排列）。李新魁先生认为此书属于"具有综合性质的等韵图"，"它的语音系统与韵法横直图相接近，但也按实际语音的变化加以调整，如〔-m〕尾韵在横直图中仍保留着，此书却将它们附于〔-n〕尾韵。这些都反映了宗常作图的原则和态度既有保守又有革新之处"①。此书以韵图的形式反映了明清时代语音系统的演变，也反映出了云南方音的形成情况。

此书可见版本：云南省图书馆有两种清康熙刻本，均为一册；《云南丛书》初编·经部十四本；《丛书集成续编》本。著录可见于：《道光云南通志》"艺文志二之一·滇人著述之书下"、《光绪云南通志》"艺文志二之二·滇人著述之书下"、《新纂云南通志》"艺文考一·滇人著述之书一"、方树梅的《明清滇人著述书目》、李小缘编辑的《云南书目》《中国丛书综录》经部/小学类/音韵之属/等韵。

（二）吴树声《歌麻古韵考》四卷、《合音辑略》一卷、《诗小学》三十卷

吴树声（1819—1873），字筱亭，一字鼎堂，保山人。道光甲辰（1844）举人，官山东沂水、肥城、章邱等知县，同治间卒于官。吴树声是一经学家，特别是对音韵训诂研究尤深，多有创见。著述丰厚，有《歌麻古韵考》四卷、《合音辑略》一卷、《六书微》一百一

---

① 李新魁：《汉语等韵学》，中华书局 1983 年版，第 386 页。

十卷、《诗小学》三十卷、《鼎堂金石录》二卷等。

1. 《歌麻古韵考》四卷

书成于 1851 年，前有自序。吴树声认为自顾炎武以来，"歌、麻"二韵分合不清。为此他"因检古书中，韵语有歌、麻字为韵者，一一拈出，知古人自有此一类音韵，成《歌麻古韵考》四卷"。此书考订《唐韵》歌戈麻三韵古音，卷一歌部，卷二麻部，卷三胥部，卷四箇、祃部，取见于古韵文之字逐一考辨。先引《说文》释义，对字形字义演变亦加说明；注明古音读若，其后引韵文为证。提出"古者无歌、麻两部，唐韵之七歌、八戈、九麻皆起于西域；九麻之半车、家等字，皆自鱼、虞模转入；七歌、八戈与九麻之半麻、加等字，皆自支韵施、为等字转入"①。按吴氏拟读，歌部古音为 [i] 或 [ei]，鱼部古音为 [u]。如河读若回，柯读若溪，家古音姑，霞古音胡。《清史列传·吴树声传》谓此书"援据赅审，发前人所未发"。此书常见版本：清同治原刻本，四册；《云南丛书》初编·经部十五；《丛书集成新编》"语文学类·音韵"收录清苗夔补注本。

著录见于：《光绪云南通志》"艺文志二之二·滇人著述之书下"、《新纂云南通志》"艺文考一·滇人著述之书一"、方树梅的《明清滇人著述书目》、李根源编辑的《永昌府文征》"纪载·列传"、李小缘编辑的《云南书目》《中国丛书综录》经部/小学类/音韵之属/古今音说。

2. 《合音辑略》一卷

是书辑古语二字合音，如终葵为推，蒺藜为茨，邹娄为邹之类而成。此书未刻印，抄本存云南省图书馆。

---

① （清）吴树声：《歌麻古韵考·序》，清同治原刻本。

书目著录见于：《新纂云南通志》"艺文考一·滇人著述之书一"、方树梅的《明清滇人著述书目》《永昌府文征》"纪载·列传"。

3.《诗小学》三十卷

此书训释字义，纯用双声叠韵求之，有不得通者，始参用旁通引申之义。谓《诗》中有古字，有讹字，有假借字，皆言乎形也。其声与义，则有合音，有一字数义、一义数用，一经误读，便成纠谊。乃疏通证明，或因声而定义，或以义而知声。知其为古字，而后不误于后世字；知其为讹字，而后可求其正字；知其为假借字，而后不牵混于所借之字；知其字之形，而后可以定其声与义；知其字之声与义，而后益无误于字之形。推明古训，实事求是，其书在段玉裁《毛诗小学》之上。此书未刻印，原刻底本存云南省图书馆，为云南丛书馆辑订本，三册。

著录见于：《新纂云南通志》"艺文考一·滇人著述之书一"、方树梅的《明清滇人著述书目》、李根源编辑的《永昌府文征》"纪载·列传"、李小缘编辑的《云南书目》。

（三）高奣映《等音声位合汇》《重订马氏等音》（内集、外集各一卷）

高奣映（1647—1707），字雪君，亦字元廓，别号问米居士、结璘山叟，姚安人，是大理国开国功臣岳侯高方的后裔，高家在白族历史上是个很有影响的大家族。其祖父、父亲为姚安土知州，清初高奣映袭姚安土同知职。他博学能文，诗词歌赋造诣颇深，有《妙香国草》《太极明辨》《金刚慧解》《大学心微》《问愚录》《鸡足山志》《结璘山草》等80余种著述，文、史、哲、训诂、音韵、佛学多有涉及，（民国）《姚安县志》云："（高奣映）凡经史子集，宋元以来先儒学说，与夫诗、古文辞、佛藏、内典，皆能窥其底蕴而各有心得……皆能扫前人支离，自辟精主，并于先儒偏驳处时加救正。故清季北平名流有谓：清初诸儒，应以顾、黄、王、颜、高五氏并列，非过论也！……著述之丰，为一州之冠。"

《等音声位合汇》原题《重订马氏等音外集》，为康熙戊子宣城梅建所刊，内自称槃什马氏自援，建序惟称得自霑益州明经张圣功。道光《云南通志·艺文志二之一·滇人著述之书下》之《重订马氏等音外集》案："《等音声位合汇·序》称：当癸丑一天负德毒我南裔，其时马子槃什、林子益长居父兄时地之厄，各以文翰求志。又其序《马氏等音》称：槃什以家祸，竟付族党之一戮。刘健庭《闻录·杂录·备遗》载：马宝次子自援，字槃什，恂恂儒雅，谙韵学。即指是编也。映取而重订之，后又与林本裕《声位》合为一书，名曰《等音声位合汇》云。"可知《等音》系出马自援，《声位》为林本裕所作，经高崶映重订合为一书，取名为《等音声位合汇》。

马自援，号槃什，祖籍陕西米脂县，清初益州（今云南省晋宁县东）人，吴三桂部将马三宝之子，三藩之乱平定时，随其父被杀。马自援"自悟等韵字母之非，更为新韵"，参考《洪武正韵》《古今韵会举要》《蒙古字韵》等书，于康熙年间（1673 年以后）撰成《等音》一书。林本裕，字益长，清人，生卒年不详，祖籍辽东，成长于云南，其《声位》推崇马自援《等音》，但对马书也多所修正。

《等音声位和汇》自立新意，并三十六字母为"见溪疑端透泥帮旁明精清心照穿审晓影非微来日"二十一母，而纬以十三韵。以旧谱四声为未备，增为五声，曰：平上去入全。又谓旧谱有无入之韵，皆为错误，立借入之法以通之。其删并字母，即兰廷秀《韵略易通》括以《早梅诗》之说也。其四声外增一"全声"，即周德清

37

《中原音韵》阴平、阳平之说也。其借用入声，即叶秉敬《韵表》之说也。其末附传乡射字法，矜为神妙者，即宋赵与峕宾退录击鼓射字法也。书可见于《云南丛书》"初编·经部十"，《丛书集成续编》"语文类·音韵"据此影印而成。

著录见于：《四库全书总目提要》经部·小学类存目二、《道光云南通志》"艺文志二之一·滇人著述之书下"、《光绪云南通志》"艺文志二之二·滇人著述之书下"、《新纂云南通志》"艺文考一·滇人著述之书一"、方树梅的《明清滇人著述书目》、李小缘编辑的《云南书目》(1988)、《中国丛书综录》"经部/小学类/音韵之属/等韵"。

（四）吴世钊《六书纲目》一卷、《切音导原》一卷

吴式钊（后改名吴志郭），字完剀，号楚生，保山人。光绪甲午（1894）进士，翰林院检讨。诗文、经学、小学皆名著一时，与许印芳、朱庭珍、赵藩共称"滇南四子"，有《强静斋文稿》《骈文》《六书纲目》《切音导原》等著述。

1.《六书纲目》一卷

吴式钊感慨于"乾嘉以后，人讲六书之学，或因旧闻而增深；或由创得而迈古"。为了让后学易于掌握六书，乃仿元《韵语》例而更张之，"取数十大师之说，博访通人，时下己意，第为长篇"，对六书"更为疏证，使览者易了"①。

此书可见版本：清光绪十五年（1889）刻本1册；《云南丛书》"二编·经部六"；《永昌府文征》"文录·卷二十二"。书目著录见于：李小缘编辑的《云南书目》(1988)、《中国丛书综录》"经部/

---

① （清）吴式钊：《六书纲目·序》，清光绪十五年（1889）。

小学类/说文之属/专著类"。

2.《切音导原》一卷

自序云:"参之古音以端其本,综之音类以会其通,核之等列以就其变,证之旁行以验其符,稽之方谚以征其存。聊以解后起变夏之诟。都为七篇。第一篇论自反,分四类:一曰合形自反;二曰分形自反;三曰谐声两字自反;四曰会意两字自反。第二篇论合音,分六类:一曰上声下韵合音;二曰上韵下声合音;三曰双声两字合音;四曰叠韵两字合音;五曰三字四字合音;六曰双反。第三篇至第七篇,则依《广韵》部分,搜辑群经子史之反语,昉于古文官书,极之朱翱音切,逐纽填写,而详疏其所以异同之故。"从吴世钊自序看,《切音导原》是要总结切音源流变迁,可惜大部分已亡佚,今仅存第一篇。

二书可见版本:《六书纲目一卷切韵导原第一篇一卷》,清光绪十五年(1889)刻本;《六书纲目一卷切韵导原第一篇一卷》,清光绪年间;《〈六书纲目〉总论》,《云南丛书》二编·经部七;《永昌府文征》"文录·卷二十二"。著录见于:李小缘编辑的《云南书目》《中国丛书综录》经部/小学类/音韵之属/等韵。

(五)杨名飏《经书字音辨要》九卷

杨名飏(1772—1850),字崇峰,云龙人,嘉庆戊辰举人,官至陕西巡抚,著有《学礼简编》《经书字音辨要》《关中集》。

此书为杨名飏守汉中时所辑,其书名于《续修四库全书提要》题为《群经字音辨要》,《云南通志》《云南省图书馆善本书目》及方树梅《明清滇人著述书目》则题为《经书字音辨要》,亦有学者称其为《四书五经字音辨异》。前有自序及道光十七年重刊时崇纶序，书前为凡例六则，次以《大学》《中庸》《论语》《孟子》《易》《书》《诗》《春秋》《礼记》为次，分属九卷，检九经字不重出者，4758 字，字体遵字典摹写，字音依《韵府》各韵所收字之音，分别胪列。核其全书之旨，于经字音读，某家作某读，某家又作某读，概未采录，仅取九经之中不重之字。以经字为纲，以《韵府》之音为注，以别某字，应读某音，收某韵，或应读某音，兼收某韵而已。虽名为《群经字音辨要》，实只刺取《韵府》所列之音凑以成书。不惟于群经字音，无所考证，即专就字音而论，亦仅限于《韵府》一书，于《韵府》以外，诸书之关于字音者，亦概未采辑。常见版本：清道光十三年（1833）刻本，四册；清道光二十七年（1847）合德堂刻本，二册。

著录见于：《道光云南通志》"艺文志二之一·滇人著述之书下"、《光绪云南通志》"艺文志二之二·滇人著述之书下"、《新纂云南通志》"艺文考一·滇人著述之书一"、方树梅著《明清滇人著述书目》《续修四库全书提要》"简目·小学类·字书之属"。

（六）杨琼《形声通》五卷、《肆雅释词》二卷、《论语案》四卷

杨琼（1846—1917），字叔玉，号迥楼，一号柿平，邓川人，光绪辛卯举人，官晋宁州学正。留学日本速成师范归，以办学功，开后举人。

1.《形声通》五卷

书前有杨琼及李文治的序，后有李文治弟李文源跋。书以声为主，而形以象之，南彬为其声，余则为其形。用父母音生子音之法，为父形二十有四，母形二十，经纬之，合二形为一，而声即从而生。

凡得声四百八十，以四物乘之，得一千九百二十，又以四准乘之，得七千六百八十，声盖备矣。而汉音之阙者，偏出于洋音。洋音之阙者，偏出于汉音。可知中声之无所不含者。书常见两版：日本东京，清光绪三十一年（1905）；文字改革出版社，1957 年。

2.《肄雅释词》二卷

琼喜治说文，取经传中恒用虚字，得五十字"曰而之不亦乎自其也者矣未与则虽必固于抑可所已何若邪且惟皆会焉哉故或非兮既然每尔遂苟盖犹乃谁夫岂耳顾只"释之。每词首列篆书，缀以说文，次引群经子史诗句，以究其用，所引书句必标明书名、篇目，取其便于检阅本书。后附以赞语，亦经传释词之流亚也，前有沈钟序，后有自跋。此书可见版本：清光绪二十三年（1897）刻本；云南丛书馆辑订本。

3.《论语案》四卷

此书为琼任省会国学社理学长，又自组立成德中学校，登堂讲授，编次其讲义，以成此书。前有任可澄、赵藩序，陈荣昌题诗四首。藩序云："余观其绅绎故训，间发新理，或感触时事，或借镜欧西，大要取便学子所易领解，而亦可以备一时之参证。"此书可见版本：民国四年（1915）云南开智公司印本。

其他还有杨锐材撰《四书音义声韵补》六卷、华韫璋撰《华氏音学》一卷、张澐卿辑《诗韵辨字增注》五卷等。自明初云南学者兰茂的《韵略易通》继《唐韵》《广韵》《中原音韵》之后取得巨大成就，开启云南学问之风，历经数百年，至清代云南经学研究涉及文字、音韵、训诂多个领域，此期的语言文献十分丰富。然目前已经开展的研究工作，多集中在对释宗常的《切韵正音经纬图》、高嵛映的《等音声位合汇》的研究上，对其他文献则很少有人涉猎，如果能对这批文献进行系统的整理研究，将进一步丰富近代汉语的研究材料，有助于更好地认识近代汉语到现代汉语的演变规律。

三 仅存书目的清代云南地方文献中的语言文献

因保存不善及战火连连，清代以下文献便只留下书目，原本难寻。

1. 熊光国撰《切韵》一卷

熊光国，字仪廷，号观亭，赵州人，嘉庆癸酉拔贡。著述不详。此书著录见于：《道光云南通志》"艺文志二之一·滇人著述之书上"、《光绪云南通志》"艺文志二之二·滇人著述之书下"、《新纂云南通志》"艺文考一·滇人著述之书一"、方树梅著《明清滇人著述书目》。

2. 赵琏撰《读诗天籁等韵》一卷

赵琏，字璧粹，太和人，康熙初诸生。此书著录见于：《道光云南通志》"艺文志二之一·滇人著述之书下"、《光绪云南通志》"艺文志二之二·滇人著述之书下"、《新纂云南通志》"艺文考一·滇人著述之书一"、方树梅的《明清滇人著述书目》。

3. 刘烈撰《尔雅正音》

刘烈，字让声，号右林，蒙自人。乾隆庚子举人。此书著录见于：《道光云南通志》"艺文志二之一·滇人著述之书下"、《光绪云南通志》"艺文志二之二·滇人著述之书下"、《新纂云南通志》"艺文考一·滇人著述之书一"、方树梅的《明清滇人著述书目》。

4. 邹焯撰《尔雅释字》

邹焯，恩安人，嘉庆庚午举人。此书著录见于：《光绪云南通志》"艺文志二之二·滇人著述之书下"、《新纂云南通志》"艺文考一·滇人著述之书一"、方树梅的《明清滇人著述书目》。

5. 杨学淳撰《韵学律吕》

杨学淳，字望古，号南村，乾隆己酉举人。此书著录见于：《道光云南通志》"艺文志二之一·滇人著述之书下"、《光绪云南通志》"艺文志二之二·滇人著述之书下"、《新纂云南通志》"艺文考一·滇人著述之书一"、方树梅的《明清滇人著述书目》。

6. 尹丕撰《韵谱》

光绪续志已著录。尹丕，赵州人，嘉庆戊辰举人。此书著录见于：《光绪云南通志》"艺文志二之二·滇人著述之书下"、《新纂云南通志》"艺文考一·滇人著述之书一"、方树梅的《明清滇人著述书目》。

7. 林琼撰《音义辨真古字证考》

光绪志已著录。林琼，字烺山，会泽诸生。此书著录见于：《光绪云南通志》"艺文志二之二·滇人著述之书下"、《新纂云南通志》"艺文考一·滇人著述之书一"、方树梅的《明清滇人著述书目》。

8. 王寿昌撰《韵府探珠》十卷

王寿昌，字介图，号眉仙，又号养齐，永北人，嘉庆癸酉举人。此书著录见于：《光绪云南通志》"艺文志二之二·滇人著述之书下"、《新纂云南通志》"艺文考一·滇人著述之书一"、方树梅的《明清滇人著述书目》。

9. 吴树声撰《六书微》一百一十卷

《清史列传·吴树声传》称："树声精小学，用宋戴侗六书故之例变《说文》部居成《六书微》一百一十卷。是书首列建首字，次列建首字所生之字，后列新沾建首字，总以子母相生为例，次谐声，次会意。而全书大诣则首重字形，而声与义次之，参互错综，仍归建首一义。条理秩然，古人制字源流，藉此可见。"此书著录见于：《光绪云南通志》"艺文志二之二·滇人著述之书下"、《新纂云南通志》"艺文考一·滇人著述之书一"、方树梅的《明清滇人著述书目》《永昌府文征》"纪载·列传"。

10. 寇鼎撰《启蒙韵略》

寇鼎，字良用，号水室，河南偃师县人。父克仁任刑部主事，谪戍云南，鼎随父居滇，当道举任府学教授，不受。所著有《池蛙余响》《启蒙韵略》。（《正德云南志·列传·流寓》）此书著录见于：《正德云南志》"列传·流寓·寇鼎"。

11. 段克莹撰《韵对》四卷

段克莹，字纯夫，号玉峰，鹤庆人，嘉庆乙丑进士。是书篇次字数悉遵《佩文》韵本，每页间为三截，上格标音韵以沈约为宗，中格载故实，凡经、史、子、集及名人诗歌所出，先注其来历，然后裁为对偶，略仿《韵府》群玉之群，而小变之，下层辨其异同。取材宏富，属对精工，亦数典之所资也，惜末二韵未卒其业。此书著录见于：《道光云南通志》"艺文志二之二·滇人著述之书下"、《光绪云南通志》"艺文志二之二·滇人著述之书下"。

12. 程振鹏撰《启蒙韵学》

程振鹏，字云九，昆明人，雍正间岁贡生，官蒙化府训导。是编亦名《春风堂对歌》，择平声三十韵中字押之，自一字对至十三字，分为十九门。全仿兰廷秀《声律发蒙》。此书著录见于：《道光云南通志》"艺文志二之二·滇人著述之书下"、《光绪云南通志》

"艺文志二之二·滇人著述之书下"。

以上现存二十四种、亡佚十八种，涉及文字、音韵、训诂多个领域，可看出云南地方语言文献是十分丰富的。目前已经开展的研究工作，多集中在对兰茂的《韵略易通》《声律发蒙》、释本悟的《韵略易通》、释宗常的《切韵正音经纬图》、杨慎的《古音略例》等几部书的研究上，特别是兰茂的《韵略易通》最为引人注目。但对其他文献则很少有人涉猎，如果能对这批文献进行系统的整理研究，将进一步丰富近代汉语的研究材料，有助于更好地认识近代汉语到现代汉语的演变规律。

第二章 明代云南少数民族语言 对汉语方言的影响

第一节 明代云南汉语基本面貌

一 兰茂韵书与云南汉语

兰茂是明代云南著名的药物学家、文学家、音韵学家，其人其作历来备受人们关注。前人对兰茂的生平考证翔实，甚为可信；其著述《性天风月通玄记》的真伪辨别及价值研究仍有可为；兰茂的《韵略易通》的版本源流、语音特点、音系性质众说纷纭，更待专家学者不吝赐教，作出进一步考辨。

受《中原音韵》的影响，明朝时云南出现一批着眼训蒙的小学家，他们不守戏曲规矩，而是依据活的语言，或对声类有新解，或对韵类作归并，成绩斐然，其中"创获声类者，兰廷秀实为功首，他的韵书就是大名鼎鼎的《韵略易通》"①。关于兰茂的《韵略易通》，王力先生在《汉语语音史》中曾说："他（兰茂）的《韵略易通》成书于正统七年（1442），书中讲述的显然是北方的普通话，我们在这章（明清音系）里所讲的明代声母系统就是据他的《早梅诗》。"② 足见兰茂韵学著述的成就与影响。

然明代云南却有两部著者不同的《韵略易通》，即兰茂的《韵略易通》和释本悟的《韵略易通》，二者均为继《中原音韵》《洪武正韵》之后影响较大的韵书，赵荫棠、陆志韦、方国瑜、赵诚等前辈学者对二书多有研究，二书的著者生平、成书时间、版本源流、内容沿袭、声韵系统一直备受关注，但存在诸多争议。

（一）兰茂的《韵略易通》（正统七年，1442）

1. 兰茂生平考

20 世纪 30 年代，方国瑜、赵荫棠两位先生即对兰茂的身世进行了考证。③ 清人黄虞稷录"廷秀字止庵"，《四库提要》题"廷秀字止庵，正统中人，爵里未详"。谢启昆的《小学考》于三十四卷据《述古堂书目》著录"钱曾曰：正统壬戌九月光和道人止庵编韵略易通成而序之"，于三十六卷又据《千顷堂书目》著录"廷秀字止庵正统壬戌叙"④。对此，经方、赵两位先生考证，认为：黄虞稷、《四库提要》把兰茂的字误为了名，号误为了字，而谢启昆更疏于考证，重复著录，不知道光和（当为"和光"）道人止庵和廷秀即

---

① 赵荫棠：《中原音韵研究（二卷）》，商务印书馆 1936 年版，第 54 页。

② 王力：《汉语语音史》，中国社会科学出版社 1985 年版，第 389 页。

③ 参见方国瑜《韵略易通跋》，《云南旅平学会会刊》1932 年第 7 期；赵荫棠《中原音韵研究（二卷）》，商务印书馆 1936 年版。

④ （清）谢启昆：《小学考》，浙江书局刻，光绪戊子（1888）。

为一人。方先生进一步考证出兰茂的生卒年：洪武三十年——成化丙申年。此期，从两位先生的研究中我们可得出兰茂简要的历史：兰茂（1397—1476），明代云南嵩明杨林人，祖籍河南洛阳，字廷秀，自颜其轩曰止庵，因号止庵，亦号和光道人，赋性简淡，不乐仕进。正统时大司马王骥征麓川遇阻，兰茂授其方略，助王骥大胜而归，"若要麓川破，船往山上过"，居人至今犹传其语。兰茂一生著述甚丰，有《玄壶集》《鉴义折中》《经史余论》《安边策条》《止庵吟稿》《山堂杂稿》《碧山樵唱》《桑榆乐趣》《樵唱余音》《甲申晚稿》《梅花百韵》《秋草百咏》《草堂风月》《蘋洲晚唱》《金粟囊》《中州韵》《四言碎金》《滇南本草》《韵略易通》《声律发蒙》等书（方先生认为还有《性天风月通玄记》一书），滇人多传之。

　　1947 年，吴晓铃对兰茂生平再次做出考证①，结论与方国瑜、赵荫棠两位先生的大体一致，进一步补实：（1）兰茂，除了号止庵、和光道人，亦号洞天风月子（前提是认可《性天风月通玄记》为兰茂作品，从而推知），系明代云南嵩明州杨林县石羊山人；（2）师范《滇系》称兰茂"洪武中隐居不仕"，陈荣昌《滇诗拾遗》也称其为"洪武时布衣"，吴晓铃先生对此提出质疑，认为两种说法均不恰当，因兰茂生于洪武三十年，而明太祖在位仅为三十一年，故兰茂不会在"洪武中隐居不仕"，也不会是"洪武时布衣"；（3）提出兰茂的《性天风月通玄记》非"偷"杨慎的作品《宴清都洞天玄记》，而是杨慎"偷"了兰茂的作品。

　　至今，学界多采用以上三位学者的提法。笔者认为，袁嘉谷、

---

① 吴晓铃：《兰茂——云南曲家考略之一》，《大公报》1947 年 4 月 23 日第九版。

师范、袁文揆等对《性天风月通玄记》作者的质疑值得思考①，吴晓铃先生对此的考证仍欠实证、说服力，存在值得商榷之处。

2.《韵略易通》版本研究现状

1442 年兰茂的《韵略易通》书成，影响较大，流传甚广，版本错综复杂。民国六年（1917）赵藩、袁嘉谷辑刻《云南丛书》时，看到嵩明李星槎送来署名"真空本悟禅师集"、"相如书见禅师校"、"法孙彻润通雷梓"的《韵略易通》，与兰茂所撰的《韵略易通》同名，韵部、声母也各为二十，与钱曾《述古堂书目》及《四库全书总目提要》著录的兰氏著作相符，认为此书当为兰茂原著，"意本悟钞录止庵是书，其徒通雷乃窜易名称，而刊于清初"②，便去掉本悟的署名，改署"嵩明兰茂止庵著"刻入《云南丛书》。前面有赵藩序，后面有袁嘉谷的跋，这便是我们今天易看到的云南丛书本"兰茂《韵略易通》"。

方国瑜先生 1932 年在《兰廷秀韵略易通跋》文中提道："嘉靖（一五〇六——一五六六）本悟修纂廷秀韵略仍用原名。"③ 提出本悟也写了一本《韵略易通》，并认为本悟本的《韵略易通》是兰茂本的改订本，增修时间为嘉靖年间。

1936 年，赵荫棠在《中原音韵研究》"小学派"之"声类创获"推兰茂为"功首"④，在叙述《韵略易通》内容之前，就兰茂的

---

① （明）兰茂：《性天风月通玄记》，民国间石印本（云南省图书馆馆藏）。书末护页袁嘉谷题词："荔扉苏亭皆颖此为伪书，人亦何业而伪作止庵书乎？吾见明人著书有此体裁。瞿仙试一细评之。甲子中秋嘉谷（袁嘉谷印）。"袁文揆、袁文典《滇南诗略》，《云南丛书》集部之七十八。其《明滇南诗略》卷一录：（兰茂）"有抄本《性天风月通玄记》南曲剧本，此本寓言金丹之术，疑系伪托"。

② 赵藩：《云南丛书》经部之十二《韵略易通·序》，云南图书馆藏版（1917）。

③ 方国瑜：《兰廷秀韵略易通跋》，《云南旅平学会会刊》1932 年第 7 期。

④ 赵荫棠：《中原音韵研究（二卷）》，商务印书馆 1936 年版，第 54 页。

身世和他所得到的《韵略易通》的三个版本——高举刻本、吴允中刻本、一种抄本，作了介绍和简要的对比，此间提及了宿度刻本。于"韵类归并之过渡"部分，对云南丛书本《韵略易通》作者作了讨论，肯定了本悟的著作权，且对本悟的"重韵"加以说明和研究。

1944 年，方树梅于《明清滇人著述书目》指出：本悟本《韵略易通》两次重刻。"一署本悟禅师集，书见禅师校，法孙通雷梓；一署瑶玲山大戒本悟集撰。"从而明确：云南明代出现了两部书名相同而著者不同、内容不同的《韵略易通》。

1947 年，陆志韦的《记兰茂〈韵略易通〉》，再次肯定了释本悟的《韵略易通》的著作权，并分析了其中的"重韵"现象。

1979 年赵诚的《中国古代韵书》于"韵略易通"一节提出兰茂的《韵略易通》有四个版本，指出《云南丛书》本《韵略易通》为本悟的改编本，并简要归纳了本悟对兰书在声、韵两方面的改编情况。万揆一的《兰茂的〈声律发蒙〉和〈韵略易通〉》，介绍了兰茂的这两部韵书——《声律发蒙》《韵略易通》，并认可其历史、学术价值。

1980 年，万揆一的《兰茂的〈声律发蒙〉和〈韵略易通〉》，介绍了兰茂的这两部韵书——《声律发蒙》《韵略易通》，并认可其历史、学术价值。

群一的《云南明代两部"韵略易通"比较研究》（1985）、《本悟本〈韵略易通〉的两个刻本》（1986）和慧生的《读〈本悟本"韵略易通"的两个刻本〉》（1988）在肯定本悟著作权基础上，并揭示了本悟本与兰茂本的一些差异。

1997 年张玉来的《〈韵略易通〉的三个善本考论》对兰茂本《韵略易通》的三个善本（宿度本、高举本、李棠馥本）作了考论。

1997 年苏石的《兰茂评传》，考订了本悟的《韵略易通》的书成时间，并对本悟本和兰茂本的《韵略易通》的音韵特点进行了对比研究。

1999 年李兆同的《云南方言的形成》，多对本悟的《韵略易通》方言特点作分析，同时确认本悟对兰书的修订。

之后又有更多学者对兰茂、释本悟的《韵略易通》又进行了研究，取得了不少成绩。但对二书版本源流一直没有分辨清楚，存在混乱情况。

3. 《韵略易通》语音学研究现状

自兰茂的《韵略易通》书成，便引起世人大量关注，或评价"尽变古法，以就方音……亦自知其陋矣"①，或认为"兰茂他本来就不是为那高人雅士写的，高人雅士也不必苛责他……惟其他是为平民写的，我们才知道它是当时的标准音它的价值就在于此……由是我们可以知道，《韵略易通》就是现在的《平民识字读本》，又可以说是《国音字典》"②，或赞誉"从音韵史上看来，《韵略易通》却不在《中原音韵》之下，因为周氏作《中原音韵》还是偏重于戏曲文学上的目的，以致一变而为南曲韵书，仍旧离不了文人雅士的玩弄品，到了兰茂此书才开始标明努力于平民识字的宗旨，才能够打破了一些因袭的思想而努力于适合当时最普通的音读"③。或抑或扬，或全面吸收，或继承发展，在不断的争议中，兰茂和他的《韵略易通》在汉语语音发展史上的地位、作用得到不断肯定，对兰茂音系的研究也不断深入、全面。

---

① 《四库全书总目提要》，商务印书馆 1933 年版，第 943 页。
② 赵荫棠：《中原音韵研究（二卷）》，商务印书馆 1936 年版，第 60 页。
③ 张世禄：《中国音韵学史》，商务印书馆 1938 年版，第 238 页。

对兰茂《韵略易通》语音学的研究大致可分为以下五个时期。

（1）20世纪三四十年代，开创、奠基期。方国瑜的《兰廷秀韵略易通跋》（1932）、赵荫棠的《中原音韵研究》（1936）、张世禄的《中国音韵学史》（1938）、陆志韦的《记兰茂〈韵略易通〉》（1947）对兰茂的《韵略易通》的研究，开启了现代对此书、对近代音的新认识、新思考，对其声、韵、调的分析和认识可以说成为后来研究者研究的参照和奠基石。这两篇文章、两本书成为现代人认识、学习兰茂的《韵略易通》、近代音和云南地方文献中的语言文献的工具性的研究文章。阅读和研究兰茂的《韵略易通》，绕不开这两篇文章和两本书。

（2）20世纪五十年代，停滞期。限于条件，笔者暂没发现对兰茂的《韵略易通》进行语音学研究的文章和书籍。

（3）20世纪六七十年代，复兴期。王力的《汉语音韵》（1963）、赵诚的《中国古代韵书》（1979）之"韵略易通"，又把兰茂的《韵略易通》展示给世人。王力把兰茂的《早梅诗》与守温三十六字母对应、延续关系作了详细分析，并对二者的不同加以说明。

（4）20世纪八九十年代，兴盛期。群一的《兰茂评传线索》（1985）、《〈韵略易通〉价值辨》（1987）、《关于兰茂和本悟〈韵略易通〉的三个问题——与慧生先生商榷》（1990）、《〈韵略易通〉声韵调配合规律》（1990）、《明代兰茂〈韵略易通〉中的云南方言词汇》（1991），王宏凯的《明代药物学家和音韵学家兰茂及其著述》（1987），苏石的《兰茂研究述评》（1992）、《兰茂评传》（1997），沈建民的《也谈本悟〈韵略易通〉之"重×韵"》（1995），张玉来的《〈韵略易通〉的音系性质问题》（1997）、《韵略易通研究》（博士论文丛书，1999），叶宝奎的《也谈本悟〈韵略易通〉的重×韵》

（1999）等，亦如兰茂的医学、文学等著述备受关注一样，在此期间，众多学者对兰茂的《韵略易通》声、韵、调的研究深入浅出，推陈出新，新发现、新观点层出不穷，把对《韵略易通》的研究推向一个新的高度。此期是对兰茂的《韵略易通》研究的丰收期。

（5）21世纪，平缓期。韦绍翔的《兰茂〈韵略易通〉述略》（2004）、徐春燕的《博学多才的一代宗师——兰茂》（2006）、张克梅的《论兰茂在云南历史文化中的地位及影响》（2006）、陈长祚（即群一先生）的《云南汉语方音学史》（2007），从不同角度，在总结前人研究的基础上，对兰茂的《韵略易通》音系研究，又提出了新的看法。

考察对兰茂的《韵略易通》音韵学研究的历史，学者们为云南历史文化的宣传、研究、发展做出了积极贡献，让世人知道，明代云南也存在价值亦如《中原音韵》、考察汉语语音史时不可或缺的韵书——兰茂的《韵略易通》；"止庵书与《中原音韵》《洪武正韵》韵部无多出入……止庵声部与《五方元音》所差甚微，而与守温三十六字母则分合之处甚多"①；二十母，二十韵，承上启下，兰茂为我们呈现出他身处时代的语音面貌，也看到了汉语语音在历史长河中的变化。我们也不难发现，学者们多把《韵略易通》和《中原音韵》作对比，有的也提到《洪武正韵》或《五方元音》，即多做同期韵书的对比，缺少历史纵深的研究；拟音混乱，认识不一，得出的结论也多种多样；兰茂的《韵略易通》的音系性质问题多有争议。无论从语音历史纵向的或横向的角度，兰茂的《韵略易通》仍待我们继续深入研究，对其音系的揭示大有可为。

---

① 方国瑜：《兰廷秀韵略易通跋》，《云南旅平学会会刊》1932年第7期。

综上，先贤对于兰茂生平考证翔实，甚为可信，云南人尤其嵩明人，以云南嵩明出了兰茂这样一位通医道、晓军事、工诗文、精音韵的先贤以及"兰氏三书"（《滇南本草》《韵略易通》《性天风月通玄记》）而骄傲。其著述，《性天风月通玄记》的真伪辨别及价值研究仍有可为。兰茂的《韵略易通》及其《早梅诗》代表着明代音系的声母系统；其韵母系统从元代十九部发展到明代的二十部，[y][u] 析分是这历史进步的见证；入配阳声，其声韵调配合规律，具有元、明两个时期的代表性。然其版本源流、语音特点、音系性质众说纷纭，更待作出考辨。

（二）《韵略易通》版本考辨

方国瑜先生 1932 年在《兰廷秀韵略易通跋》文中提道："嘉靖（一五〇六——五六六）本悟纂廷秀韵略仍用原名。"① 提出本悟本《韵略易通》是兰茂的《韵略易通》的改订本，增修的时间为嘉靖年间。方树梅的《明清滇人著述书目》（1944）指出：本悟本《韵略易通》两次重刻。"一署本悟禅师集，书见禅师校，法孙通雷梓；一署瑶玲山大戒本悟集撰。"如此，云南明代出现了两部书名相同而著者不同的《韵略易通》。明代是中古汉语向现代汉语发展的重要过渡期，《韵略易通》是《中原音韵》《洪武正韵》后最为重要的韵书，自然引起众多学者的关注，继赵荫棠（1936）、陆志韦（1947）之后，当代许多学者，如万揆一（1980）、群一（1986）、慧生（1988）、张玉来（1997）、苏石（1997）、叶宝奎（1999）、黄丝才、纪兴（2001）、韦绍翔（2004）、徐春燕、王巍（2006）等，先后都

---

① 方国瑜：《兰廷秀韵略易通跋》，《云南旅平学会会刊》1932 年第 7 期。

对兰茂、释本悟的两版《韵略易通》进行了研究，取得了不少成绩。但对二书的著者、成书时间、内容沿袭、版本流变一直没有分辨清楚，留下不少疑问。下文拟对二书的版本源流作出进一步考辨，以期辨明其源流，为进一步整理、研究两书打下基础。

1. 兰茂与释本悟

兰茂（1397—1476），明代云南嵩明杨林人，祖籍河南洛阳，字廷秀，自名其轩曰止庵，号和光道人，又称洞天风月子、玄壶子。师范的《滇系》称兰茂"洪武中隐居不仕"，陈荣昌的《滇诗拾遗》也称其为"洪武时布衣"，两说似不恰当，因兰茂生于洪武三十年，而明太祖在位仅为三十一年，故兰茂不会在"洪武中隐居不仕"，也不会是"洪武时布衣"①。兰茂可谓通医道、晓军事、工诗文、精音韵，著述甚丰，滇人多传之"先生虽不仕于当时，其永传于后世也"②。《韵略易通》《声律发蒙》为其韵学代表作。据清人黄虞稷《千顷堂书目》记载："兰廷秀韵略易通二卷。字正庵，正统壬戌叙。"③（按：正庵当为止庵）清人钱曾的《读书敏求记》卷一的韵书中也提到兰茂于正统壬戌九月"编《韵略易通》成而序之"，可知兰茂的《韵略易通》的成书时间为明正统壬戌，即1442年。

释本悟，生平少有详载。《嵩明州志》云："本悟字真空，邵甸秦氏子……父没，往谒道心禅师，遂为削发，精持戒律，无少荒怠……有马姓者，延至昆明，创妙湛寺……又集韵律一书行世"。清康熙释鼎圆《滇释记》云："悟本（按应为本悟）字真空，俗呼菜

---

① 吴晓铃：《兰茂——云南曲家考略之一》，《大公报》1947年4月23日第9版。

② （清）孙人龙：《声律发蒙·叙》，《云南丛书》集部之二，云南省图书馆1914年版。

③ （清）黄虞稷：《千顷堂书目》，上海古籍出版社2001年版，第95页。

斋和尚……于昆明官渡复创妙湛寺，著有《韵略易通》编行世。"
又《康熙云南府志》载："（本悟）生而颖敏，不乐尘器。正德间礼
摇玲山（或写作'瑶玲山'）道心（本悟师父）席下祝发，戒律精
严，惟茹菜，足不着履者三十余年，远近称曰：'菜斋和尚'。嘉靖
间辟狮子峰，建普贤寺……纂《韵略易通》一书行世。万历二十七
年坐化于华严阁前。"袁嘉谷《滇绎·妙湛寺》云："官渡妙湛寺有
方塔十三层……又有禅本悟塔铭……所云'本悟生正统庚申，卒隆
庆正月十六'。此四字上当脱干支二字，今俗人于元年往往只写年
号，此当时隆庆元年，但不入金石文也。"《滇绎·通雷》案："止
庵年四十四而本悟始生，则本悟学成之日，止庵当六七十岁。"见远
刻本《韵略易通》序后目录末有"万历丙戌岁次蕤宾（指五月）蕢
涧（当指十五日）之吉，云南嵩明邵甸里普贤寺院禅纳比丘本悟沐
手焚香释校正刻行"牌记。这些记载简略且矛盾，参考方国瑜、陈
长祚两位先生的考证，释本悟生平大致如此：本悟生于明正德年间
（1520 年前），云南嵩明邵甸人，儿童时代即削发出家于普贤寺，后
居昆明妙湛寺，万历己亥年（1599）坐化，妙湛寺塔铭所记本悟生
年不当，本悟于万历十四年（1586）纂述了和兰茂著述同名的《韵
略易通》。

从上可知，本悟晚出兰茂一百多年，兰茂的《韵略易通》成书
于明正统壬戌年（1442），本悟《韵略易通》成书于明万历十四年
（1586），兰茂本早于本悟本 144 年。

2. 《韵略易通》版本传承

兰茂的《韵略易通》成书时代较早，影响也较大，刻本较多又
有异名，但著录少，版本传承显得较为杂乱。本悟本晚出，版本情
况不复杂，传承则要清楚得多。

56

　　清人黄虞稷的《千顷堂书目》以收明代著述为主，为研究明代版本提供了翔实的资料，从其对兰茂的《韵略易通》的记录，《韵略易通》成书于正统七年壬戌（1442）当无疑。从现有资料看，兰茂的《韵略易通》有高岐本、高举本、南中本、宿度本、吴允中本、明云南刻本、清重刻本、毕拱辰更定本、李棠馥校正本等多种版本。

　　毕拱辰（据《莱州府志》："字星伯，掖人，举进士，任山西冀宁道。"）所刻《韵略汇通》成于明崇祯十五年壬午（1642），书题"止庵兰茂（按：原书误作'芳'）编次，东莱宿度旧梓，同郡毕拱辰更定"，其序曰："兰芷庵先生，编《韵略易通》一书，汰繁归简，披览如列眉，嘉惠后学甚殷。吾莱宿太仆二山先生，付之剞劂，二东人士，家传而户购之。见南中亦有刻本，谓之《山东韵略》。壬申岁，辽左叛逆围莱，原版散失，每用惋惜。……今秋（按崇祯十五年壬午）……检得原帙（按指宿度所刻兰茂《韵略易通》），更分合删补……稍易其名曰《韵略汇通》。"序中"宿太仆"即宿度，嘉靖己未（1559）进士。据《莱州府志》："宿度，字二山，掖人，由进士官至浙江参政，致仕晋阶太仆卿。"由此序可推知《韵略易通》在明崇祯五年壬申（1632）以前，至少已有南中本和宿度本两个版本；宿度本晚于南中本，宿度重刻于山东，并以《山东韵略》区别南中本。方国瑜先生因宿度曾在浙江为官，"疑韵略初刻于南中，得之以归，而刻于东莱"[1]，认为宿度本是依南中本之重刻本。宿度本是否就依南中本重刻还难以肯定，从毕序看，《韵略易通》"嘉惠后学甚殷"，宿度就"付之剞劂"，"见南中亦有刻本"，才"谓之《山东韵略》"，这似乎是宿度先重刻兰茂的《韵略易通》，后又见到南

---

① 方国瑜：《兰廷秀韵略易通跋》，《云南旅平学会会刊》1932 年第 7 期。

中本，才把重刻本更名为《山东韵略》。而毕拱辰于崇祯十五年壬午（1642）得到了宿度本，对宿度本作更定后，梓行于山西，改名为《韵略汇通》。

万历甲辰，会稽王伯良勘校注古本《西厢记》，引证书目，有《韵略易通》，所得盖为南中本。[1] 说明万历三十二年甲辰（1604）以前，《韵略易通》已刻于浙江，即南中本所刻时间不会晚于1604年。宿度本重刻时间，方国瑜先生只是说在崇祯五年壬申（1632）以前[2]，张玉来先生则据宿度中举时间（1559）、壬申岁（1632）宿度本原版散失，以及按古人平均年龄七十岁计算，推断宿度当卒于1609年，宿度本应刊于1559年前后。[3] 张玉来先生观点有道理，但宿度1559年方中举，后到浙江为官，毕序指出其见南中刻本，才把重刻本更名为《山东韵略》，所以，宿度在中举之际就重刻《韵略易通》的可能性不大，当是在他到浙江做官后所刻。

"东鲁后学吴允中百含校譔"本，即明万历山东吴允中校本，其《重刻韵略序》题"万历己酉孟冬之吉书于杞之忠爱堂"，此书重刻时间为万历己酉三十七年（1609）。查河南《杞县志》和山东《曹州志》，知道吴允中系山东进士（万历二十六年），书重刻于任上（河南杞县知县），方国瑜先生怀疑"今世犹传明刊本，署曰'东鲁后学吴允中百含校'，当即《山东韵略》本"[4]。由于《山东韵略》原稿已散佚，已难确认。吴允中校本现可见四个传本：中科院图书馆藏明宝旭斋刻本；国家图书馆藏集义堂本；云南省图书馆有

---

① 方国瑜：《兰廷秀韵略易通跋》，《云南旅平学会会刊》1932年第7期。
② 同上。
③ 张玉来：《〈韵略易通〉的三个善本考论》，《古籍整理研究学刊》1997年第3期。
④ 方国瑜：《兰廷秀韵略易通跋》，《云南旅平学会会刊》1932年第7期。

两个藏本，一为依吴本所刻之清重刻本（重刻时间在 1663 年以后），一为依清刻本之重抄本，即《云南丛书》底本，两种均为二卷二册。

"李本"即李棠馥校正本，其自叙题"康熙二年癸卯菊月吉赐进士出身通议大夫兵部右侍郎晋泫汉清李棠馥题"，可知李本刻于康熙二年（1663）。自序里说："吾泫赵君伟自建宁梓行，由正德庚辰沿今百五十年。经重梓，中多鲁鱼豕亥，袭舛承讹，良为憾事。余自假归以来，养疴山中，重加校雠，辨厥谬误。且参以《字汇》《篇海》诸书，详为考订，使点画音义一归乎正。"可知晋泫（今山西高平县）赵君伟于 1520 年（正德庚辰）曾刊刻兰茂的《韵略易通》，李本是据赵本改刻的，而赵本今已不见。然李本对兰茂原书已大加修订，多有增补，已失兰茂原书面貌。

赵荫棠、方国瑜、张玉来三位学者都提到还存在"高举本"。据三位学者所述，高举本系高举[①]万历四十一年癸丑（1613）刊刻的丛书《古今韵撮》的第三种。方国瑜先生认为高举本"为兰廷秀原本重刻者"[②]。据赵荫棠先生所说，此本《韵略易通》，无兰氏姓名，无序，只题"古淄高举辑"，有凡例，虽此本错误较少，字体规范，是现在较好的善本。[③]赵荫棠先生对高举、吴允中、宿度、毕拱辰四位山东进士传布兰氏《韵略易通》，给予了很高评价，并推测：毕拱辰万历四十四年中举，后于高举刻书三年，吴允中刻书七年，毕拱辰"既推为宿度所提倡，则宿本一定在高本（按：1613 年刊刻）与

[①]　据尚恒元、孙安邦主编《中国人名异称大辞典》检索卷，山西人民出版社 2002 年版，第 176 页。高举，明淄川人，字东溟，万历庚辰进士。
[②]　方国瑜：《兰廷秀韵略易通跋》，《云南旅平学会会刊》1932 年第 7 期。
[③]　赵荫棠：《中原音韵研究（二卷）》，商务印书馆 1936 年版，第 56 页。

吴本（按：1609 年刊刻）之前"①。按照张玉来先生说法，宿度卒于1609 年，因此，赵先生的这种推测是可以成立的。

明云南刻本，《中国古籍善本书目》（上海古籍出版社 1989 年版）称之为"明刻本"，收藏于云南省图书馆。此本首尾残缺，是一残本，情况复杂，年代难于断定，云图专家称此本为兰茂原刻本，对此学界有争议，还有待于进一步考证。

高岐刻本，从书后高邮后学张守中的跋中可知，高岐本是"大理阳川高公" ［即高岐，据康熙《大理府志》：高岐，嘉靖乙酉（1549）中举，历官太仆丞。其父高昂，太和人，弘治甲子（1504）举人，历沅江、桃源二县令］ "以太仆左迁高邮"② 时，请张守中校雠并于嘉靖三十二年癸丑（1553）刊印。高岐序言"予得之太史洞野公，携之久矣"，现虽不知"洞野公"为谁，但可知云南大理人高岐于 1553 年之前持有一本《韵略易通》，只是不知此本是否是兰书最早版本。考察其内容，高岐本与明云南刻本收字与注释都极为相似，似出于一源。高岐本为今所见最早足本，离兰茂成书最近，应该是比较好地保存了兰书原貌的一个版本。华东师范大学图书馆藏有此版，《续修四库全书》据此影印了原书。

综上所述，兰茂本的《韵略易通》的传承如图 2 - 1 所示。

---

① 赵荫棠：《中原音韵研究（二卷）》，商务印书馆 1936 年版，第 59 页。
② 张守中：《韵略易通·后》，《韵略易通》高岐刻本，嘉靖三十二年（1553）。

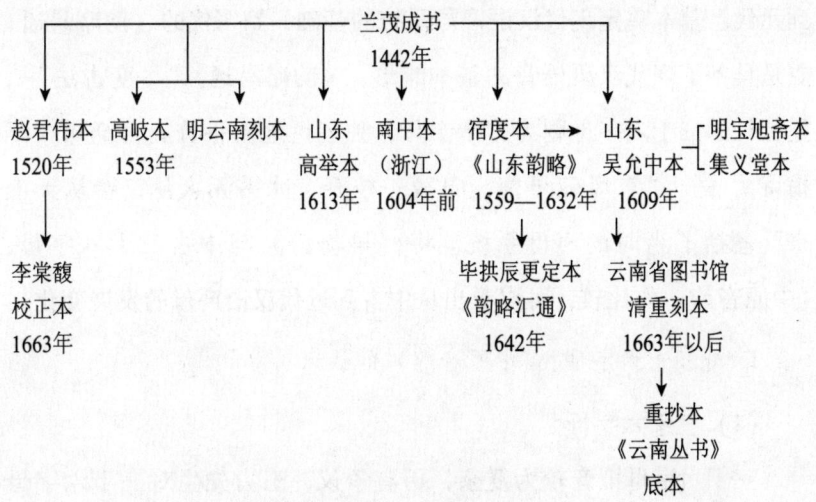

图 2 - 1　兰茂的《韵略易通》版本传承情况

由图 2 - 1 可知，今存兰茂的《韵略易通》足本有五个：高岐本、高举本、吴允中本、毕拱辰更定本、李棠馥校正本。其中，高岐本最早，离原书最近；吴允中本传布较广，是宝旭斋本、聚义堂本、云图清重刻本和重抄本的祖本。

（三）兰茂的《韵略易通》声母系统研究

汉语语音从古至今一直处于不断发展变化当中，从中古时期发展到近代时期，语音面貌已有相当的差异，兰茂的《韵略易通》（1442）较好地保存了明代的实际语音材料，反映了这一时期语音的历史变化和差异。

关于声母系统，唐末僧人守温创造了三十字母，宋人又增加了六个，成为三十六字母，适合于唐宋时期的语音系统。正如明代音韵学家陈第《毛诗古音考·序》所说，"时有古今，地有南北，字有更革，音有转移"，元代《中原音韵》反映出汉语声母语音系统到元代已基本奠定现代汉语声母系统的基础,到明代的《韵略易通》更是具备了现代汉语语音的基本雏形,《韵略易通》"尽变古法"①,把昔日的三十六字母删为二十个母,独创性地用一首五言绝句《早梅诗》——"东风破早梅,向暖一枝开。冰雪无人见,春从天上来"概括了当时的声母系统。将《早梅诗》与中古三十六字母、《中原音韵》作比较,可以看出从中古到近代汉语声母的发展变化。

1. 对三十六字母、《中原音韵》的认识

(1) 三十六字母

三十六字母拟音较为复杂,历有争议,王力先生对三十六字母读音构拟如表 2 - 1 所示。②

表 2 - 1 三十六字母的现代拟音

发音部位		全清	次清	全浊	次浊
今名	古名				
双唇	重唇	帮 [p]	滂 [p']	并 [b]	明 [m]
唇齿	清唇	非 [f]	敷 [f']	奉 [v]	微 [ɱ]
舌尖中	舌头	端 [t]	透 [t']	定 [d]	泥 [n]
舌面前	舌上	知 [ȶ]	彻 [ȶ']	澄 [ȡ]	娘 [ɳ]
舌尖前	齿头	精 [ts] 心 [s]	清 [ts']	从 [ʣ] 邪 [z]	

---

① 《四库全书总目提要》,商务印书馆 1933 年版,第 943 页。
② 王力:《汉语音韵》,中华书局 1980 年版,第 64 页。

续　表

发音部位		全清	次清	全浊	次浊
今名	古名				
舌面前	正齿	照 [tɕ] 审 [ɕ]	穿 [tɕʻ]	床 [dʑ] 禅 [ʑ]	
舌根	牙音	见 [k]	溪 [kʻ]	群 [g]	疑 [ŋ]
舌根	喉音	影 [ʔ] 晓 [x]		匣 [ɣ]	
舌面中					喻 [j]
舌尖中	半舌音				来 [l]
舌面前	半齿音				日 [ʐ]

（2）《中原音韵》声母系统

对于《中原音韵》声母，罗常培考证有二十个；赵荫棠、宁继福、杨耐思等归为二十一个①；陆志韦认为有二十四个——［p］［pʻ］［m］［f］［w］｜［t］［tʻ］［n］［l］｜［k］［kʻ］［ŋ］［x］｜［ts］［tsʻ］［s］｜［tʂ］［tʂʻ］［ʂ］［ʐ］｜［tɕ］［tɕʻ］［ɕ］｜－，王力认为罗常培所拟太少，在参照陆志韦考证基础上，拟为二十五个——零声母分为［j］　［w］两母，把陆志韦考拟的［w］拟为［v］，［ʐ］变为［ʐ］②。

———————

① 参见宁继福《中原音韵表稿》，吉林文史出版社 1985 年版；杨耐思《中原音韵音系》，中国社会科学出版社 1981 年版。
② 陆志韦：《陆志韦近代汉语音韵论集》，商务印书馆 1988 年版，第 11 页；王力：《汉语语音史》，中国社会科学出版社 1985 年版，第 309—310 页。

2.《韵略易通》对三十六字母、《中原音韵》声母的继承与发展

基于以上两点认识，把《韵略易通》声母与三十六字母、《中原音韵》声母系统列表比较如表 2 - 2 所示。

表 2 - 2　《韵略易通》声母与守温字母、《中原音韵》声母比较

守温字母	中原音韵	韵略易通	守温字母	中原音韵	韵略易通	守温字母	中原音韵	韵略易通
端定（仄）	[t]	东 [t] d	疑影喻（合口）	[w]	一〇（含 [j]）y、[w] w	见群（仄）	[k]	见 [k] g
			疑影喻（齐撮）	[j]				
非敷奉	[fʻ]	风 [f] f	知照	[tɕ] [tʂ]	枝 [tʂ] zh	彻澄穿床	[tɕʻ] [tʂ]	春 [tʂ] ch
滂并（平）	[pʻ]	破 [pʻ] p	溪群（平）	[kʻ]	开 [kʻ] k	清从（平）	[tsʻ]	从 [tsʻ] c
精从（仄）	[ts]	早 [ts] z	帮并（仄）	[p]	冰 [p] b	透定（平）	[tʻ]	天 [tʻ] t
明	[m]	梅 [m] m	心邪	[s]	雪 [s] s	审禅	[ɕ] [ʂ]	上 [ʂ] sh
晓匣	[x]	向 [x] h	微	[v]	无 [v]	来	[l]	来 [l] l
泥娘	[n]	暖 [n] n	日	[ʐ]	人 [ʐ] r		[ŋ]	

从以上对比，我们看到三十六字母到《中原音韵》，声类有了大幅分合归并，声母读音也发生了很大变化；《中原音韵》与《韵略易通》，除了中古音"疑"母还有残余外，《中原音韵》声母与兰茂的《早梅诗》相差无几。对于《韵略易通》声母系统的特点，前辈学者有共识，也有不同想法。现分析如下。

（1）《韵略易通》对三十六字母的继承与发展

①《韵略易通》与三十六字母相比较，共同点较少。

三十六字母的"来"母，在《韵略易通》中仍为"来[l]"母。

兰书"梅"母和"人"母源出三十六字母的"明"母和"日"母，仅是对名称作了改变。如守温"明"母"美马慢冒"等韵字，在兰书中都收在"梅"母；守温"日"母"儿戎柔然"等韵字，在兰书中都收在"人"母。

②《韵略易通》对三十六字母的发展变化。

赵荫棠、陆志韦、王力等学者均认为兰书也已没有"并[b]、定[d]、澄[ɖ]、从[dz]、邪[z]、床[dʐ]、禅[ʑ]、群[g]、匣[ɣ]"等全浊声母，在兰书中全浊声母已完全消失。

三十六字母到《早梅诗》的分合变更。①

从表 2 – 2 可看到从三十六字母到《早梅诗》二十个声母，声母系统发生了很大变化。

Ⅰ. 守温"帮"母和"并"母仄声，兰书中合为"冰"母。如守温"帮"母"布班百闭"等韵字、"并"母"步白傍暴"等仄声字，兰书中全归在"冰"母。

Ⅱ. 守温"滂"母和"并"母平声，在兰书中合于破母。如守温"滂"母"普潘拍披"等韵字、"并"母"蒲培旁袍"等平声字，兰书中全归在"破"母。

Ⅲ. 守温"非、敷、奉"三母，兰书中合为"风"母。如守温"非"母"蕃飞夫方"等韵字、"敷"母"翻菲孚芳"等韵字、

---

① 参见王力《汉语音韵》，中华书局 1980 年版，第 76 页表一。

"奉"母"烦肥扶房"等韵字，兰书中全归在"风"母。

Ⅳ. 兰书新产生的"无〔v〕（唇齿浊擦音）"母，是由守温"微〔ɱ〕（唇齿鼻浊音）"母音变而来。如守温"微"母"文武亡物"等韵字，兰书归在了"无〔v〕"母。

Ⅴ. 守温"端"母和"定"母仄声，在兰书中合于"东"母。如守温"端"母"丁刁督店"等韵字、"定"母"定调毒淡"等仄声字，在兰书中归在"东"母。

Ⅵ. 守温"透"母和"定"母平声，在兰书中合于"天"母。如守温"透"母"听挑秃添"等韵字、"定"母"亭条徒甜"等平声字在兰书中归在"天"母。

Ⅶ. 守温"泥"母、"娘"母，在兰书中合为"暖"母。如守温"泥"母"乃奴年南"等韵字、"娘"母"女浓尼匿"等韵字，在兰书中归于"暖"母。

Ⅷ. 守温"见"母和"群"母仄声，在兰书中合于"见"母；守温"溪"母、"群"母平声，在兰书中合于"开"母。如守温"见"母"干官坚涓"等韵字、"群"母"近健共局"仄声字，在兰书中归在"见"母；守温"溪"母"刊宽遣劝"等韵字、"群"母"群乾穷强"等平声字，在兰书中归在"开"母。

Ⅸ. 守温"晓"母和"匣"母，在兰书中合于"向"母。如守温"晓"母"好喜罕朽"等韵字、"匣"母"寒痕豪雄"等韵字，兰书中收在"向"母。

Ⅹ. 守温"疑"母和"影"母、"喻"母，在兰书中合于"一"母。如守温"疑"母"元吴鱼义"等韵字、"影"母"渊乌优益"等韵字、"喻"母"袁俞尤翼"等韵字，在兰书中全归在"一"母。

Ⅺ. 守温"精"母和"从"母仄声，在兰书中合于"早"母；

守温"清"母、"从"母平声及"邪"母部分平声，在兰书中合于"从"母。如守温"精"母"祖宗进积"等韵字、"从"母"就聚族昨"等仄声字，在兰书中归在"早"母；守温"清"母"亲操七促"等韵字、"从"母"前残曹祖"等平声字、"邪"母"词辞"等平声字，在兰书中归在"从"母。

Ⅻ. 守温"心"母、"邪"母仄声及部分平声，在兰书中合于"雪"母。如守温"心"母"新骚悉速"等韵字、"邪"母"遂似夕续"等仄声字及"松随旬徐"等平声字，在兰书中归在"雪"母。

（2）《韵略易通》对《中原音韵》声母系统的继承与发展

《韵略易通》与《中原音韵》相比，共同点多于不同点，《韵略易通》充分继承了《中原音韵》声母系统：

①声母都为二十个；

②三十六字母中的全浊声母，到《中原音韵》时已经完全失去，《韵略易通》也没有全浊声母；

③《中原音韵》在《韵略易通》前已发生了以上声母的分合归并变更。

3. 兰茂的《韵略易通》声母特点

兰茂的《韵略易通》作为近代音代表，反映出中古时期声母系统发展到元代、明代的细微变化，我们可以归纳如下。

（1）"疑"母

三十六字母的"疑［ŋ］"母，《中原音韵》还存有此母，《韵略易通》已没有，已全部变为影母字（兰书称为"一"母字）。

（2）知组声母与照组声母合一的具体情况

兰书中知组声母与照组声母的合并很复杂，依据王力的研究分析①，大致可归纳为以下几点：

①清声母知、照二（庄）、照三（章），浊声母澄（仄）、床二（崇、仄声）合为"枝"母。如守温"知"母的"珍株"、"照"母的"真珠"、"澄"母仄声"阵逐"、"床"母仄声"助状"等韵字，在《韵略易通》中全归在"枝"母。

②清声母彻、穿二（初）、穿三（昌），浊声母澄（平）、床二（崇、平声）、禅（平），合为"春"母。如守温"彻"母的"椿畜"、"穿"母的"春出"、"澄"母平声"陈除"、"床"母平声"唇船"、"禅"母平声"成臣"等韵字，在《韵略易通》中全归在"春"母。

③清声母审二（生）、审三（书），浊声母床二（崇）、床三（船）、禅（仄），合为"上"母。如守温"审"母的"审书"、"床"母平声"神蛇"、"床"母仄声"食实"、"禅"母仄声"时熟"等韵字，《韵略易通》中全归在"上"母。

兰茂的《韵略易通》［tʂ］［tʂʻ］［ʂ］的卷舌化比《中原音韵》更近一步了。

（3）"见开向"与"早从雪"六母的特殊性

兰茂时，j［tɕ］、q［tɕʻ］、x［ɕ］三组（此三音非原来照［tɕ］穿［tɕʻ］审［ɕ］②）还没有产生、独立出来，其"见［k］"母、"开［kʻ］"母、"向［x］"母以及"早［ts］"母、"从［tsʻ］"母、"雪［s］"母与［i］、［ü］（齐、撮呼）相拼变为现代汉语的j［tɕ］、q［tɕʻ］、x［ɕ］。如"真文"韵"早"母"津"组，韵字为"津琎尽进晋"等，其声母发展到现代汉语全变成 j［tɕ］。

---

① 参见王力《汉语音韵》，中华书局 1980 年版，第 76 页表二。
② 王力：《汉语语音史》，中国社会科学出版社 1985 年版，第 390、394 页。

再如"先全"韵"从"母"铨"组韵字为"铨诠全泉"等,"千"组韵字为"千钱浅茜"等,其声母发展到现代汉语全变为 q[tɕʻ];"先全"韵"雪"母,"宣"组韵字为"揎旋选镟"等,"先"组韵字为"先涎跣霰"等,其声母在现代汉语中全变为 x[ɕ]。赵荫棠把"见开向"拟为 tɕ、k│tɕʻ、kʻ│ɕ、x 六个音①,也正揭示了这一趋势。

这是明代通用语的声母,也是现代汉语普通话 21 个声母的前身。因为此后变化大抵只有:①"无"[v]母消失,跟疑喻合一,变入零声母;②j[tɕ]、q[tɕʻ]、x[ɕ]的产生、独立。

兰茂声母系统与《中原音韵》具有一致性,充分承继了中原汉语的特点,兰茂的《早梅诗》代表着明代音系的声母系统。兰茂声母系统在隋代以后的声母系统的发展中、"切韵时代三十六声母 → 守温的三十六字母 → 早梅诗的二十声母 → 现代普通话的二十二声母"声母链中,承前启后,体现了从中古音发展为近代音相互连贯的承传关系,反映了《中原音韵》之后汉语语音的进一步演变。兰茂的《韵略易通》作为探究近代汉语语音史的价值可见一斑。

（四）兰茂的《韵略易通》韵母系统研究

兰茂的《韵略易通》书成（1442）后,学者们多把《韵略易通》和《中原音韵》作对比,有的也提到《洪武正韵》或《五方元音》,即多作同期韵书的对比,缺少历史纵深的研究;其次对兰书的拟音混乱,认识不一,得出的结论也多种多样;兰茂的《韵略易通》

① 赵荫棠:《中原音韵研究（二卷）》,商务印书馆 1936 年版,第 62—63 页。

的音系性质问题多有争议。下文在总结前人研究基础上，对兰茂的《韵略易通》韵部特点作出考辨，期望对以上存在的问题能解决一二。

1. 《韵略易通》对《广韵》《中原音韵》的继承与发展

兰茂的《韵略易通》韵部"并平声为二十部，三声而随隶之"①分 20 个韵部：上卷著录"东洪、江阳、真文、山寒、端桓、先全、庚晴、侵寻、缄咸、廉纤"平、上、去、入四声俱全的十部；下卷著录"支辞、西微、居鱼、呼模、皆来、萧豪、戈何、家麻、遮蛇、幽楼"无入声的十部。《广韵》206 韵，《中原音韵》19 韵，《韵略易通》20 韵，韵部数目明显变化，《韵略易通》对前两者有继承也有发展。

如果把《韵略易通》放到语音史上，其与《广韵》《中原音韵》的对比如表 2 - 3 所示。②

表 2 - 3   《韵略易通》与《广韵》《中原音韵》韵母比较

广韵	中原音韵	韵略易通	广韵	中原音韵	韵略易通
东[uŋ][iuŋ] 冬[woŋ] 钟[Iwoŋ] 登[wəŋ] 庚[waŋ][Iwæi][Iwæŋ] 耕[wɐŋ]	一东钟 [uŋ] [iuŋ]	一东洪[uŋ] ([uk])ong, [iuŋ] ([iuk])iong	支[iei][Iei] 脂[iěi][Iěi] 之[i(ð)i]	三支思 [ɿ]	十一支持 [ʅ]-i [ʅ]-i

_____

① 《四库全书总目提要》，商务印书馆 1933 年版，第 943 页。按：三声，指平、上、去声。

② 《广韵》《中原音韵》拟音主要参照陆志韦的研究，《韵略易通》拟音参看陆志韦、王力的研究。《韵略易通》前十韵，圆括号内入声韵参照叶宝奎《也谈本悟〈韵略易通〉的重×韵》拟音。

续　表

广韵	中原音韵	韵略易通	广韵	中原音韵	韵略易通
江[ɔŋ] 唐[ɒŋ][wɒŋ] 阳[iaŋ][ɪwaŋ]	二江阳 [aŋ][iaŋ] [uaŋ]	二江阳[aŋ] （[ak]）ang， [iaŋ]（[iak]） iang，[uaŋ] （[uak]）uang [iuaŋ]	支[iei][iwei] [ɪei][ɪwei] 脂[iěi][iwěi] [ɪěi][ɪwěi] 之[i(ʮ)i] 齐[εi][wεi] 微[ɪəi][ɪwəi] 祭[ɪεi][iwεi] [ɪεi][ɪεi] 废[ɪεi][ɪwεi] 灰[wəi] 泰[wɑi]	四齐微 [i][ei] [uei]	十二西微 [i] i（[ei]ei） [uei] ui
痕魂[ən][wən] 欣文[iən][ɪwən] 真 谆 臻　[iěn] [iwěn][ɪwěn] 侵（[p]ɪěm）	七真文 [ən][in] [un][iun]	三真文 [ən]（[ət]）en， [in]（[it]）in， [un]（[ut]）un， [yn]（[yt]）ün	模[wo] 鱼[io] 虞[ɪwo] 尤（[p]ɪəu） 侯（[m]əu）	五鱼模 [u][iu]	十三居鱼 [y] ü
寒[ɑn] 山[an][wan] 删[ɐn][wɐn] 元[ɪɐn] 凡[ɪɐm] 仙[ɪεn]	八寒山 [an][ian] [uan]	四山寒 [an]（[at]）an， [ian]（[iat]）， [uan]（[uat]）uan			十四呼模 [u] u
桓[wɑn]	九桓欢 [uɔn]	五端桓 [uɔn]（[uɔt]）	哈[ɒi]泰[ai] 皆[ɪɐi]夬[ai] [wai]佳[æi][wæi] 支[ɪwei]脂[ɪwi]	六皆来 [ai] [iai] [uai]	十五皆来 [ai]ai[iai] [uai]uai
先[εn][wεn] 仙[iεn][ɪεn] [ɪwεn] 元[ɪɐn]盐[ɪεm]	十先天 [iεn][iuεn]	六先全[iεn] （[iεt]）ian， [yεn]（[yεt]）üan	豪[ɒu]肴[uɒ] 宵[iɒu][ɪɒu] 萧[ɒu]	十一萧豪 [au][iau] [ɑu][iɒu]	十六萧豪 [ɑu]ao [iau]iao
登[əŋ][wəŋ]蒸 [iěŋ]庚[aŋ][ɪæŋ] [waŋ][ɪwæŋ] 耕[ɐŋ][wɐŋ] 青[εŋ][wεŋ] 清[iεŋ][iwεŋ]	十五庚青 [əŋ][iŋ] [uəŋ][iuŋ]	七庚晴 [əŋ]（[ək]） eng，[iŋ]（[ik]） ing，[uəŋ]（[uək]） ueng，[yŋ]（[yk]） iong	歌[ɒ]戈[uɒ]	十二歌戈 [ɔ][uɔ] [iɔ]	十七戈何 [ɔ]o，e [uɔ]oo

71

续　表

广韵	中原音韵	韵略易通	广韵	中原音韵	韵略易通
侵[iěm][ɪěm]	十七侵寻 [əm][iəm]	八侵寻 [əm]([əp]), [iəm]([ip])	麻[a][wa] 佳[æ][wæ]	十三家麻 [a][ia] [ua]	十八家麻 [a]a[ia] ia[ua]ua
覃[ɒm]淡[ɑm] 咸[ɐm]衔[am] 盐[(ʧ)iɐm]	十八监咸 [am][iam]	九缄咸 [am]([ap]), [iam]([iap])	麻[ia]戈[ɪwɑ]	十四车遮 [iɛ] [iuɛ]	十九遮蛇 [iɛ]ie、e [yɛ]üe
添[ɛm] 盐[iɛm][ɪɐm] 严[ɪɐm]	十九廉纤 [iɛm]	十廉纤 [iɛm]([iɛp])	侯[əu]尤[ɪəu] 幽[iěu]	十六尤侯 [əu] [iəu]	二十幽楼 [əu]ou [iəu]iu

通过对比，结合王力等前辈学者的观点，我们大抵可以得出以下的结论。

（1）语音发展到明代，《广韵》时期还有区别的韵母合并了，韵类更为简单，《韵略易通》二十韵部所含韵母，与现代汉语语音的三十九个韵母已是非常接近。

（2）据表2-3，可看出兰书有八个韵目名称与《中原音韵》的相同，兰茂变更的目的是把韵目名称改为一个阴平字一个阳平字，反映出了此时期正在发生的"平分阴阳"的变化。

（3）兰茂将"鱼模"韵分为"居鱼"和"呼模"，韵部由十九分为二十。一如王力先生所言：《中原音韵》"鱼模撮口呼之所以不拟测为 [y]，是考虑到 [y] 不可能与 [u] 押韵。试看现代曲艺十三辙，[y] 归衣期，不归姑苏"①。《中原音韵》时 [iu] 可以与 [u] 押韵，《韵略易通》的"居鱼"[y]，就不与"呼模"[u] 押韵了，这是近代音韵史的一大发展。

（4）兰书"日"母字"而、耳、二"等，收在"支辞"韵中

---

① 王力：《汉语语音史》，中国社会科学出版社1985年版，第386页。

（《中原音韵》收在"支思"韵中），说明卷舌韵母 er［ə］还未产生、独立出来。

（5）《韵略易通》"东洪""江阳""真文""山寒""先全""萧豪""家麻"七韵部所收韵母与现代汉语普通话的韵母最为接近。

（6）兰书"端桓"韵部所收字，其下韵母今虽读作［uan］或［an］，但在当时只有［ɔn］（王力、陈长祚、苏石等拟作［ɔn］[①]，陆志韦等拟作［uɔn］）一组韵母，是独立存在的韵部，其读音与今音完全不同，方言有的作［un］、［uɔn］，八思巴音作［ɔn］[②]。

2. 学术界对于《韵略易通》韵部的争议

对于《韵略易通》的韵部，学术界一直存在一些争议，主要是《韵略易通》二十韵部所含韵母有四十六组说和四十二组说。差别主要在"江阳"（四组与三组说）、"西微"（三组与二组说）、"遮蛇"（二组与一组说）。

（1）"江阳"韵

对于"江阳"韵，陆志韦分为有［aŋ］、［iɑŋ］、［uaŋ］、［iuaŋ］四组韵母，叶宝奎、陈长祚、苏石认为只有［aŋ］、［iɑŋ］、［uaŋ］三组韵母[③]。经分析，我们认为四组说法较为恰当。"一"母"阳"组入声为"药跃瀹喔握虐约"，"天"母"唐"组入声为"讬托"等，两组分列，可知这两组韵母是不同的，"一"母"阳"组当有［u］音，即当为［iuaŋ］，"天"母"唐"组当为［uaŋ］。

---

　　① 王力：《汉语语音史》，中国社会科学出版社 1985 年版，第 320 页。陈长祚：《云南汉语方音学史》，云南大学出版社 2007 年版，第 25 页。苏石：《兰茂评传》，云南人民出版社 1997 年版，第 91 页。

　　② 陆志韦：《陆志韦近代汉语音韵论集》，商务印书馆 1988 年版，第 15 页。

　　③ 叶宝奎：《也谈本悟〈韵略易通〉的重×韵》，《古汉语研究》1999 年第 2 期。陈长祚：《云南汉语方音学史》，云南大学出版社 2007 年版，第 24 页。苏石：《兰茂评传》，云南人民出版社 1997 年版，第 90 页。

"开"母"强"组入声为"却确悫噱"等，"强"组韵读中也应含有[u]，即为[iuaŋ]。《广韵》"阳"韵有[ɪwɑŋ]，《中原音韵》无，而《韵略易通》有个[iuaŋ]，这里又可说《韵略易通》保留了古音。

（2）关于"西微"韵部所收韵母

对于"西微"韵，叶宝奎、陈长祚、苏石认为只有[i]、[uei]两组韵母，无[ei]；方国瑜先生在比较《中原音韵》《洪武正韵》《韵略易通》三书后，指出《中原音韵》的"齐微"对应《洪武正韵》的"齐灰、《韵略易通》的"西微"，用罗马字母记为"i"和"ei"[①]。据考证，我们认为记为[i]、[uei]、[ei]三组较为合适。《中原音韵》"齐微"韵，陆志韦、宁继福、杨耐思等学者指出有[ei]、[i]、[uei]三组音，[ei]、[i]有交混的地方[②]，至《韵略易通》"齐微"变"西微"，然仍为三组音，王力细致、明确指出："微"部合口一等（雷），元代读为[ui]，明清则读为[əi]；合口三等（非），元代读为[yi]，明清则读为[əi][③]。且兰茂收音时，"风"母下韵字"飞、非、肥、淝、匪、斐、废、费"等，"来"下"雷、羸、累、磊、类、泪"等即王力所说"合口一等"字，全为[ei]，没有与[i]交杂的情况，而"破"母下所收则较为复杂，有交混的地方：一组收如"皮、疲、披、批、痞、嚭"等[i]韵字，一组则为"裴、陪、丕、邳、配、譬"等[ei]、[i]韵字。"'飞、微'

① 方国瑜：《兰廷秀韵略易通跋》，《云南旅平学会会刊》1932年第7期。

② 参见陆志韦《陆志韦近代汉语音韵论集》，商务印书馆1988年版；宁继福《中原音韵表稿》，吉林文史出版社1985年版；杨耐思《中原音韵音系》，中国社会科学出版社1981年版。

③ 王力：《汉语语音史》，中国社会科学出版社1985年版，第503页。

等字,《中原音韵》《韵略易通》都归［i］韵"① 说法值得商榷。

(3)"遮蛇"韵所收韵母也存在异议

陆志韦、王力认为其下收韵母有［iɛ］、［yɛ］两组,陈长祚、苏石认为只有［iɛ］一组。仔细考察兰书及学者们的思考,我们认为只有［iɛ］一组说法较为恰当。争议主要在兰书"遮蛇"韵下收有"靴(向母)""瘸(开母)"两韵字,陆志韦、王力归为［yɛ］,但我们看到:兰茂把"靴、啤(chē)"收在"向"母一组,"瘸、茄、伽"收在"开"母一组。此外,看"江阳"韵下几个声母的韵字与入声配对情况:"来"母"良"组的入声为"略、掠"等,"早"母"将"组入声为"爵雀嚼","见"母入声为"角脚桷珏"等,"从"母"墙"组入声为"碏鹊皵"等以及"江阳"韵"开"母"强"组入声为"却确悫㩧"等,撮口入声却配在齐齿音韵字后,以及"侵寻"韵"雪"母把"心寻蕈"同收一组,其入声又为"习袭"等,所以这一现象应该分析为"可能就是云南方言中'齐、撮'不分的最早史料"② 比较恰当。"遮蛇"韵发展到现代还多出了一组［ɤ］,即普通话的 e,换言之,兰书中的"遮、者、蔗,车、撦,奢、蛇,厍"等字,并不读［ɤ］。

从以上分析,认为《韵略易通》二十韵部所含韵母为 45 组说法——东洪［uŋ］、［iuŋ］,江阳［aŋ］、［iaŋ］、［uaŋ］、［iuaŋ］,真文［ən］、［in］、［un］、［yn］,山寒［an］、［ian］、［uan］,端桓［uɔn］,先全［iɛn］、［yɛn］,庚晴［əŋ］、［iŋ］、［uəŋ］、［yŋ］,侵寻［əm］、［iəm］,缄咸［am］、［iam］,廉纤［iɛm］,支辞［ɿ］、［ʅ］,西微［i］、［ei］、［uei］,居鱼［y］,呼模［u］,皆来［ai］、

① 陈长祚:《云南汉语方音学史》,云南大学出版社 2007 年版,第 75 页。
② 同上书,第 77 页。

［iai］、［uai］，豪［ɑu］、［iau］，戈何［ɔ］、［uɔ］，家麻［a］、［ia］、［ua］，遮蛇［iɛ］，幽楼［əu］［iəu］更为恰当。

兰茂的《韵略易通》韵母系统与《中原音韵》具有一致性，充分承继了中原汉语的特点。其韵母系统揭示了汉民族共同语韵母系统继《中原音韵》之后的发展规律，韵部从元代十九部发展到明代的二十部，［y］［u］析分是这历史进步的见证。云南方言隶属于北方官话，云南方言韵母系统继《中原音韵》之后，有了自己新的发展和变化。

（五）兰茂的《韵略易通》声调研究

兰茂在《韵略易通》中自序说："古韵有四声全者，有止有三声者，有入声相似而不知所宗者，学者有未便焉。"可看出兰茂感觉入声字有相似的，但不知"所宗"，便处理为：前十韵平、上、去、入四声俱全，后十韵无入声，即入声配阳声韵，且平分阴、阳，书中每韵部有平声字都分上下两档排列，中间用〇隔开。表 2 - 4 以"江阳"韵为例：

表 2 - 4　　　　　　　　《韵略易通》声调平分阴阳举例

开 强狂(浊)	天 堂(浊)	破 滂(清)	风 方(清)	春 憃(清)	从 墙(浊)	雪 详(浊)	向 皇(浊)	一 阳(浊)
〇 〇	〇	〇	〇	〇	〇	〇	〇	〇
腔匡(清)	汤(清)	傍(浊)	房(浊)	床(浊)	枪(清)	相(清)	荒(清)	央(清)

阳平字"强"是中古浊声母"群"；阴平字"荒"是中古清声母"晓"，阳平字"皇"是中古浊声母"匣"，其他照此类推，可以看出兰茂已初步认识到由于声母清浊不同从而使声调产生差别[1]，在

---

① 陈长祚：《云南汉语方音学史》，云南大学出版社 2007 年版，第 97 页。

收字上阴平阳平分居○的前后，或是有意让"阴阳"与字母的"清浊"相适应？故我们可说兰茂的《韵略易通》声调分五类：阴平、阳平、上声、去声和入声。

（六）兰茂的《声律发蒙》

《声律发蒙》是兰茂的《韵略易通》外同时期又一音韵学著述，但价值常被误为仅是练习对对联，研究者少，甚而作者、书名、内容被张冠李戴。今见传世《声律发蒙》的七个版本中，清启贤堂刻本、陈焕文堂刻本以及清咸丰十年、光绪十九年务本堂本及民国云南务本堂铅印本之二集，以及安顺至宝堂本之初集非兰茂所作，云南丛书本、安顺至宝堂本之二集收录了兰茂的著述，清咸丰十年、光绪十九年务本堂本之初集除收录兰茂原文，更有王有道的注释，是研究兰茂的《声律发蒙》较好的本子。

兰茂音韵学著述有《韵略易通》《声律发蒙》两部。二书同是成于正统七年（1442），《韵略易通》向来为学界看重，研讨者甚多，而《声律发蒙》却常被误为价值等同《声律启蒙》《笠翁对韵》，仅是练习对对联，研讨者少不说，甚而被张冠李戴把作者署为"（清）杨林兰著"[1]，更甚者存在同书名、同作者，然内容不尽相同，显得比较混乱。本文拟对《声律发蒙》版本、内容作一考辨，以期辨明真伪，还历史真貌，为学界提供较好的研究善本，以便对其做进一步的整理与研究，为近代汉语的研究提供新的史料。

————————

[1] 是书岳麓书社 1987 年收入《中国古代教育文献丛书·传统蒙学丛书·声律启蒙》；北岳文艺出版社 1994 年收入《蒙学精华丛书（七）·声律启蒙》（冯毅点校）；经济日报出版社 1995 年收入《蒙学经典》《声律启蒙（新注）》（唐庆清注），作者均误作"清·杨林兰"。

1. 《声律发蒙》简介

成书时间与《韵略易通》相同，均在正统七年（1442）。《韵略易通》是继《洪武正韵》之后影响比较大的一部韵书，《声律发蒙》则是兰茂按照自己的音韵学理论，为帮助蒙童掌握声韵基础知识而加以改编成书的，一般认为是当时塾师教授蒙童吟诗作对的启蒙读本。清人孙人龙于《声律发蒙·叙》中云："先生之文甚夥，惟《发蒙》一书切于幼学，吟诵之下，恍觉景物山川，皆成佳趣；庙堂经济如在目前。学者童而习之，便不至白首茫然也。"《韵略易通》重在"理"，《声律发蒙》则重在用，其词彩骀宕，裁对工稳，村塾启蒙，几乎人手一编。《声律发蒙》一出，便以抄本和木刻版风行大江南北。

2. 《声律发蒙》版本考证

从我们调查来看，国家图书馆藏有三个版本的《声律发蒙》：清曲靖启贤堂刻本（1644）；清安顺陈焕文堂刻本（1644）；云南丛书本（1914）。云南省图书馆也存有三个版本：清咸丰十年（1860）务本堂本，一册；清光绪十九年（1883）务本堂本，二册；民国云南务本堂铅印本，一册，三种均为明兰茂撰，王有道注释（《丛书集成续编》影印即为王有道注释本）。另外云图还有一版本：书名为《初学声律对联》，实为贵州安顺至宝堂刻本《声律发蒙》，我们姑且简称为"至宝堂本"。据《嵩明文史资料》第六辑（第200—201页，《声律发蒙校注·后记》）编委称"目前发现最早的《声律发蒙》刻本是山东的万历本""参照昆明渊雅堂木刻本……"可知《声律发蒙》还有万历山东刻本和昆明渊雅堂刻本两种版本，但限于条件作者至今未见。所以，现在可看到的兰茂的《声律发蒙》至少有七个版本。

（1）版本述略

①清曲靖启贤堂刻本、清安顺陈焕文堂刻本。

两种均题"古滇兰茂止庵氏纂辑""习三李希贤正字"，系出一流。韵分三十部，上平韵以"一东、二冬、三江、四支、五微、六鱼、七虞、八齐、九佳、十灰、十一真、十二文、十三元、十四寒、十五删"为序，下平韵依"一先、二箫、三爻、四豪、五歌、六麻、七阳、八庚、九青、十蒸、十一尤、十二侵、十三覃、十四盐、十五咸"为序，缀以对语，如"一东——清暑殿，广寒宫。风生殿阁，月照帘栊。草生山拥翠，花落水流红。海面渔舟浮一叶，楼头樵鼓报三通……二冬——冯妇虎，叶公龙。鱼沉雁杳，燕懒莺慵。依依池畔柳，郁郁涧边松。天成阆苑三千境，云锁巫山十二峰……三江……"

②清咸丰十年务本堂本、清光绪十九年务本堂本、民国云南务本堂铅印本。

也称《注释声律发蒙全集》。清朝咸丰年间，王有道曾加注释，由昆明"务本堂"书坊刊刻行世，清光绪年间，昆明务本堂又重刻，民国间再铅印。书分二集，第一集题"古滇兰止庵著""后学王有道少卿注释""胡沛霖雨楼氏校刊"，咸丰、光绪本第二集题"兰止庵《声律发蒙》二集""后学王务本三氏校刊"，民国间本则仍题"胡沛霖雨楼氏校刊"。

初集韵分二十部，每部二韵合一，每韵以"对歌"缀文，每段缀文后有王有道的注释。如：

二 东钟

天对日，雨对风，九夏对三冬。祥云对瑞雪，滴露对垂虹。杨柳池塘风淡淡，梨花院落月溶溶。

天高地迥，水阔山重。云深雾暝，露重霜浓。月楼三弄角，烟寺五更钟。画阁晴春帘卷翠，玉堂清夜烛摇红。诗酒琴棋，功名外清闲富贵。风花雪月，笑谈间散淡疏慵。

"九夏"，培木宗诗"南荣——初"。"三冬"，范祖禹诗"读书过三冬"。"祥云"，尧母鹿都生而神异，常有——覆上。"瑞雪"，古诗"——兆丰年"。"滴露"，古诗"——仰周易"。"垂虹"，虹下涧饮，两头皆垂，谓之——。"风淡淡月溶溶"，晏殊诗"梨花院落月溶溶，柳絮池塘风淡淡"。"云深"，贾岛诗"——不知处"。"露重"，骆宾王诗"——飞难进"。"霜浓"，唐诗"——薜荔红"。"月楼"，杜甫诗"楼角凌风迥"。"烟寺"，——晚钟，潇湘八景之一。"玉堂"，历金门上——。"帘卷"，胡曾诗"——春风燕复来"。风花二句，暗用徐勉诗"今夕止可谈风月"。"烛摇红"，嘉定中一名公大拜好主，不能用，客曰："法间盛唱烛影摇红词。"

二集则依"一东、二冬、三江、四支、五微、六鱼、七虞、八齐、九佳、十灰、十一真、十二文、十三元、十四寒、十五删、一先、二箫、三爻、四豪、五歌、六麻、七阳、八庚、九青、十蒸、十一尤、十二侵、十三覃、十四盐、十五咸"三十部为序，缀以韵文，仍是每段缀文后有王有道的注释，"一东——清暑殿，广寒宫。风生殿阁，月照帘栊。草生山拥翠，花落水流红。海面渔舟浮一叶，楼头樵鼓报三通……二冬——冯妇虎，叶公龙。鱼沉雁杳，燕懒莺慵。依依池畔柳，郁郁涧边松。天成阆苑三千境，云锁巫山十二峰……三江……"

③云南丛书本。

无注释，内容与《注释声律发蒙全集》初集的原文部分完全相似，即韵分二十部，每部二韵合一，每韵以"对歌"缀文。

④安顺至宝堂刻本。

书名题"古滇兰茂止庵氏纂辑""《初学声律对联》""安顺府城至宝堂藏"，正文前又题"至宝堂《声律发蒙》""习三李希贤正字""古滇兰茂止庵氏纂辑"。上册收录曲靖启贤堂本、安顺陈焕文堂本内容，下册收录清咸丰十年、光绪十九年、民国云南务本堂本初集内容，或云南丛书本内容，亦即所收内容和务本堂本刚好倒了个个儿。四种综合如表2-5所示。

表2-5　　　　　　　　　　《声律发蒙》版本比较

A种：清启贤堂刻本、陈焕文堂刻本（1644）	B种：清咸丰十年（1860）、光绪十九年（1883）、民国务本堂本	C种：云南丛书本（1914）	D种：安顺至宝堂刻本
一东、二冬、三江、四支、五微、六鱼、七虞、八齐、九佳、十灰、十一真、十二文、十三元、十四寒、十五删，一先、二箫、三爻、四豪、五歌、六麻、七阳、八庚、九青、十蒸、十一尤、十二侵、十三覃、十四盐、十五咸。	初集：一东钟、二支思、三齐微、四车鱼、五模糊、六皆来、七真文、八仙寒、九桓欢、十先天、十一箫豪、十二戈何、十三家麻、十四车遮、十五阳唐、十六庚青、十七尤侯、十八侵心、十九帘纤、二十缄函。 二集：一东、二冬、三江、四支、五微、六鱼、七虞、八齐、九佳十灰、十一真、十二文、十三元、十四寒、十五删；一先、二箫、三爻、四豪、五歌、六麻、七阳、八庚、九青、十蒸、十一尤、十二侵、十三覃、十四盐、十五咸。	一东钟、二支思、三齐微、四车鱼、五模糊、六皆来、七真文、八仙寒、九桓欢、十先天、十一箫豪、十二戈何、十三家麻、十四车遮、十五阳唐、十六庚青、十七尤侯、十八侵心、十九帘纤、二十缄函。	初集：一东、二冬、三江、四支、五微、六鱼、七虞、八齐、九佳、十灰、十一真、十二文、十三元、十四寒、十五删；一先、二箫、三爻、四豪、五歌、六麻、七阳、八庚、九青、十蒸、十一尤、十二侵、十三覃、十四盐、十五咸。 二集：一东钟、二支思、三齐微、四车鱼、五模糊、六皆来、七真文、八仙寒、九桓欢、十先天、十一箫豪、十二戈何、十三家麻、十四车遮、十五阳唐、十六庚青、十七尤侯、十八侵心、十九帘纤、二十缄函。

以上对比，现在能看到的兰茂的《声律发蒙》其版本大致源出四流：①清曲靖启贤堂刻本、清安顺陈焕文堂刻本，系出一流，两种均为古滇兰茂止庵氏纂辑，习三李希贤正字，韵分三十部，每部一韵，分上平韵、下平韵。②清咸丰十年务本堂本、清光绪十九年务本堂本、民国云南务本堂铅印本，同出一宗，也称《注释声律发蒙全集》，均为古滇兰止庵著，王有道少卿注释，胡沛霖雨楼氏校勘，或王务本三氏校勘，初集韵分二十部，每部二韵合一，每韵以"对歌"缀文，每段缀文后有王有道的注释，二集收①内容，并有王有道的注释；③云南丛书本，收②初集内容，无注释。④安顺至宝堂刻本，"古滇兰茂止庵氏纂辑""习三李希贤正字"，书名也叫《初学声律对联》"，上册收①内容，下册与③同。或可说：A 本为 B 本的二集，B 本集 C、A 本为一身，C 本为 B 本的初集，D 本集 A、C 本为一书。同一著者、同一书名，却收录了不同的内容，哪本才真正体现了兰茂的思想呢？

（2）《声律发蒙》版本识辨

《韵略易通》《声律发蒙》作为兰茂的同期著述，其描述的声韵状况应该一致，至少出入不会很大，据此，七个版本中每部二韵合一本，即 B 种本初集无注释内容、C 种本内容、D 种本的二集比较符合兰茂的思想；与清代儿童启蒙读物作比较，发现兰茂的《声律发蒙》原文只应该是 B 种本的初集无注释内容、C 种本内容、D 种本的二集，而 A 种本内容、B 种本二集无注释内容、D 种本初集疑为乾隆以后之人所作。

①诸本韵部分合之比较。

兰茂的《韵略易通》，主要继承了《中原音韵》以及《洪武正韵》，反映了《中原音韵》之后汉语语音的进一步演变：有八个韵目名称与《中原音韵》的相同，兰茂把韵目名称改为一个阴平字一个阳平字，反映出了此时期正在发生的"平分阴阳"的变化；他又将"鱼模"韵分为"居鱼"和"呼模"，韵部由十九分为二十，《中原音韵》时〔iu〕可以与〔u〕押韵，《韵略易通》的"居鱼"〔y〕，就不与"呼模"〔u〕押韵了，这是现代音韵史的一大发展。作为其同期的《声律发蒙》，也应该有同样的反映，至少出入不会很大。据此每部二韵合一本，即 B 种本初集无注释内容、C 种本内容、D 种本的二集比较符合兰茂的思想。

表 2-6　　《中原音韵》《韵略易通》《声律发蒙》韵部比较

中原音韵	东钟	江阳	真文	寒山	桓欢	先天	庚青	侵寻	监咸	廉纤	支思	齐微	鱼模	皆来	箫豪	歌戈	家麻	车遮	尤侯
韵略易通	东洪	江阳	真文	山寒	端桓	先全	庚晴	侵寻	缄咸	廉纤	支辞	西微	居鱼 呼模	皆来	箫豪	戈何	家麻	遮蛇	幽楼
声律发蒙	东钟	阳唐	真文	山寒	桓欢	先天	庚青	侵心	缄函	廉纤	支思	齐微	车鱼 模糊	皆来	箫豪	戈何	家麻	车遮	尤侯

不难发现，《声律发蒙》韵目名称有 14 个与《中原音韵》相同，与《韵略易通》略有差异，但部类分合本质一致。《声律发蒙》把"鱼模"韵分为"车鱼"和"模糊"，是对《中原音韵》的发展，至《韵略易通》则分为"居鱼"和"呼模"。

再对务本堂本《声律发蒙》初集和二集韵目作对比。

表 2 - 7　　　　　务本堂本《声律发蒙》初集和二集韵目比较

		一	二	三	四	五	六	七	八	九	十	十一	十二	十三	十四	十五	十六	十七	十八	十九	二十
声律发蒙	初集	东钟	支思	齐微	车鱼	模糊	皆来	真文	山寒	桓欢	先天	萧豪	戈何	家麻	车遮	阳唐	庚青	尤侯	侵心	廉纤	缄函
	二集	东	冬	江	支	微	鱼	虞	齐	佳	灰	真	文	元	寒	删	←上平声				
		先	箫	爻	豪	歌	麻	阳	庚	青	蒸	尤	侵	覃	盐	咸	←下平声				

从这些韵目就可以看出初集和二集的韵部大不相同，初集韵部二十个，到二集就分成了三十个，有一些在初集中属于同韵的，在二集中则分为不同的韵，比如齐和微，真和文，萧和豪，庚和青，佳（家）和麻，删（山）和寒等。同一人的同一韵书，初集中齐和微，真和文等韵字是押韵的，在二集中又明确提出不能押韵，这是很让人费解的，也是不大可能的事。可以说清启贤堂刻本、陈焕文堂刻本以及清咸丰十年、光绪十九年务本堂本及民国云南务本堂铅印本之二集，以及安顺至宝堂本之初集非兰茂所作。清咸丰十年、光绪十九年务本堂虽是"全集"，却非兰茂之"全集"，是画蛇添足了。

　　②《声律发蒙》（A 本、B 二集、D 初集）与清代《声律启蒙》《笠翁对韵》比较。

　　《声律启蒙》作者车万育（1632—1705），邵阳县人，康熙三年（1665）进士，授户部给事中，后升掌印，常直言面对皇上，为官清廉，刚正不阿。《笠翁对韵》作者李渔（1611—1680），是清代的戏曲家，小说家，本名仙侣，字谪凡，一字笠鸿，号笠翁、两书笠道人。

　　《声律启蒙》《笠翁对韵》两书为清代家喻户晓的谈诗韵的儿童启蒙读物，专门用来训练儿童作诗对句、掌握声韵格律，至今仍在流行。二书均按韵编排，每韵各有对文对语，其中引用了大量典故，涉及诗词歌赋、历史、神话传说以及许多人们熟知的俗语，辞藻丰富、优美，便于记诵，易为孩子接受，熟读二书，能自然掌握平仄对仗，培养出强烈的语感，对写诗对句作文大有裨益，因此这两部"旨在指导作诗的韵书"，也被称为"对韵双璧"①。《声律发蒙》（A 本、B 二集、D 初集）与《声律启蒙》《笠翁对韵》韵部对比如表2－8所示。

表 2－8　　　　《声律发蒙》（A 本、B 二集、D 初集）
与《声律启蒙》《笠翁对韵》韵部比较

		一	二	三	四	五	六	七	八	九	十	十一	十二	十三	十四	十五
声律发蒙	上平	东	冬	江	支	微	鱼	虞	齐	佳	灰	真	文	元	寒	删
	下平	先	箫	爻	豪	歌	麻	阳	庚	青	蒸	尤	侵	覃	盐	咸
声律启蒙	上平	东	冬	江	支	微	鱼	虞	齐	佳	灰	真	文	元	寒	删
	下平	先	萧	肴	豪	歌	麻	阳	庚	青	蒸	尤	侵	覃	盐	咸
笠翁对韵	上平	东	冬	江	支	微	鱼	虞	齐	佳	灰	真	文	元	寒	删
	下平	先	萧	肴	豪	歌	麻	阳	庚	青	蒸	尤	侵	覃	盐	咸

三者都是以每部一韵而下收对文对句；上平声韵部数量、名称完全一致；《声律发蒙》（A 本、B 二集、D 初集）下平声韵部之"箫""爻"后两者改为"萧""肴"，实质、数量仍一致。因此有先

① 纪江红主编《中华儿童启蒙读物·笠翁对韵》，云南出版集团公司、云南教育出版社 2007 年版，第 85 页。

贤对《声律发蒙》（A 本、B 二集、D 初集）系出兰茂提出了质疑。袁嘉谷曾提出"《声律发蒙》，今传胡沛霖刊本二集，王有道注……初集当为止庵作，分为一东钟、二支思、三齐微……二集则以东冬江支等分三十部，全为今韵之《声律发蒙》，传者误为止庵而合之也。冬江两部均有出韵，乾隆中始试诗，此殆出乾隆后人耶"[①]，可知袁嘉谷看到了王有道注释本，即《注释声律发蒙全集》，经考证袁嘉谷认为初集为兰茂所作，否定二集为兰茂所为，并提出二集大概为乾隆以后之人所作。据此云南丛书本也就只收录初集内容。即兰茂的《声律发蒙》原文只应该是 B 种本的初集无注释内容、C 种本内容、D 种本的二集，而 A 种本内容、B 种本二集无注释内容、D 种本初集疑为乾隆以后之人所作。

《声律发蒙》作者为兰茂无疑。今见传世《声律发蒙》的七个版本中，清启贤堂刻本、陈焕文堂刻本以及清咸丰十年、光绪十九年务本堂本及民国云南务本堂铅印本之二集，以及安顺至宝堂本之初集非兰茂所作；云南丛书本、安顺至宝堂本之二集收录了兰茂的著述，清咸丰十年、光绪十九年务本堂本之初集除收录兰茂原文，更有王有道的注释，便于学习、理解，是研究兰茂的《声律发蒙》较好的本子。兰茂的《声律发蒙》语音精练，音律铿锵，山川风物，经史典故，尽显其中，颇富诗情画意和寓意，是明、清、民国时期脍炙人口的音韵文艺读物，这部音韵学大著有着丰富的人文内涵，闪烁着其辉煌成就的光芒，更显示出兰茂人格的精神力量。"言言珠玑，句句琳琅""神仙风度者也"，其教育作用也不可低估。

---

① （清）袁嘉谷：《滇绎》卷三，民国十三年（1924）铅印版，第 22 页。

三　释本悟的《韵略易通》（明万历十四年，1586）

作者释本悟生平，前文"《韵略易通》版本考辨"中已作详细考证，此处不再赘言。

（一）本悟本版本识辨

据《中国古籍善本书目》，本悟本现存三个版本：清康熙六年（1667）释彻润刻本；清康熙八年（1669）嵩明瑶玲山何有庵释书见重刻本；清抄本。

清康熙六年（1667）释彻润刻本，即通雷本，不分卷，共四册。云南省图书馆藏本为《云南丛书》翻印时底本，也是袁嘉谷批注本。书首题："真空本悟禅师集""相如书见禅师校""法孙彻润通雷梓"，多处有袁嘉谷的批语，诸如"应削去窜名，改书止庵兰茂著""此应汰去"（卷首"文字来源"）"此页最陋，虽原作亦应删"（目录后"平仄七言诗韵二首""五言平仄二首"）等。赵藩、袁嘉谷于民国六年丁巳年（1917）辑刻《云南丛书》时，看到嵩明李星槎送来的这本书与兰茂所撰的《韵略易通》同名，韵部、声母也各为二十，与钱曾《述古堂书目》及《四库全书总目提要》着录的兰氏著作相符，便误认为此书为兰茂原著："意本悟钞录止庵是书，其徒通雷乃鼠易名称，而刊于清初"[1]，便去除本悟名，改署"嵩明兰茂芷庵著"刻入《云南丛书》。前有赵藩序，后有袁嘉谷跋。《丛书集成续编》所收《韵略易通》亦为此版——误署名"嵩明兰茂芷庵著"，实为"法孙彻润通雷梓"本。直到1932年方国瑜先生撰写《兰廷秀

---

[1]　赵藩：《云南丛书》经部之十二，《韵略易通·序》，云南图书馆藏版，1917年。

韵略易通跋》一文，及民国二十三年（1934）云南地方文献学家方树梅北游访书，在山东访得吴允中校刻的兰茂所著的《韵略易通》，这一讹误才得以订正。后辑刻《云南丛书》处为慎重起见，又进行改易后印，署名《瑶玲山大戒本悟集》，补入存一子原序。故《云南书目·丛书门·云南丛书初编》经部之《韵略易通》著录为："丛书有两种，书名相同：一为明嵩明释本悟所撰，一为兰茂所撰。丛书初编所刻者实为释本悟撰本，并非兰茂撰本，兰茂撰本后来才收集到，收入丛书二编，未刻。应订正。"

清康熙八年（1669）嵩明瑶玲山何有庵释书见重刻本，二册。书见即见远，此本亦称见远本。书名与兰茂的《韵略易通》同名，文末又有"捷要易通韵略终"的字样，本悟的《韵略易通》似又名《捷要易通》。重刊序云："兹韵略一编，盖昔真空上人之手着也。师讳，上本下悟，原出邵甸秦氏，童真进修，超然迥出尘表……后于滇池创妙湛禅林，遂挥毫以成斯帙，实补中州所未及，繁简咸宜。上为圣祖经藏之功臣，下开亿代后学之津渡。……见远玄孙，绍隆真空法派，久惧师传湮坠，无以垂示来兹，乃募资重刻……大清康熙己酉季秋蟾满日存一子敬书于何有庵。"此序明确本悟的《韵略易通》是本悟所作，见远本是本悟的《韵略易通》的重刻本，重刻于清康熙己酉八年（1669）。后有书见跋，叙募刊费用及梓人姓名。序后目录末有"万历丙戌（1586）岁次蕤宾（指五月）囊涸（当指十五日）之吉，云南嵩明邵甸里普贤寺院禅纳比丘本悟沐手焚香释校正刻行"牌记，此牌记当为本悟原刻所题，为证明本悟本成书时间为万历十四年（1586）提供了可信证据，也否定了方国瑜先生所说的"嘉靖"（1506—1566），或赵荫棠先生《中原音韵研究》所说的隆庆年（1567）等说法。

释彻润本有残缺，见远本保存较好。此书藏于云南省图书馆。清抄本乃依见远本之清重抄本，现收藏于中科院图书馆。兰茂本与本悟本虽然同名，且历史上多有混淆，但两书的版本流变是两个不同的传承系统，是能够分辨清楚的。

（二）兰茂本和本悟本的《韵略易通》内容之异同

两部《韵略易通》的混同，除书名相同外，更重要的是声母、韵部均为二十，以致辑刻《云南丛书》时把两书混同。下面依云南所藏吴允中本和见远本对两书内容作一比较分析，从内容之异同也可看出两书之关联。

（1）声母系统——继往开来，各显异彩

①兰茂《早梅诗》——首创以诗词代表字母。

兰茂"尽变古法"，把昔日的三十六字母删为二十字母，独创性地用一首五言绝句《早梅诗》概括当时声母系统——"东风破早梅，向暖一枝开。冰雪无人见，春从天上来"。

表 2-9　　　《早梅诗》与守温字母、汉语拼音对照

守温字母	韵略易通	拼音字母	守温字母	韵略易通	拼音字母	守温字母	韵略易通	拼音字母
端	东	d	溪群	开	k	审禅	上	
非敷奉	风	f	帮	冰	b	来	来	l
傍并	破	p	心邪	雪	s			j
精	早	z	微	无				q
明	梅	m	日	人				x

89

守温字母	韵略易通	拼音字母	守温字母	韵略易通	拼音字母	守温字母	韵略易通	拼音字母
晓匣	向	h	见	见	g			zh
疑泥娘	暖	n	彻澄穿床	春				ch
影喻	一	y, w	清从	从	c			sh
知照	枝		透定	天	t			r

三十六字母并为二十母，反映了中古到近代汉语声母系统的变化，二十字母与现代汉语声母基本相同，正是现代汉语普通话 21 个声母的前身，只是 j、q、x 还没有形成，所以，"雪"读"s"、"见"读"g"、"向"读"h"；zh、ch、sh 也还处于分化演变中。兰茂的二十声母承上启下，为现代汉语声母系统的形成奠定了基础。

②本悟声母——从传统的三十六字母中选用二十个字母代替《早梅诗》。

"时有古今，地有南北，字有更革，音有转移"，本悟把兰茂本中的"东"母改为"端母第三"，"风"母改为"非奉第九"等，从传统的三十六字母中选用三十二个字母代替《早梅诗》，并增加若干韵字，但声母还是二十。

表 2-10　　　　　《早梅诗》与本悟声母对照

兰茂	东	风	破	早	梅	向	暖	一	枝	开	冰	雪	无	人	见	春	从	天	上	来
本悟	端母第三	非奉第九	傍并第七	精母十四	明母第八	晓匣第五	泥娘第十	影喻十八	知照十一	溪群第二	帮母第六	心邪十六	微母第十	日归二十	见初第一	穿床十二	清从十五	透定第四	审禅十三	来在十九

不难发现，本悟声母较之三十六字母少了"敷疑彻澄"四母，对四母之归并，本悟在书开头《五音轻重例三十六母》中称"敷奉与同非奉亲""疑泥娘三母不二处""彻澄相互穿床下"，说明"敷"母归在了"非奉"，"疑"母归在了"泥娘"，"彻澄"二母归在了"穿床"下。这样做可以揭示平分阴阳与古声母清浊的关系，这一点本悟比兰茂认识和表述得更清楚。另外，本悟采用三十六字母符合传统的表述和使用习惯。

在韵字的排列上，两书有些差异，兰本每韵首按《早梅诗》的次第，次按韵母依声调列出韵字；本悟本则以"见"母韵字开头，按三十六字母次第，再按韵母依声调列出韵字。在每韵里，两书声调均分平、上、去、入四类，平声分阴阳，以入声配阳声。排列次序虽有不同，但本质一样，还是可看出二者的承继性。

（2）韵母系统——两书韵部划分一致，本悟始创重韵说

本悟本韵部的划分与兰茂本完全相同，编中所列韵首凡二十韵：一东洪，二江阳，三真文，四山寒，五端桓，六先全，七庚晴，八侵寻，九缄咸，十廉纤，十一支辞，十二西微，十三居鱼，十四呼模，十五皆来，十六箫豪，十七戈何，十八家麻，十九遮蛇，二十幽楼。《中原音韵》分韵部为十九，兰茂将"鱼模"分为"居鱼"和"呼模"，这是音韵史上的一大发展，是兰茂的一个重要贡献。本悟本也如此，可以说本悟也认识到了这一变化，也可说是对兰茂本的继承。

本悟本在部分韵后批注"重某韵"字样，以"重韵"曲折地反映语音变化。这是兰茂本所没有的。所谓重韵，赵荫棠的《中原音韵研究》提道："他（指本悟）所谓重韵的意思，即是与某韵同音。"① 例

---

① 赵荫棠：《中原音韵研究（二卷）》，商务印书馆1936年版，第68页。

如"东洪"韵"见"母"公"组韵字末注有"重三七韵",我们可以理解为:"三"是其第三韵——"真文"韵,"七"是其第七韵——"庚晴"韵,"重三七韵"就是"东洪"韵"见"母"公"组韵字读音与"真文"韵、"庚晴"韵某些韵字同音。在"真文"韵"见"母、"明"母、"溪群"母等的韵字末也注有"重一韵";"庚晴"韵"见"母、"明"母、"傍并"母等的韵字末也注有"重一韵";注有"重一韵"的"真文"韵、"庚晴"韵的这些韵字亦当与"东洪"韵注有"重三七韵"的韵字同音,以此类推。对于本悟的"重韵",赵荫棠(1936)、陆志韦(1947)、邵荣芬(1979)、龙庄伟(1988)、沈建民(1995)、张玉来(1997)、叶宝奎(1999)等学者各有己见,韵字"重韵"现象情况复杂,值得我们进一步去深究,这对研究近、现代汉语语音发展史,特别是揭示云南汉语方音源流有重大意义。这说明了本悟本也有创新,它并非只是对兰茂本的简单增订。

（3）声韵调配合

两书声调均分平、上、去、入四类,平声分阴阳,以入声配阳声。每韵部有平声字都分上下两档排列,中间用○隔开。表2-11以"江阳"韵为例。

表2-11　　　　　　　兰茂本与本悟本声韵调配合例析

兰茂本	开 强 狂 (浊) ○ ○ 腔 匡 (清)	天 堂(浊) ○ 汤(清)	破 滂(清) ○ 傍(浊)	风 方(清) ○ 房(浊)	春 窗(清) ○ 床(浊)	从 墙(浊) ○ 枪(清)	雪 详(浊) ○ 相(清)	向 皇(浊) ○ 荒(清)	一 阳(浊) ○ 央(清)
本悟本	溪群 腔 匡 (清) ○ ○ 强 狂 (浊)	透定 汤(清) ○ 堂(浊)	滂并 滂(清) ○ 傍(浊)	非奉 方(清) ○ 房(浊)	穿床 窗(清) ○ 床(浊)	清从 枪(清) ○ 墙(浊)	心邪 相(清) ○ 详(浊)	晓匣 荒(清) ○ 皇(浊)	影喻 央(清) ○ 阳(浊)

　　阴平字"腔"为中古清声母"溪"，阳平字"强"是中古浊声母"群"；阴平字"荒"是中古清声母"晓"，阳平字"皇"是中古浊声母"匣"，其他照此类推，可以看出本悟比兰茂更清楚地认识到由于声母清浊不同从而使声调产生差别，在收字上都是阴平在前、阳平在后，有意让"先阴后阳"与字母的"先清后浊"相适应。

　　从内容上可看出，本悟本对兰茂本有继承，更有发展。

　　另外，两书所收韵字多少也不同。据张玉来先生统计，兰书收字宿度本为 8328 字，吴允中本 8314 字，李棠馥本 8348 字，本悟《云南丛书》本收字 11000 字左右。① 本悟本在兰书基础上，根据音理删除了其中极少数的韵字，但同时也增加了近 3000 个兰书未收字，使其书内容更全面、丰富。只是本悟所增字中多数字不常见，如江阳韵心邪母增加的"缃嶢襐絴"等，而兰书只收入"应用便俗字样"，更适于百姓使用。

　　综上所述，兰茂本与释本悟本《韵略易通》，两书相差 144 年，版本传承各成系统，内容有继承、有发展。两书在声、韵、调的区分上都体现出了承继性；可以说本悟受到了兰茂的影响，但本悟并非只是对兰书增修或改进，而是后出转精，也有许多创造性的发现，对这一历史时期的汉语语音演变规律认识得更为清楚。两本《韵略易通》，都反映了《中原音韵》《洪武正韵》之后到现代汉语语音形成过程中汉语语音的发展演变，它们对汉语语音史的贡献都应当得到充分的肯定。

---

　　① 张玉来：《本悟本〈韵略易通〉与明代云南方音》，《语言研究》1997 年第 1 期。

四 葛中选《泰律》（万历四十六年，1618）

明代，地处偏远的云南边疆，其人才虽不如中原众多，但此期间出现的几位人才，如兰茂、释本悟、葛中选等个个影响深远。袁嘉谷《滇绎》中写道："康熙以后永革藩王，始跻中州，而滇人文化亦以此数百年为极盛，杨文襄（一清），葛澹渊（中选），钱南园（沣）、师荔扉（范）之流，虽中原人士也敛手叹服。"可见葛中选深得袁嘉谷的赏识。葛中选对后世影响较为深远的是从音律角度来研究等韵学，其创作的韵书《泰律》成为明清时期用音律来分析等韵的典型作品，[①] 也是继元代周德清《中原音韵》，明代兰茂、释本悟的《韵略易通》后，又一部记载汉民族共同语历史特点和云南汉语方音进一步形成的重要史料。

（一）葛中选其人

《泰律》作者，历有两种提法：一为葛仲选，如《道光云南通志》称："仲选字澹园，河西人，万历庚子举人。"师荔扉《滇系》题"葛仲选，字澹齐"。方树梅的《明清滇人著述书目》题"明葛仲选撰，仲选字澹园"。一为葛中选，如民国十四年（1925）《河西县志·乡贤·明》录："葛中选，字澹庵。"通海网："葛中选，字见尧，号淡渊，云南通海县河西（原为县）人。"《新纂云南通志》称："葛中选，字见尧，号澹渊，河西人也。"[②] 曹述敬《音韵学辞典》中题作"葛中选，生卒年不详，明云南河西人"[③]。陈长祚称"作者葛中选，字见尧，号澹渊，云南通海河西人"。名有"仲选""中选"，字有"澹庵""淡

---

① 李新魁：《汉语等韵学》，中华书局 1983 年版，第 112 页。
② 《新纂云南通志》第八卷，云南人民出版社 2007 年版，第 245 页。
③ 曹述敬：《音韵学辞典》，湖南出版社 1991 年版，第 46 页。

渊""澹齐""澹园""见尧""澹渊"，究竟哪一个提法正确呢？

光绪壬寅十月经正书馆重刊本《泰律》题"明河西葛见尧先生著"，且"泰律篇"卷之一到卷之十二都题有"明苑马寺卿河西葛中选见尧父著"，其中董应举《泰律序》、焦竑《泰律题词》均称"见尧"，金声的序、陈荣昌的跋中敬呼"澹渊先生"。《滇南碑传集》中清人周天任撰《皇明陕西苑马寺正卿崇祀乡贤葛公讳中选神道碑》①、葛在庭《先见尧公事略》②对其人其作记录、评述较为全面，也较为可信。周天任所撰，题目明确题为"中选"，文中且提到"公字见尧，号澹渊"。题作"先公名中选，字澹渊，一字见尧，河西人"。《玉溪碑刻选集》录有"葛中选神道碑"，从神道碑正文和铭文可看出此碑成于明崇祯十五年（1642），碑文简明扼要地介绍了葛中选一生的经历，碑题："公字见尧，万历庚子举人，仕至苑马寺卿。"③从这些史料看，《泰律》著者当为葛中选，字见尧，号澹渊，明云南河西（即今通海河西镇）人，官至苑马寺卿。

其生卒年怎样呢？各书多题"生卒年不详"。葛在庭《先见尧公事略》中提到葛中选"弱冠中万历庚子科举人"，"崇祯十四年，终于省寓"。"弱冠"泛指男子二十岁左右的年纪，可知葛在庭文中意指葛中选1600年（万历庚子）为二十岁左右（即生于1580年前后），1641年（崇祯十四年）卒。《云南辞典》也提道："葛中选（？—1641），字见尧，号澹渊，河西（今通海）人。明万历举人。历官湖北嘉鱼知县、南京大理寺右评事、广西思恩知府、右江兵备

---

① 方树梅：《滇南碑传集》卷二《明九卿》，李春龙等点校，云南民族出版社2003年版，第51页。周天任，四川人，康熙间河西县知县。

② 同上书，第52页。葛在庭，清末河西人，诸生，有《抱朴堂诗文集》。

③ 玉溪市档案局：《玉溪碑刻选集》，云南人民出版社2009年版，第202页。

道、按察司副使、陕西苑马寺少卿。博学，精易象，通律吕，工书画。著有《赤壁集》《尘中言》《衡湘小述》《阴阳图》及诗文集若干卷，尤以《泰律》著称于世。"① 《通海县文化志》（2000）则明确提出："葛中选，1577—1636，字见尧，号澹渊，精律吕，河西县城东门人。"《甸心行政村志》（2006）也指出："葛中选，1577—1636，字见尧，号澹渊。葛家营葛氏九世祖。"② 可知学界对葛中选的生卒年意见不一致，笔者限于条件，有待进一步考证。

至此，我们可知：明代音韵学名作《泰律》，其作者为葛中选。葛中选，明末学者，字见尧，号澹渊，明云南河西（即今通海河西镇）人，万历庚子科举人，官至苑马寺卿。他博览群书，善诗、书、画，尤其精于律吕，著述甚多，但多毁佚。其诗词今存《琉璃山诗》；书法由唐楷直追魏晋的钟繇，又旁及汉隶，今存作品有《三元文昌宫碑》《重修河西城祠记》；其绘画造诣，《滇南书画录》中称："山水得宋元遗意，墨牡丹尤妙，与董宗伯（董其昌）齐名。"《泰律》十二卷为其生平精力集萃，书成于万历四十六年（1618），刊行于清嘉庆年间，传于世。其门生金声大学士曾题"绝学名儒"匾赞誉他，学士焦竑也很欣赏，盛赞此书得千古不传之秘。葛中选晚年在家乡河西，还出资购置乐器组建了"雅乐社"，为后来的"洞经音乐"的发展奠定了深厚的基础，并形成了如今通海洞经古乐的特色。

（二）葛中选的《泰律》

《泰律》书成于万历四十六年（1618），前有焦竑序，陈荣昌在重刊时的"跋"中云："公生明季……万历间以孝廉授湖广嘉鱼长，

---

① 施之厚：《云南辞典》，云南人民出版社 1993 年版，第 671 页。
② 杨应昌主编《甸心行政村志》，云南民族出版社 2006 年版，第 522 页。

累官苑马寺卿。公之学，首音律、次文艺，尤喜诗画。……精易象、周礼，作阴阳图，以六十四卦配为阴阳之声，与五音交而成《泰律》一书。精深奥衍，人鲜知者。"①《泰律》十二卷外篇三卷作者用音律来分析语音，把"音律、气、干支、阴阳之声、五音"等概念套在音韵系统上。《泰律》一书，凝聚了葛中选毕生心血，金声序言极尽赞誉："滇蜀僻处，天西南，其人才不若中土多出，出则必雄深怪异，逌然一人，至今吾师澹渊先生，学悟精绝，跨越秦汉而上。"足见葛中选、《泰律》在当时的影响，然因《泰律》奇绝奥妙，自民国以来介绍葛中选的文章史事多偏于"三岁能辨鸟音"神童般的描述，对葛中选奇才俊杰和卓绝之学问，多没能专门去研究。民国初年保山闵为人（字德修）用时五六载潜心研读《泰律》，认为《泰律》图有遗失，为之补足，而写下《泰律补遗》一书，甚为难得。

全书主要内容分为"专气音图""专气声图"和"直气声音定位图"三部分。专气音图，以韵为纲，共列 12 图，每图横列声母，纵分张口、解口、合口、撮口四栏，每栏又分平、上、去、入四行；专气声图，以声母为纲，共列 32 图，横列韵类，纵分平、上、去、入四栏，每栏又分正、昌、通、元四行；直气声音定位图，以韵为纲，共列 12 图，与专气音图近似，但四声顺序改为上、平、去、入。平声并列两字，表示平声分阴阳，声母的差异，如晓匣、透定、溪群、穿床、知澄等，也在声调的平声分列两行情况下合而为一。

1.《泰律》声母系统

《泰律》声母，图中用传统的三十六字母名称，并分为正声与侧声，正声为：牙音、舌音、喉音；侧声为：唇音、齿音。二类分别

---

① （清）陈荣昌：《泰律·跋》，光绪壬寅（1902）十月经正书馆重刊。

隶于黄钟、大吕、太簇、夹种、姑洗、仲吕、蕤宾、林钟、夷则、南吕、无射、应钟十二音律之下，分二十五组排列。葛中选认为："三十六字母中，疑重喻，泥重娘，知重照，彻重穿，船重澄，非重敷，则母为重矣。见端精知照帮之下各有一音，泥来日明微之上各有一音，心邪之别又有二音，今皆不出，则母为漏矣。子分四等，母当足以贯之。详帮与滂同行，并为之偶；明与微奉同行，非为之偶；知与彻同行，澄为之偶；照与穿同行，床为之偶；日与禅同行，审为之偶。今并列而为母，则子以母分而少。……音以耳决，今以牙舌唇齿喉别角微宫商羽，是以形揣音耳，失其聪矣。且清清浊浊之间，牙之疑与喉之喻同音，舌之泥与娘同音，舌之知等与齿之照等同音，何所分别？轻唇音多敷，于次清不类，齿音出心邪、审禅，又非太浊之类，何其不相配耶？"[1] 又说："然后知声有子母之法，若等韵中泥、疑、敷、知、彻、澄则为重母；见下、端下、精下与微上、来上、日上、明上、各缺一母；照穿同行，审与日同行，帮与滂同行，明与微奉同行，则为多出；心邪之外有二母，几于无声……字母原无定执。"[2] 便对三十六字母删重补遗，得出二十五声类，并保存全浊声母。用"疾"表示清音（〇），用"迟"表示浊音（●）。当时汉语共同语的全浊声母实已不存在，其表中凡浊声母字实为清声母字的阳平调字。葛中选恢复十个浊声母的目的，"只不过是揭示该字原来的声母是浊声母罢了"[3]。《泰律》声母系统可归纳如表 2 − 12。

---

① （明）葛中选：《太律》卷十《太律断·七音韵鑑断》，《续修四库·经部·乐类》114 册，上海古籍出版社 2002 年版，第 506—507 页。

② （明）葛中选：《太律》卷十二《太律总·泰律含少》，《续修四库·经部·乐类》114 册，上海古籍出版社 2002 年版，第 516—517 页。

③ 陈长祚：《云南汉语方音学史》，云南大学出版社 2007 年版，第 208 页。

表 2 - 12　　　　　　　　　　**《泰律》声母系统**①

十二律	代表字	三十六字母·清	三十六字母·浊	十八息
黄钟	黄	晓	匣	初息
大吕	大	端	○	二息
太簇	太	透	定	三息
夹钟	夹	见	○	四息
姑（枯）洗	枯	溪	群	五息
仲吕	仲	照穿知彻	床澄	六息
蕤宾	蕤	审	禅日	七息
林钟	林	○	来	八息
夷（尼）则、南吕	尼南	○	泥娘	九息
无射、应钟	射应	影	喻疑	十息
蕤宾	宾	帮滂	并	侧初息
无射	无	非敷	明微奉	侧二息
夷则	则	精	○	侧三息
太簇	簇	清	从	侧四息
姑洗	洗	心	邪	侧五息
○	○	○	○	侧六息

正声（第一至十息），侧声（侧初息至侧六息）

————————

① 主要参见赵俊梅《明代韵书〈太律〉语音系统与云南方音》，硕士学位论文，云南大学，2015 年。

2.《泰律》韵母系统

《泰律》韵母，分为宫、商、角、徵、羽、华六音。六音按韵尾收音不同都可分为内运和外运，共十二韵。例如"专气角音"，"歌、脚、郭、矍"等字收在内运，"高、骄、胞、漂"等字收在外运，原因就在于云南方音把"角"读作［ko］，而通用语又读作［tɕiau］，葛中选就把凡属［o、au］韵的都统称为"角音"，把［o、io、uo、yo］归为内运，把［au、iau、uau、yau］归为外运。鼻音中，后鼻音收在内运，前鼻音收在外运。每韵又分为"正、昌、通、元"四规，又称"张口、解口、合口、撮口"。这"四规"相当于现代汉语的开口、齐齿、合口、撮口四呼，实则不完全一致，例如葛中选以"昌"字指"解口"字，即齐齿呼字，然而普通话却读作［aŋ］，为开口呼字。这也可以看到，明代时"昌"字读音是有介音［i］存在的，发展到现代介音［i］消失。

根据《泰律分·六气分》中所列出的每一气所辖的时韵，结合韵图中韵部的实际分配，《泰律》韵母系统的拟音如表 2 – 13 所示。

表 2 – 13　　《泰律音·专气音》韵摄、韵类、等呼对照①

泰律《专气音》12韵摄	《泰律》所辖韵部	《切韵指南》十六韵摄及《广韵》之韵类、等呼	《泰律》	《大藏字母九音等韵》十二摄	《大藏字母九音等韵》十二摄	《字母切韵要法》十二摄	《字母切韵要法》十二摄

---

① 主要参见赵俊梅《明代韵书〈太律〉语音系统与云南方音》，硕士学位论文，云南大学，2015 年。

续 表

泰律《专气音》12韵摄	《泰律》所辖韵部	《切韵指南》十六韵摄及《广韵》之韵类、等呼	《泰律》	《大藏字母九音等韵》十二摄	《大藏字母九音等韵》十二摄	《字母切韵要法》十二摄	《字母切韵要法》十二摄
音内运第一	登等嶝、蒸拯证	曽摄 əŋ（内六开口一、三等登 əŋ、蒸 Iəŋ 韵）	əŋ、iəŋ、uəŋ、yəŋ;（ eŋ/en、iŋ/in、uŋ、iuŋ）	庚摄 冈摄	əŋ、iŋ、uŋ、iuŋ;、aŋ、iaŋ、uaŋ、yaŋ	庚（梗摄）根 庚摄合口	eŋ un
	侵寝沁	深摄 em（内八三等开口侵韵 Iəm）					
	东董送、宋,钟肿用	通摄 uŋ（内一合口一、三等东 uŋ、冬 uoŋ 韵,合口三等钟韵 Iwoŋ）					
音外运第二	痕很恨、臻真轸震、殷隐焮	臻摄 ən/en（外三开口一、三等,痕 ən、臻 Ien、真 Iěn、欣 Iən 韵）;臻摄（外三合口一、三等	ən、ieŋ、uən、yən;（ en/eŋ、in/iŋ、u、 yn/yŋ）	根摄 庚摄	ən、in、un、yn;、əŋ、iŋ、uŋ、iuŋ	根摄	ən eŋ
	魂混慁、谆准稕、文吻问	魂 uən、谆 Iuěn、文 Iuən 韵）					
	庚梗敬、清静劲、耕耿诤、青迥径三十一韵	干摄 ɐ ŋ/eŋ/æŋ/ɔŋ（外七开合二、三、四等,庚 I ŋ/Iw ɐ wæŋ、清 Iɔ ŋ/Iweŋ、青 ieŋ/iweŋ 韵）					
音内运第三	唐荡宕、阳养漾	宕摄 ɑŋ/aŋ（内五开合一、三等唐 ɑ ŋ/uɑŋ、阳 Iaŋ/Iwaŋ 韵）	Aŋ、iaŋ、uaŋ、iuaŋ	冈摄	aŋ、iaŋ、uaŋ、yaŋ	冈摄	aŋ
	江讲绛	江摄 ɔŋ（外一开合二等,江韵 ɔŋ）					

续 表

泰律《专气音》12韵摄	《泰律》所辖韵部	《切韵指南》十六韵摄及《广韵》之韵类、等呼	《泰律》	《大藏字母九音等韵》十二摄	《大藏字母九音等韵》十二摄	《字母切韵要法》十二摄	《字母切韵要法》十二摄
音外运第四	寒旱翰；	山摄（外四开口一等，寒 ɑn 韵）	An、ian、uan、yan	干摄	an、iɛn、uan、yan	干摄 干摄	an am
	山产裥、删潸谏，仙獮线、元阮愿，先铣霰；	山摄（外四开合二、三、四等，山 æn/wæn、删 an/wan、仙 Iɛn/Iwɛn、元 I ɐ n/Iw ɐ n、先 ien/iwen 韵）					
	桓缓换	山摄（外四合口一等，桓韵，uɑn）					
	覃感勘、谈敢阚	咸摄［－m］（外八开口一等，覃 ɒm、谈 ɑm 韵）					
	咸赚陷、衔槛鑑，盐琰艳、添忝） 桥	咸摄（外八开口二等，咸 ɐ m、衔 am 韵）					
	严俨酽、凡范梵四十五韵	咸摄（外八开口三等盐韵，开口四等，添韵，iem）；咸摄（外八开、合三等，严 I ɐ m、凡 Iw ɐ m 韵）					
音内运第五	歌哿箇、铎（入声）；戈果过；觉［ɔk］、药［ak］（入）九韵	果摄 ɑ（内四开口一等，歌韵 ɑ），果摄入声铎［ak］韵；果摄（内四合口一等，戈韵 uɑ）	o、io、uo、yo	歌摄	o、io、uo、yo	歌摄	o

续表

泰律《专气音》12韵摄	《泰律》所辖韵部	《切韵指南》十六韵摄及《广韵》之韵类、等呼	《泰律》	《大藏字母九音等韵》十二摄	《大藏字母九音等韵》十二摄	《字母切韵要法》十二摄	《字母切韵要法》十二摄
音外运第六	豪皓号、肴巧效、宵小啸、箫篠啸十二韵	效摄（外五独开一、二、三、四等，豪ɑu）、肴au、宵ɪɛu)、萧ieu韵)	Au、iau (uau)(yau)	高摄	au、iau	高摄	au
音内运第七	鱼语御	遇摄[o]（内三合口三等，鱼ɪo韵)	Ĭ、i、ɐ(u) y	祓摄 该摄	ə、i、u、y; ai、iai、uai	祓摄 该摄	Ĭ i u、y; ai
	支纸寘、脂旨至、之止志、微尾未之开声	止摄（内二开口三等，支ɪe、脂i、之ɪə、微ɪəi韵)					
	祭之开声	蟹摄（外二开口三等，祭ɪɛi韵)					
	齐荠霁之开声	蟹摄（外二开口四等，齐iei韵)					
	废之开声	蟹摄（外二开口三等，废ɪəi韵)					
	质[et]、栉[et]、迄[ət]、没[tɛ]、术[tɛ]、昔[ɛk]、锡[ek]、缉[ep]、物[ət](人)						
音外运第八	哈海代	蟹摄ɒi（外二开口一等，哈ɒi韵)	ai、iai、uai、(yai)	该摄	ai、iai、uai	该摄	ai
	皆骇怪、夬、佳蟹泰卦十一韵	蟹摄（外二开口二等，皆ɐi、ɐæi、佳ai韵)					

103

泰律《专气音》12韵摄	《泰律》所辖韵部	《切韵指南》十六韵摄及《广韵》之韵类、等呼	《泰律》	《大藏字母九音等韵》十二摄	《大藏字母九音等韵》十二摄	《字母切韵要法》十二摄	《字母切韵要法》十二摄
音内运第九	侯厚侯，尤有有、幽黝幼	流摄 əu（内七独开一、三等，侯 əu、尤 Iəu、幽 iəu 韵）	əu、iəu、u、y；（ iou、ou、u、you／u/y)	钩摄 裰摄	ou、iou；ə、i、u、y	钩摄 裰摄	ou、i、u、y
	模姥暮	遇摄 u（内三独合一等，模 u 韵）					
	虞麌遇	遇摄（内三独合三等，虞 Iu 韵）					
	屋［uk］、沃［ok］、烛(人)	遇摄 uk/ok（内三独合）					
音外运第十	灰贿队；	蟹摄（内二合口一等，灰 uɒi 韵）；	ei、uei、yei (ui)	傀摄 裰摄 该摄	uei、yei；ə、i、u、y；ai、iai、uai	傀摄 该摄	ei、ai；Y、i、u、y；
	支纸寘、脂旨至、微尾未之合；	止摄（内二合口三等，支 Iwe、脂 wi、微 Iwəi 韵）；					
	之止志；	止摄（内二开口三等之 Iə 韵）；					
	齐荠之合，	蟹摄（外二合口四等，齐 iwei 韵)，					
	废之合；	蟹摄（外二合口三等，废 Iwɛi 韵）；					
	祭、霁之合；	蟹摄（内二合口三等祭韵 Iwɛi、四等、齐韵 iwei)；					

续　表

泰律《专气音》12韵摄	《泰律》所辖韵部	《切韵指南》十六韵摄及《广韵》之韵类、等呼	《泰律》	《大藏字母九音等韵》十二摄	《大藏字母九音等韵》十二摄	《字母切韵法》十二摄	《字母切韵要法》十二摄
音内运第十一	麻马祃三等；《正韵》遮者拓；德［ək］、麦［æk］、陌［ɐk］、业［ɛp］、叶［ɐp］、帖［ɛp］、末［at］、黠［ɐt］、薛［æt］、屑［et］、月［ɛt］（入）	假摄［a］（外六开口三等，麻Ia韵）；假摄麻韵三等开口ia	ɛ（e）、iɛ（ie）、（ue）、yɛ（ye）	结摄	ie、ye	结摄	e
音外运第十二	麻马祃二等；鎋［at］、盍［ɑp］、曷［ɑt］、合［ɒp］、乏［ɐp］、狎［ɐp］、洽［ap］（入）	假摄a（外六二等开合麻韵a、wa）	a、ua、（ya）	迦摄	a、ia、ua	迦摄	a

3.《泰律》声调

《泰律》声调分为平、上、去、入四声，称为"四衡"。图中还可看到平声已分阴阳，例如：烘—烘、匈—雄、充—虫、升—沉、荒—黄，每组字都平列在平声栏，与普通话作比较，不难发现前者都为阴平，后者都为阳平，较之兰茂和释本悟的《韵略易通》，平分阴阳更明确、更稳固。关于入声，《中原音韵》体现了"入派三声"，而葛中选认为："周周德清以入声派入三声，直用填词。推其源，亦为箫管度曲之便，乃以为为中原雅音，何其谬也！"《泰律》亦如兰茂和释本悟的《韵略易通》，明显反映了入声的存在，且古入声字在云南方音中多归到阳平。① 同时"四规以衡为则"，葛中选认

---

① 引自李新魁《汉语等韵学》，中华书局1983年版，第113页。

为"四规"与"四声"是相互联系、相互依存的。

葛中选为追求"截然整齐",所描绘出的整齐的语音系统,包括了许多实不存在的音节,但它以大量史实记载了当时云南汉语方言的状况,诸如平翘舌不分、齐撮不分、前后鼻音不分,以及"由于古人声字的不同演变途径,使云南方言中阳平字数量多于普通话的阳平字数量;云南方言的阳平不仅与普通话的阳平对应,部分阳平字还与普通话的阴平、上声、去声相对应"① 等不一而足,云南方言的丰富与复杂由此可见一斑,并且较之兰茂和释本悟的《韵略易通》,葛中选的《泰律》中民族共同语与云南方言交混共存现象更为明显、突出,反映了汉民族共同语和云南方音的历史面貌,揭示了汉民族共同语和云南方音的进一步形成。

综上,葛中选的《泰律》呈现了等韵学研究的新气象,对《泰律》作更深入的研究,对研究汉语语音发展、梳理云南方音史,无疑是大有裨益的。

第二节　明代云南汉语方言特点

一　兰茂的《韵略易通》与云南方言

兰茂的《韵略易通》声母系统充分承继了中原汉语特点,反映了《中原音韵》之后汉语语音的进一步演变,同时"惟以应用

---

① 《云南省志·汉语方言志》,云南人民出版社 1989 年版,第 112 页。

便俗字样收入"①，兰书中的一些特殊现象，带有很强的云南方音特点。

（一）兰茂的《韵略易通》声母系统与云南方言

1. 关于"人"母的音读

"东洪"韵"一"母"容"组收"容溶镕蓉融庸傭镛墉颙肜榕"等韵字，"人"母收"戎茸绒慵駬狨"等韵字；"庚晴"韵"一"母收"荣荧萦永"等韵字，"人"母收有"仍陾扔"韵字。对比全书发现，"人"母当拟音为 [ẓ]，"一"当为零声母，然而兰书出现了"人"母（[ẓ]）下韵字的声母有"一"母（零声母）的，"一"母下韵字的声母有"人"母的，如今云南方言中也有如此交混不分的，如"华宁话 [j] 声母的字，普通话读 r 声母，如'容软'"②，易门话把"容溶熔榕蓉荣嵘融"全读为 yong③。"容、榕、荣等字，新平话读音为零声母（y），普通话声母应为 r。如容，新平话读作 yóng，普通话读作 róng。"④ 元江话亦如此⑤，"容易""溶化""光荣"等词语的声母，普通话读为 [ẓ]，方言却读为了 [j]。昆明话中"永荣"韵母都为 [ioŋ]⑥。对于这种现象，有学者认为"'一'母字'容、荣'，今天读 [ẓ] 声母是一种特殊音变现象"⑦。我们也可以说，云南方音存在"人"母（[ẓ]）与"一"母（零声母）交混不分的现象，兰书记载了这一情况。

---

① 《四库全书总目提要》，商务印书馆 1933 年版，第 943 页。
② 张莆主编：《华宁人学话手册》，云南省玉溪行署教育局 1989 年，第 9 页。
③ 张莆主编：《易门人学话手册》，云南省玉溪行署教育局 1989 年，第 54 页。
④ 张莆主编：《新平人学话手册》，云南省玉溪行署教育局 1989 年，第 6 页。
⑤ 张莆主编：《元江人学话手册》，云南省玉溪行署教育局 1989 年，第 16 页。
⑥ 吴积才、颜晓云：《云南方音概况》（二），《玉溪师专学报》1986 年第 5 期。
⑦ 陈长祚：《云南汉语方音学史》，云南大学出版社 2007 年版，第 73 页注释。

2."皆来"韵"向"母"鞋"组韵字读音

兰书把"鞋蟹〔çie〕""骸骇〔xai〕"同收"皆来"韵"向"母"鞋"组，如此做法让我们看到了云南方音——"鞋蟹"读为〔xai〕，在明代的印迹。"新平话中有部分声母为 g、k、h 的字，普通话声母是 j、q、x。如街（jiē）、去（qù）、下（xià，新平话作量词时读 hà）、鞋（xié）。"① 华宁话、元江话除把"鞋蟹"声母由〔ç〕读为〔x〕，诸如"偕解（姓）巷"② 等也如此。

3."枝春上"与"早从雪"韵字交混收录现象非常普遍

兰书中"枝春上"韵字交混，"早从雪"韵字交混，"枝春上"与"早从雪"韵字交混现象很多，如表 2 - 14 所示。

表 2 - 14　　"枝春上"与"早从雪"韵字交混现象举例

韵部	声母	韵字
真文	上〔ʂ〕	㊤莘駪诜……㊣㊨㊧瑟……〔s〕
		㊤唇淳醇纯蒪鹑〔tʂ〕……㊣……㊧顺舜瞬……㊨术述……
山寒	雪〔s〕	㊤跚〔ʂ〕㊣散……㊧散㊨撒……
	春〔tʂ〕	㊤潺孱……㊣……㊧篡〔tsʻ〕……
庚晴	春〔tʂ〕	㊤撑……峥鬞〔tʂ〕……㊣㊧掌……㊨圻……栅〔tʂ〕……册策测侧〔tsʻ〕
	上〔ʂ〕	㊤生……㊣省……㊧胜……㊨色索啬穑濇〔s〕

---

① 张弗主编：《新平人学话手册》，云南省玉溪行署教育局 1989 年，第 6 页。
② 张弗主编：《华宁人学话手册》，云南省玉溪行署教育局 1989 年，第 18 页。张弗主编：《元江人学话手册》，云南省玉溪行署教育局 1989 年，第 16 页。

韵部	声母	韵字
侵寻	春 [tʂʻ]	㊀岑涔 [tsʻ] ○参 [tsʻ] ㊍碜墋……㊎谶……
侵寻	上 [ʂ]	㊀森参 [s] ㊍瘆……㊎渗……
侵寻	上 [ʂ]	㊀深○谌忱 [tʂ] ㊍审谂……㊎甚葚……
箫豪	早 [ts]	㊀糟……㊍早……㊎皂懆 [tsʻ] ……
箫豪	从 [tsʻ]	㊀曹……操㊍草臊去造馓 [ts] ……
幽楼	枝 [tʂ]	㊀邹緅驺 [ts] 搊诌㊍㊎僢皱……
幽楼	上 [ʂ]	㊀搜廋蒐飕馊溲 [s] ㊍溲 [s] ㊎瘦

表中所列反映了云南方音的一个普遍现象——平舌音与翘舌音不分，如表 2 – 15 所示。

表 2 – 15　　　云南方言平舌音与翘舌音不分语音现象举例[①]

普通话	云南方音		同音字	云南方音		同音字
zheng	元江	zen	争峥狰睁筝挣	峨山	zhen	征争睁蒸狰整拯正政症证郑
					zen	挣
	通海		正征争蒸整拯政	新平	zhen	正征蒸症整拯政证挣郑
	华宁		征争睁蒸狰整拯正政症证郑帧		zen	争睁筝挣峥狰
	江川	zhen	征蒸整拯症正政证郑	易门	zhen	正征蒸帧整拯政症证郑
		zen	争睁峥狰挣		zen	争睁筝挣峥狰

　　① 张莆主编：《元江人学话手册》，云南省玉溪行署教育局 1989 年，第 29、36 页。张莆主编：《华宁人学话手册》，云南省玉溪行署教育局 1989 年，第 37、51、55 页。张莆主编：《江川人学话手册》，云南省玉溪行署教育局 1989 年，第 29 页。张莆主编：《峨山人学话手册》，云南省玉溪行署教育局 1989 年，第 19—26 页。张莆主编：《新平人学话手册》，云南省玉溪行署教育局 1989 年，第 40—43 页。张莆主编：《通海人学话手册》，云南省玉溪行署教育局 1989 年，第 45—48 页。张莆主编：《易门人学话手册》，云南省玉溪行署教育局 1989 年，第 51、55 页。

普通话	云南方音		同音字	云南方音	同音字
chu	元江	chu	出畜黜绌矗	峨山	chu	出
		zhu	触		cu	初锄楚础
	通海		初出除锄楚储处矗畜		zhu	触怵
	华宁	cu	初出除蜍厨橱蹰锄雏褚楚处杵储矗畜	新平	chu	出
					cu	初锄楚础
chun	通海	cun	春蠢	华宁	cung	春椿蠢
		sun	唇纯淳醇		sung	顺舜瞬
	峨山	chun	纯	易门	shun	唇醇淳纯
sheng	元江	sen	生牲笙甥省	峨山	shen	升声生牲胜盛剩圣
	通海		生声升省胜乘盛圣		sen	省
	华宁		升生牲笙甥声省胜剩盛圣	新平	shen	升声
					sen	升牲笙甥省胜剩盛圣

不难发现，云南方言不仅平舌音与翘舌音不分，并且翘舌音较少——云南约有三分之一县、市的方言没有舌尖后声母 zh、ch、sh，普通话读作 zh、ch、sh、z、c、s 声母的字，这些方言都读作 z、c、s[①]，翘舌音多变音为平舌音，平舌音极少会变音为翘舌音；并且 z、c、s 平舌音内部或 zh、ch、sh 翘舌音内部也存在混用情况。从"三十六字母的现代拟音"表与"《韵略易通》声母与守温字母、《中原音韵》声母比较"表的对比中，可以认为兰书记载了这一不同于中原语音的现象。

---

① 吴积才、颜晓云：《云南方音概况》，《玉溪师专学报》1986 年第 4 期。

4. 云南部分方音"j、q、x"与"z、c、s"不分，在兰书中已有体现

兰书在"真文"韵"早"母"尊"组，收"尊樽遵僎（zūn）撙（zǔn）俊骏馂畯（jùn）"等韵字，我们可以看到"早〔ts〕"与撮口相拼向现代声母 j〔tɕ〕变化的同时，也就不奇怪如今云南方言如新平话把"均钧君军菌郡峻竣浚骏俊"缘何会读 zin。"新平话中，z、c、s 三个声母可以和韵母 in 相拼"①，如"今京军迥""亲清群""心星勋训"在新平话中其声母分别为 z、c、s，不同于普通话的 j、q、x。如"峨山话中的 j、q、x 声母与 in（包括 ing）韵相拼时，一律读为 z、c、s。如'金、镜、亲、青、心、兴'读作 zin、cin、sin"。②

兰书"东洪"韵"雪"入声字收录情况更为有趣，此处共收 20 个入声字：宿、粟、夙、蓿、速、蔌、觫、觫、肃、鹔、骕、摵、剜、俗、涑、续、俶、椒、觫、谡。其中"续"兰书音 su，在云南方言中如"继续""续写"等也读作 su（声调为去声，调值为 212），声母、韵母与普通话都存在极大差异。

5. "您"与"赁"两个韵字的声母

兰书"侵寻"韵，把"您"与"赁"两个韵字同时收在"暖"母，这一现象，与云南部分方音存在 n、l 不分情况不谋而合，如表 2-16 所示。

---

① 张弗主编：《新平人学话手册》，云南省玉溪行署教育局 1989 年，第 5、36—37 页。
② 张弗主编：《峨山人学话手册》，云南省玉溪行署教育局 1989 年，第 6—7 页。

表 2 - 16　　　　普通话与云南部分方音 n、l 读音比较①

普通话	云南方言		例字	普通话	云南方言		例字
ning	lin	新平、峨山、江川、通海、易门	宁咛拧狞柠泞凝	lüe	nio	新平、江川、通海、易门、元江	略掠
	nin	澄江、华宁			lio	澄江、华宁	
nei	lei	元江	馁	lei	nui		类
	nui		内		lui	澄江、新平、通海、元江	雷 蕾 偍 垒 磊 泪 累 擂
	lui	通海	馁				
	nui	华宁、峨山	馁、内		luei	江川	类 累 蕾 垒
	nui	澄江、易门	内		lui	易门、华宁	类 泪 累 雷

再如普通话声母为 n、l 的字，宣威方言里一般都读为 l，宣威方言没有 n 声母；昭通、威信、水富、盐津、永善、大关、巧家、云龙、华平、豌町等县，凡普通话读为 n、l 的字，这些县都读为 n；镇雄、会泽、绥江、元谋、金平、碧江、泸水、宁蒗、兰坪等县虽然有 n、l 声母，但 n、l 混读②。以上现象，我们可以看到，云南多

---

① 张莆主编：《元江人学话手册》，云南省玉溪行署教育局 1989 年，第 31、34 页。张莆主编：《华宁人学话手册》，云南省玉溪行署教育局 1989 年，第 41、47、53 页。张莆主编：《江川人学话手册》，云南省玉溪行署教育局 1989 年，第 26、33、38 页。张莆主编：《峨山人学话手册》，云南省玉溪行署教育局 1989 年，第 21、24 页。张莆主编：《新平人学话手册》，云南省玉溪行署教育局 1989 年，第 29—31 页。张莆主编：《通海人学话手册》，云南省玉溪行署教育局 1989 年，第 38—40 页。张莆主编：《易门人学话手册》，云南省玉溪行署教育局 1989 年，第 14—15、47—48 页。张莆主编：《澄江人学话手册》，云南省玉溪行署教育局 1989 年，第 30 页。

② 吴积才、颜晓云：《云南方音概况》，《玉溪师专学报》1986 年第 4 期。

数方言和普通话一样存在 n、l 两个声母，但云南部分方音存在 n、l 使用混乱，甚而没有 n 或 l 的情况。兰书反映了云南部分方音存在 n、l 使用混乱这一现象。

综上，兰茂声母系统与《中原音韵》具有一致性，可以说云南方言充分承继了中原汉语的特点。兰书中的特殊现象，又让我们看到其声母系统存在大量异于中原汉语声母音读的情况，与现代云南方言很有渊源关系，可以说兰书记录了大量云南方音的特点，体现了从中古音发展为近代音相互连贯的承传关系，并在方言中率先反映出现代音的脚步。兰书既记录了北方官话，又融入了云南方音特点，了解兰茂声母系统，对了解明代的语音系统，甚至了解云南的汉语方音状况，研究当时云南方音演变的历史，对厘清现代北方方言的发展线索，推动北音学研究的发展，都有很大价值和参考意义。

（二）兰茂的《韵略易通》韵母系统与云南方言

兰茂的《韵略易通》声母系统充分承继了中原汉语特点，同时又记录了大量云南方音的特点，与现代云南方言很有渊源关系，记载了从明初开始云南方音是怎样独立发展而自成体系的。其韵母系统也同样既记录了北方官话，又融入了云南方音特点。

1. "嫩" 的读音

"真文" 韵 "暖" 母 "麐" 组，"麐（nún）" 与 "嫩（nèn）" 两字同收一组，我们发现现代云南如通海人就把 "嫩" 读为 nùn，华宁人读为 nùng[1]，nèn 与 nùn 是不分的。

---

[1] 张甫主编：《通海人学话手册》，云南省玉溪行署教育局 1989 年，第 39 页。张甫主编：《华宁人学话手册》，云南省玉溪行署教育局 1989 年，第 48 页。

2. 前后鼻音混杂

云南方言中前后鼻音混杂，后鼻音绝少，多把后鼻音变为前鼻音，这在兰书中已有了反映。如"庚晴"韵"破"母"平［iŋ］"组收有"姘聘［in］"韵字，"枝"母"贞"组把"贞祯桢［ən］征正征整［əŋ］"同收一组，"开"母"坑"组把"坑铿［əŋ］肯揩［ən］"同收一组；"开"母"倾"组"倾［iŋ］琼茕［yŋ］顷［iŋ］"同收一组。这些韵字在云南玉溪方言中读音大体如表 2 - 17 所示。

表 2 - 17　　　　　　　兰书韵字与云南方音比较

兰书韵部	兰书声母	韵字	普通话	玉溪方言①
庚晴（［əŋ］eng、［iŋ］ing、［uəŋ］ueng、［yŋ］iong）	破	平枰评瓶屏凭娉	ing	in
		姘聘	pin	
	枝	征正徵怔钲蒸政郑	zheng	en
		贞祯桢	zhen	
	开	坑铿硁	keng	
		肯揩	ken	
		琼	qiong	in

① 张荓主编：《元江人学话手册》，云南省玉溪行署教育局 1989 年，第 36—38 页。张荓主编：《华宁人学话手册》，云南省玉溪行署教育局 1989 年，第 51—54 页。张荓主编：《江川人学话手册》，云南省玉溪行署教育局 1989 年，第 29—38 页。张荓主编：《峨山人学话手册》，云南省玉溪行署教育局 1989 年，第 19—26 页。张荓主编：《新平人学话手册》，云南省玉溪行署教育局 1989 年，第 23—40 页。张荓主编：《通海人学话手册》，云南省玉溪行署教育局 1989 年，第 37—45 页。张荓主编：《易门人学话手册》，云南省玉溪行署教育局 1989 年，第 50—54 页。张荓主编：《澄江人学话手册》，云南省玉溪行署教育局 1989 年，第 27—42 页。

如上所列，玉溪各县多把后鼻音读作了前鼻音，前后鼻是不分的。云南其他地州县市同样存在前后鼻不分的情况，只是与玉溪方言稍有不同，多把普通话的鼻尾韵母念为鼻化元音。"如昆明方言把'班、边、端'的韵母念成 ã、iÊ、uã，恩、因、温，念成 ê、î、uê。""全省没有一个县能区分根、庚、因、英的。"① 云南方音"琼茕"混读为 [iŋ]，如通海、华宁、新平、元江等地就把"琼"读为 [in]，还把后鼻音也省成了前鼻音。

3."戈何"韵

戈何韵下只有 [ɔ]、[uɔ] 两组韵母，即"向"母的"何河荷呵苛诃贺禾和"，"一"母的"娥鹅屙"，"开"母的"科课可"，"见"母的"歌哿个戈"等韵字，现代普通话读作 [ɤ]，而兰书中则非此音，而是读作 [ɔ] 或 [uɔ]，对比云南方言，兰书韵母的读音与云南方言的共同之处如表 2 – 18 所示。

表 2 – 18　　　　　　　　兰书韵字与云南方音比较

兰书韵部	兰书声母	韵字	普通话	玉溪方言②
戈何（[ɔ]、[uɔ]）	向	何河荷呵苛诃贺禾和	[ɤ] e	[ɔ] o
	一	娥鹅屙		
	开	科课可		
	见	歌哿个戈		

---

① 吴积才、颜晓云：《云南方言概况》（二），《玉溪师专学报》1986 年第 5 期。

② 张甫主编：《元江人学话手册》，云南省玉溪行署教育局 1989 年，第 27 页。张甫主编：《华宁人学话手册》，云南省玉溪行署教育局 1989 年，第 20—41 页。张甫主编：《江川人学话手册》，云南省玉溪行署教育局 1989 年，第 17、25—26 页。张甫主编：《峨山人学话手册》，云南省玉溪行署教育局 1989 年，第 15—16 页。张甫主编：《新平人学话手册》，云南省玉溪行署教育局 1989 年，第 24—35 页。张甫主编：《通海人学话手册》，云南省玉溪行署教育局 1989 年，第 21—41 页。张甫主编：《易门人学话手册》，云南省玉溪行署教育局 1989 年，第 38—40 页。张甫主编：《澄江人学话手册》，云南省玉溪行署教育局 1989 年，第 17—33 页。

以上韵字，玉溪方音读［ɔ］，普通话读作［ɤ］。云南其他州县的情况亦如此，详见表2－19。

表2－19   云南方音举例①

云南州县	韵字	云南方音
呈贡、富源	活波可	
晋宁	波蛾	
禄劝、马龙、昭通、鲁甸、巧家、大关、寻甸、姚安、楚雄、大姚、武定、建水、弥勒、文山	波多河	
威信、泸西	波多哥	［ɔ］o
嵩明、沾益、邓川	玻多可	
盐津	波多歌	
绥江、景东	波多课	
红河、洱源	波多科	
罗平	波作个	

以上对比，可以看到云南方音的一致性，也可看到兰书"戈何"韵的读音与云南方音仍有共同之处，可以说云南方言保留了古音读法，也可证明兰书记录了云南方音的特点，兰书中存在云南方音成分。

---

①   吴积才、颜晓云：《云南方言概况》（二），《玉溪师专学报》1986年第5期。

4. "幽楼"韵

学者们均认可其收有［əu］、［iəu］两组韵母，但我们却看到"梅"母去声收入了"茂懋贸袤"四个韵字，考察云南方言，发现这四个字方音也不读 mào，如表 2 – 20 所示。

表 2 – 20　　　　　　　　兰书韵字与云南方音比较

兰书韵部	兰书声母	韵字	普通话	云南方言①
幽 楼（［əu］ ou、［iəu］ iu）	梅［m］	茂懋贸袤	mào	mòu（华宁、澄江）
				mò（通海、易门、澄江）
				mèi（新平、江川）

华宁、澄江（贸）方音中仍保留了古音［əu］，通海、易门、澄江（茂）则读为［o］，新平、江川又读作［ei］。方音特点在兰书中得到了体现。

5. 齐齿音与撮口音不分

齐齿音与撮口音不分情况，在云南方言中是大量存在的，对比兰书如表 2 – 21 所示。

---

①　张荮主编：《元江人学话手册》，云南省玉溪行署教育局 1989 年，第 27 页。张荮主编：《华宁人学话手册》，云南省玉溪行署教育局 1989 年，第 20—41 页。张荮主编：《江川人学话手册》，云南省玉溪行署教育局 1989 年，第 17、25—26 页。张荮主编：《峨山人学话手册》，云南省玉溪行署教育局 1989 年，第 15—16 页。张荮主编：《新平人学话手册》，云南省玉溪行署教育局 1989 年，第 24—35 页。张荮主编：《通海人学话手册》，云南省玉溪行署教育局 1989 年，第 21—41 页。张荮主编：《易门人学话手册》，云南省玉溪行署教育局 1989 年，第 38—40 页。张荮主编：《澄江人学话手册》，云南省玉溪行署教育局 1989 年，第 17—33 页。

表 2-21　　　　　　　　兰书韵字与云南方音比较①

兰书韵部	兰书声母	韵字（普通话注音）	（玉溪）华宁	（玉溪）通海	（玉溪）新平
江阳（［aŋ］、［iaŋ］、［uaŋ］、［iuaŋ］）	见	平江……上讲……去绛……入角脚觉桷榷珏	脚角觉（jio）	角觉（jio）	脚角觉（jio）
	早	平将……上蒋……去匠……入爵雀嚼	爵嚼（jio）雀（qio）	爵嚼（jio）雀（qio）	爵嚼（jio）雀（qio）
	来	平良……上两……去量……入略掠剀	略掠（lio）	略掠（nio）	略掠（nio）
遮蛇（［iɛ］）	向	靴（xue）唓（chē）	靴（xie）	薛（xie）	靴（xie）
	开	瘸（que）茄伽（qie）	瘸（qie）	瘸（qie）	瘸（qie）

以上对比可看到玉溪方音齐撮不分。同时云南省 133 个方言调查点中，有 128 个点把"略虐疟（nio），角觉脚嚼（jio），却鹊确（qio），学削（xio），钥乐岳约（yo）"等字的韵母读为 io，以及有 86 个点把"局菊橘掘曲屈畜蓄欲狱育毓域"等字的韵母读为 iu②，可以说云南方言基本没有撮口音，撮口音都变读为齐齿音，对于兰书中齐齿音与撮口音混合收录现象，可以说兰书中记录了云南方言齐齿音与撮口音不分的特点。

综上所述，兰茂的《韵略易通》韵母系统充分承继了中原汉语的特点，同时，又存在大量韵字有异于中原汉语韵母读音的情况。

---

① 张甫主编：《华宁人学话手册》，云南省玉溪行署教育局 1989 年，第 47—48 页。张甫主编：《通海人学话手册》，云南省玉溪行署教育局 1989 年，第 36—49 页。张甫主编：《新平人学话手册》，云南省玉溪行署教育局 1989 年，第 24—39 页。

② 吴积才、颜晓云：《云南方言概况》（二），《玉溪师专学报》1986 年第 5 期。

我们有理由相信，兰书既有存古的一面，也有记录时音的一面，亦如张玉来所说，"这个官话音系中带有很浓的个人审定成分，兰茂做到了既不违于古，又无碍于时，所以这个系统不是一个单纯的北方官话音系"①。兰茂韵母系统揭示了汉民族共同语韵母系统继《中原音韵》之后的发展规律，同时也让我们看到此时云南方音的逐步形成及独立发展。

（三）兰茂的《韵略易通》声调在语音史上的特点

人们看到周德清的《中原音韵》（1324）与兰茂的《韵略易通》（1442）相距一百多年，韵目很相似，认为它们关系密切，然而《中原音韵》"入声消失"观点，及兰书又收录了入声，有学者或对这现象提出质疑，有的或就此就贬低兰书的价值，"……读经史者当取正于本文，音释不可泥此，则亦自知其陋矣"②。

兰书收录了入声，是怎样的历史问题呢？是历史的进步，还是历史的倒退？赵诚先生曾说："这有两个可能：（1）实际语音的确如此，比如入声，因为是从活语言出发，而非唱文学用韵字的归纳，所以据实划分；（2）也可能是受了其他韵书如《洪武正韵》的影响。"③这给了我们很好的启示：（1）兰茂时确有入声存在，并非只为存古，兰书全面记录了实际语音状况；（2）兰茂时已无入声，兰书不仅受《中原音韵》影响，可能还受《洪武正韵》影响，为了求"雅"而收录入声；或是作为明代一部重要的字典，兰茂为更好地帮

---

① 张玉来：《〈韵略易通〉的音系性质问题》，《徐州师范大学学报》1997 年第 2 期。
② 《四库全书总目提要》，商务印书馆 1933 年版，第 943 页。
③ 赵诚：《中国古代韵书》，中华书局 2004 年版，第 97 页。

助人们知古明今，"惟以应用便俗字样收入"①的同时而收录入声，通俗易懂地让人们明了"入派三声"。与兰茂的《韵略易通》前后或同时的韵书很多，主要有《中原音韵》《洪武正韵》《韵略汇通》《五方元音》等，我们把兰书和这些韵书的声调做个比较，来看看兰书声调记录情况在语音史上的价值。

1. 对《中原音韵》时有无入声的争议

有人贬低兰书价值，其参照、前提之一是认为《中原音韵》时已没有入声，而兰书又"恢复了入声"②，认为这是泥古，不能反映当时的实际语音，是历史的倒退，不可取。事实上对于《中原音韵》时是否存在入声字，一直有争议，大致可分为两派意见：

（1）《中原音韵》时已无入声

这派学者主要有王力、赵诚、宁继福、曹述敬、陈长祚、苏石、张玉来等。他们主要依据周德清的《中原音韵》自序提到的"入声派入平、上、去三声"，认为"十四世纪的大都音平声已分阴阳，入声已消失，古入声字都归入阳平、上声和去声"③。或说《中原音韵》"平声分成阴阳两类，入声分别入平、上、去三声，所以它的声调是平声阴（又称下平声）、平声阳（又称上平声）、上声、去声四类，和旧有的平、上、去、入不同"④。

（2）《中原音韵》书中无入声，但不否定当时实际语言中存在入声

这派学者主要有陆志韦、李新魁、杨耐思等。陆志韦据周德清的《中原音韵》自序"入声派入平、上、去三声者，以广其押韵，

---

① 《四库全书总目提要》，商务印书馆1933年版，第943页。
② 陈长祚：《云南汉语方言学史》，云南大学出版社2007年版，第97页。
③ 王力：《汉语音韵》，中华书局1980年版，第55页。
④ 曹述敬主编：《音韵学辞典》，湖南出版社1991年版，第313页。

为作词而设耳。然呼吸言语之间，还有入声之别"，以及《正语作词起例》"入声派入平上去三声如鞸字，次本韵后，使黑白分明，以别本声外来，庶使（便）学者。有才者本韵自足矣"，认为"周氏回答的话意十分清楚"，《中原音韵》有入声"本是'黑白分明'的事"①。杨耐思也根据周德清自序认为"除了原书韵谱中已经明白指出的平声阴、平声阳、上声、去声四调以外，《中原音韵》中本来还有入声，入声内部因为声母的清浊不同而有差别，但这种差别不像入声字与非入声字的差别这么明显。《中原音韵》的'入派三声'乃是'入变三声'的前兆。"②"入派三声并不意味着改变语言里本有入声的客观事实"③。李新魁指出"《中原音韵》对原来入声字的处理，只是按照词曲作品习惯于将入声派入三声的做法加以归纳而已"，"《中原音韵》把原来的入声字'派入'平、上、去三声，这是为了'广其押韵，为作词而设耳'，而当时的实际语言中还是保存入声的"④。同时陆志韦先生还明确指出，"《中原音韵》既然是有入声的，而中古清音跟浊音的派法又不同，可见入声也分阴调阳调"，所以《中原音韵》"具有阴平，阳平，上，去，阴入，阳入六调"⑤。

对比以上两派观点，据陆志韦考察、研究，"国语完全失去入声，至多不过二百多年的事。到现在还有许多官话方言保存入声，例如山西话，下江官话"⑥。我们考察云南方言时发现，云南方言至今仍存在有浊音、入声的语音事实，如表 2 - 22 所示。

---

① 陆志韦：《陆志韦近代汉语音韵论集》，商务印书馆 1988 年版，第 23 页。
② 曹述敬主编：《音韵学辞典》，湖南出版社 1991 年版，第 314 页。
③ 杨耐思：《中原音韵音系》，中国社会科学出版社 1981 年版，第 47 页。
④ 李新魁：《古音概说》，广东人民出版社 1979 年版，第 103 页。
⑤ 陆志韦：《陆志韦近代汉语音韵论集》，商务印书馆 1988 年版，第 25 页。
⑥ 同上书，第 23 页。

表 2 - 22　　　　　　　　　　云南方言声调分析举例①

古调类	古清浊	例字	云南方言声调		
			三个声调 （如丽江）	四个声调 （如昆明）	五个声调 （如剑川）
平	清	边开超飞	阴平 31	阴平 44	阴平 55
	全浊	唐才寒时	阳平 53	阳平 31	阳平 42
	次浊	鹅娘文云			
上	清	古展走比	归入阴平 31	上声 53	上声 31
	次浊	女老五有			
	全浊	近座社妇	归入去声 313	归入去声 212	归入去声 313
去	清	盖醉唱放	去声 313	去声 212	去声 313
	全浊	阵大谢饭			
	次浊	岸帽望用			
入	清	急曲各歇	归入阳平 53	归入阳平 31	入声 21
	次浊	岳六物纳			
	全浊	局舌白服			

云南方言中古入声字仍独立为一个调类的，"全省共有剑川、云龙、洱源、（包括原来的邓川）、绥江、水富、陆良、河口七个县。其中河口方言实际有七个声调，当地居民多半是从广东、广西迁移

---

① 参见吴积才、颜晓云《云南方言概况》，《玉溪师院学报》1986 年第 4 期。

来的，其声韵调都属于广州话系统。其余六县都有阴平、阳平、上声、去声、入声五个调。其规律是古平声分为阴平、阳平，古上声全浊声母字归入去声，古入声保持独立的调类。这些入声多为底降调，没有辅音尾"①。仔细分析我们较为熟悉的玉溪方言，发现玉溪方言中则同时保存有浊音和入声。如澄江、江川、峨山、新平、通海、华宁、易门、元江有唇齿浊擦音〔v〕，江川、峨山、通海、新平有舌尖前浊擦音〔z〕，特别在峨山话中存在以下情况②：（1）唇齿音〔f〕〔v〕与开口呼单韵母 a 结合时只有阳平调多为古入声字；（2）峨山话读阳平而普通话不读阳平的字，大多数是入声字；（3）普通话 b、d、g、j、zh、z 六个声母的阳平字都是入声字；（4）普通话 b、p、m、d、t、l 同 ie 相拼，d、t、n、l、z、c、s 同 e 相拼，zh、ch、sh、r 同 uo 相拼，g、h、z、s 同 ei 相拼，f 同 a、o 相拼，阴阳上去都是入声字（爹"diē"例外）；（5）有些文白两读的字，也是古入声字，如：（文言）e－（白话）ei，（例字）黑勒贼；（文言）o－（白）话 ai，（例字）白帛伯陌脉。云南其他地州县市方言中，古入声字多归入阳平，可以说云南方言古今声调调类的分合与北方方言基本一致，与北京音相比，部分古入声字归并存在不同情况。③

　　基于以上情况，我们"非但不能根据今日国音而抹杀《中原音

---

① 参见吴积才、颜晓云《云南方言概况》，《玉溪师院学报》1986 年第 4 期。

② 张莆主编：《澄江人学话手册》，云南省玉溪行署教育局 1989 年，第 8 页。张莆主编：《元江人学话手册》，云南省玉溪行署教育局 1989 年，第 9 页。张莆主编：《华宁人学话手册》，云南省玉溪行署教育局 1989 年，第 9 页。张莆主编：《江川人学话手册》，云南省玉溪行署教育局 1989 年，第 8—9 页。张莆主编：《峨山人学话手册》，云南省玉溪行署教育局 1989 年，第 6—9、27—28 页。张莆主编：《新平人学话手册》，云南省玉溪行署教育局 1989 年，第 4 页。张莆主编：《通海人学话手册》，云南省玉溪行署教育局 1989 年，第 11 页。张莆主编：《易门人学话手册》，云南省玉溪行署教育局 1989 年，第 13 页。

③ 吴积才、颜晓云：《云南方言概况》，《玉溪师专学报》1986 年第 4 期。

韵》的入声，就是《五方元音》的入声也不可以轻易放过"①，《韵略易通》的入声当然也不可随意抹杀，轻易放过。

2. 兰茂的《韵略易通》与各书声调比较

下面把兰书声调和相关韵书如《广韵》《中原音韵》《洪武正韵》《韵略汇通》《五方元音》的声调作一比较，以明示兰书声调特点。

表 2-23　　　　兰茂《韵略易通》与各书声调比较②

韵书	声调情况	韵书	声调情况
广韵 (1008)	1. 分类：平、上、去、入四类； 2. 在诗歌中四声押韵分别严格	韵略易通 (1442)	1. 平分阴阳，入声独立，以入声配阳声韵； 2. 分类：阴平、阳平、上声、去声、入声五类
中原音韵 (1324)	1. 平分阴阳，入派三声，同时入声在实际语言中是存在的； 2. 分类：阴平、阳平、上声、去声、入声五类	韵略汇通 (1642)	1. 平分阴阳，入声独立，以入声配阴声韵； 2. 分类：上平、下平、上声、去声、入声五类
洪武正韵 (1375)	1. 平不分阴阳，有入声； 2. 分类：平、上、去、入四类	五方元音 (1654—1673)	1. 平分阴阳，入声独立，以入声配阴声韵； 2. 分类：阴平、阳平、上声、去声、入声五类

通过以上对比，我们可以看到：兰茂的《韵略易通》声调系统顺应中原汉语声调的历史发展主流，平声分为了阴平和阳平，只是前清后浊，前阴后阳次序还不统一；受《洪武正韵》影响，入声独

---

① 陆志韦：《陆志韦近代汉语音韵论集》，商务印书馆1988年版，第23页。
② 主要参见李新魁《古音概说》，广东人民出版社1979年版，第98页；赵诚《中国古代韵书》，中华书局2004年版，第100—103页；张玉来《〈韵略汇通〉的音系性质问题》，《徐州师范大学学报》1997年第2期。

立存在，并且入声配在阳声韵后，之后的韵书则是入声配在阴声韵后；至今云南部分方言仍保存有入声，可以说兰书融入了明代中期云南方言实际语音情况。兰茂的《韵略易通》对研究当时云南方音演变的历史，说明普通话语音系统的形成，以及当时北方话语音的现状及发展，都有很大价值、参考意义。汉语语音从古至今一直处于不断发展变化当中，从中古时期发展到近代时期，语音面貌已有相当的差异，兰茂的《韵略易通》较好地保存了明代的实际语音材料，反映了这一时期语音的历史变化和差异。其声调系统顺应中原汉语声调的历史发展主流，又记录了明代中期云南方言实际语音。

3. 兰茂的《韵略易通》入声配收的启示

兰茂韵学代表作《韵略易通》，成书于明正统七年（1442），是继元代周德清的《中原音韵》之后的又一部重要音韵学著作，其韵母"并平声为二十部，三声（上、去、入）而随隶之"[1]。上卷著录"东洪、江阳、真文、山寒、端桓、先全、庚晴、侵寻、缄咸、廉纤"十部，平、上、去、入四声俱全；下卷著录"支辞、西微、居鱼、呼模、皆来、萧豪、戈何、家麻、遮蛇、幽楼"十部，无入声。我们从阳声韵配收的入声，可推测出许多韵母读音与现代汉语普通话的韵母读音存在不同之处，然而这些异读在云南方音中部分仍有保留，可以说此书既有存古的一面，也有记录时音的一面。

（1）"东洪"韵

"风""破""梅""冰"四母入声分别为"福复覆腹""扑朴茡""目木沐苜""卜仆濮瀑镤"等，可知"东洪"韵"风逢夐凤"（风母）、"蓬篷髼芃"（破母）、"蒙蒙蠓梦"（梅母）等韵字与现代

---

① 《四库全书总目提要》，商务印书馆 1933 年版，第 943 页。

普通话读音［ən］不同，当读［uŋ］；"一"母收入声"玉狱浴欲"等，同时"一"母的"容溶庸颙涌用"韵字收为一组，可知其韵字韵母读音当为［iuŋ］。"开"母"空孔控"一组韵字后收入声"哭酷詧"，"穷穹恐"一组韵字后收入声"曲曲"，可知"空"组韵字韵母读音为［uŋ］，"穷"组韵字韵母读音为［iuŋ］，兰书中的"空［uŋ］""恐［iuŋ］"韵母读音是不同的。"冰"母收入声字"卜仆瀑镁"，可知"琫菶"韵字韵母读音不同于现代读音［ən］，当为［uŋ］。"早、从、上、暖、来"母下韵母全为［uŋ］韵，较《中原音韵》更近今音了。现代云南方音中亦有诸多类似情况，例如：

表 2-24　　　　《韵略易通》"东洪"韵不同韵母读音

华宁话①	通海话②	新平话③	永善话④	其他⑤
风丰峰蜂烽锋冯逢讽奉缝凤（fang）	风丰峰蜂烽锋冯逢讽奉缝凤（fong）	风丰峰蜂烽锋冯逢讽奉缝凤（fong）	风疯封丰峰蜂烽锋冯逢讽奉缝凤（fong）	昆明：朋［oŋ］、永荣［ioŋ］ 富民：蒙［oŋ］、穷［ioŋ］ 鲁甸：朋［oŋ］、荣［ioŋ］ 大关：丰［oŋ］ 会泽：崩［oŋ］、穷荣［ioŋ］ 姚安：永荣［ioŋ］ 永仁：丰［oŋ］、穷荣［ioŋ］ 武定：崩［oŋ］、兄［ioŋ］
朋彭蓬篷捧碰（pong）	朋彭蓬碰（pong）	朋彭蓬篷捧碰（pong）	朋棚硼鹏彭膨蓬篷捧碰（pong）	
蒙檬萌盟猛懵梦（mong）	蒙盟（mong）	蒙檬萌盟猛懵梦（mong）	蒙檬漾曚萌盟猛蜢锰懵梦孟（mong）	
崩绷蹦泵（bong）	崩绷蹦泵（bong）	崩绷蹦泵蚌（bong）	崩绷蹦泵迸［oŋ］	
容榕蓉荣融（jong）	容荣融冗（yong）	容溶熔榕蓉荣嵘（yong）	容（yong）永泳［yn］	

---

①　张莆主编：《华宁人学话手册》，云南省玉溪行署教育局 1989 年，第 50 页。

②　张莆主编：《通海人学话手册》，云南省玉溪行署教育局 1989 年，第 37—38、48 页。

③　张莆主编：《新平人学话手册》，云南省玉溪行署教育局 1989 年，第 22—25、43 页。

④　张莆主编：《永善方言志》，语文出版社 1989 年版，第 22、56、58—59 页。

⑤　参见《云南省志·汉语方言志》，云南人民出版社 1989 年版。

我们看到，现代云南方音中 b、p、m、f 和 eng 相拼时，韵母读音与普通话是不一致的，不读 ［ɔŋ］，而为 ［uŋ］ 或 ［oŋ］："容榕蓉荣融"声母不为 r，而与"永泳"一致，为 y 或 j，普通话中不存在介音，然而云南方音却存在。这些特点，与兰书"东洪"韵"风""破""梅""冰""一"母入声配收所显现的读音特点是极为吻合的。据此，我们可以说现代云南方音对古音在此是有所保留的，亦可以说兰书中已收有云南方音。

（2）"江阳"韵

兰书"江阳"韵部所含韵母，经学者们研究大致可归纳为 ［aŋ］［iɑŋ］［aŋ］［iuaŋ］4 个，但从其入声的配收看，存在齿音与撮口音不分情况，这在云南方音中也是大量存在的，对比兰书如下：

表 2-25　　　　《韵略易通》"江阳"韵不同韵母读音

声母	韵字	华宁话	通海话	新平话
早	㊍将……㊤蒋……㊦匠……㊏爵雀嚼	爵嚼（jio）雀（qio）	爵嚼（jio）雀（qio）	爵嚼（jio）雀（qio）
向	㊍香……㊤繈……㊦向……㊏学谑	学（xio）	学（xio）	学（xio）
开	㊍强……㊤勥……㊏却确悫燩嚛醵	却确（qio）	却确（qio）	却确（qio）
见	㊍江……㊤讲……㊦绛……㊏角脚觉桷榷玨	脚角觉（jio）桷榷（qio）	角觉（jio）桷榷（qio）	脚角觉（jio）榷（qio）
来	㊍良……㊤两……㊦量……㊏略掠剒	略掠（lio）	略掠（nio）	略掠（nio）

从以上比较中可看到玉溪方音齐撮不分。云南省 133 个方言调查点中，有 128 个点把"略虐疟（nio），角觉脚嚼（jio），却鹊确

（qio），学削（xio），钥乐岳约（yo）"等字的韵母读为 io，以及有
86 个点把"局菊橘掘曲屈畜蓄欲狱育毓域"等字的韵母读为 iu，可
以说云南方音基本没有撮口音，撮口音都变读为齐齿音，对于兰书
中齿齿音与撮口音混合收录现象，可以说兰书中记录了云南方音齐
齿音与撮口音不分的特点。

"向"母"杭"组入声有"鹤壑膅"等，当有介音［u］或［ɔ］，
可知"杭"等韵字韵母读音与今音有出入，如今江川、澄江、峨山、
新平、元江、通海、华宁、易门方言把"鹤壑膅"等就读作 ho①。

（3）"庚晴"韵

"庚晴"韵"梅"母"萌"组、"向"母"甍"组，与"东洪"
韵"梅"母"蒙"组、"向"母"洪"的今音分别为［məŋ］和
［xuŋ］，然而在兰书中我们可以看到，其入声配收情况是不一致的，
各组间也是有区别的：

表 2 - 26　　　《韵略易通》"庚晴"韵不同韵母读音

韵部	声母	入声字	韵字	韵母	普通话
东洪	梅［m］	目木……［u］	㊀蒙蒙……㊂蠓 懵……㊃梦	［uŋ］	［məŋ］
庚晴		麦［ai］ 陌墨……［o］	㊀萌瞢……㊂猛 蜢……㊃孟	［uəŋ］	

---

① 张甯主编：《元江人学话手册》，云南省玉溪行署教育局 1989 年，第 27 页。张甯
主编：《华宁人学话手册》，云南省玉溪行署教育局 1989 年，第 34 页。张甯主编：《江川
人学话手册》，云南省玉溪行署教育局 1989 年，第 26 页。张甯主编：《峨山人学话手册》，
云南省玉溪行署教育局 1989 年，第 16 页。张甯主编：《新平人学话手册》，云南省玉溪行
署教育局 1989 年，第 34 页。张甯主编：《通海人学话手册》，云南省玉溪行署教育局 1989
年，第 41 页。张甯主编：《易门人学话手册》，云南省玉溪行署教育局 1989 年，第 39 页。
张甯主编：《澄江人学话手册》，云南省玉溪行署教育局 1989 年，第 32 页。

韵部	声母	入声字	韵字	韵母	普通话
东洪	向〔x〕	斛鹄……〔u〕	㊍洪烘……㊤汞……㊡関哄……	〔uŋ〕	〔xuŋ〕
庚晴		或惑获〔uo〕画划〔ua〕	㊍甍蝱横璜……㊤㊡横	〔uəŋ〕	

从以上比较可推知，兰书以上韵母读音与今音是不同的，此间我们也看到了云南方音的影子：云南方音不仅把"蒙"组读为〔muŋ〕，而且把"萌"组连带一块儿读〔muŋ〕；"横"在云南方言中如华宁方音中读为〔xuəŋ〕（类似还有"绳"），江川、元江、通海、新平等地由于前后鼻不分，后鼻音〔xuəŋ〕就变为了前鼻音〔xuən〕[①]，所以在云南你会听到"螃〔pan〕蟹〔xai〕横〔xuən〕（或〔xuəŋ〕）着〔tʂuo〕走"，便不足怪。

《中原音韵》把《广韵》"东冬钟"韵与"登庚耕"韵并收于"东钟"韵和"庚青"韵，而《韵略易通》"东洪"只收《广韵》的"东冬钟"韵，"登庚耕"韵则分列于"庚晴"韵中。兰书"庚晴"韵"破"母"朋"组、"梅"母"盟"组入声分别为"拍魄珀"等、"麦陌貊墨"等（现代云南方音中韵母全为〔ə〕），可知"庚晴"韵的"朋鹏烹澎"（破母）、"萌盟猛孟"（梅母）等字韵母读音有别于〔uŋ〕，与〔əŋ〕也略有不同。

---

① 张弗主编：《华宁人学话手册》，云南省玉溪行署教育局1989年，第51页。张弗主编：《元江人学话手册》，云南省玉溪行署教育局1989年，第36页。张弗主编：《江川人学话手册》，云南省玉溪行署教育局1989年，第29页。张弗主编：《新平人学话手册》，云南省玉溪行署教育局1989年，第35页。张弗主编：《通海人学话手册》，云南省玉溪行署教育局1989年，第41页。张弗主编：《易门人学话手册》，云南省玉溪行署教育局1989年，第55页。张弗主编：《澄江人学话手册》，云南省玉溪行署教育局1989年，第33页。

（4）"见开向""早从雪"配收不同的入声字，引起声母的不同变化

"开合"入声字与"齐撮"入声字配收"见 [k]"母、"开 [kʻ]"母、"向 [x]"母以及"早 [ts]"母、"从 [tsʻ]"母、"雪 [s]"母，可以看到由此而引起这些声母发生的不同变化。如"真文"韵"见"母收字情况：

表 2 - 27　　　　　　　　"见开向""早从雪"的不同变化

声母	韵字	入声	普通话
见 [k]	㊅巾斤筋㊤谨紧槿㊟㊦近仅堇觐馑靳劤瑾 [in]	㊇吉讫吃…… [i]	→ [tɕin]
	㊅君均钧军莙鞫廇㊤窘捃㊦郡菌 [ün]	㊇橘 [ü]	→ [tɕyn]
	㊅昆昆琨鲲鲲鹍锟裈㊤鲧衮滚……㊦棍…… [un]	㊇骨汩…… [u]	→ [kʻun] [kun]
	㊅根跟㊤㊦艮 [ən]	㊇忔…… [i]	→ [kən]

"见 [k]"母、"开 [kʻ]"母、"向 [x]"母以及"早 [ts]"母、"从 [tsʻ]"母、"雪 [s]"母与 [i]、[ü]（齐、撮呼）相拼变为现代汉语的 j [tɕ]、q [tɕʻ]、x [ɕ]。再如：

表 2 - 28　　　　　　　　"见开向""早从雪"的不同变化

韵部	声母	韵字	入声字	普通话
江阳	早 [ts]	㊅将桨……㊤蒋桨……㊦匠酱…… [iɑŋ]	㊇爵雀嚼…… [ü]	[tɕiɑŋ]
	见 [k]	㊅江姜……㊤讲構……㊦绛降…… [iɑŋ]	㊇角脚珏…… [i] [ü]	

续　表

韵部	声母	韵字	入声字	普通话
庚晴	开 [k']	㊀卿擎……㊁苘綮……㊂庆磬……[iŋ]	㊄隙郄綌……[i]	[tɕ'iŋ]
		㊀坑铿……㊁……㊂……[əŋ]	㊄客刻克……[ə]	[k'əŋ]
	从 [ts']	㊀青情……㊁请㊂……[iŋ]	㊄戚慼刺……[i]	[tɕ'iŋ]
		㊀层曾嶒㊁㊂蹭 [əŋ]		[ts'əŋ]
先全	向 [x]	㊀掀贤……㊁显蚬……㊂县宪……[iɛn]	㊄颉缬歇……[i]	[ɕiæn]
		㊀喧玄……㊁泫铉……㊂楥绚……[yɛn]	㊄血穴 [ü]	[ɕyæn]
	雪 [s]	㊀宣旋……㊁选㊂选碹……[yɛn]	㊄雪踅嶭……[ü]	[ɕyæn]
		㊀先涎……㊁跣铣……㊂霰线……[iɛn]	㊄屑楔泄……[i]	[ɕiæn]

　　"江阳"韵"早"与"见","从"与"开","雪"与"向"三对六母都可与 [iɑŋ] 相拼，入声字都是撮口韵字；"先全"韵"早"与"见","从"与"开","雪"与"向"三对六母都可与 [iɛn]、[yɛn] 相拼；"庚晴"韵"早"与"见","从"与"开","雪"与"向"三对六母都可与 [iŋ] 相拼；"侵寻"韵"早"与"见","从"与"开","雪"与"向"三对六母都可与 [iəm] 相拼；"廉纤"韵"早"与"见","从"与"开","雪"与"向"三对六母都可与 [iam] 相拼等，都反映了同一状况。

　　以上推测或可给我们一个启示——《韵略易通》的许多阳声韵在现代汉语普通话中虽不存在介音，但在明代实际语音中是存在的，在云南方音中还有保留。

同时，兰书中齐齿音与撮口音混合收录现象，以及现代云南方言基本没有撮口音、撮口音都变读为齐齿音现象，可以说兰书中记录了云南方言齐齿音与撮口音部分特点；"见［k］"母、"开［k']"母、"向［x］"母以及"早［ts］"母、"从［ts']"母、"雪［s］"母与［i］、［ü］（齐、撮呼）相拼变为现代汉语的 j［tɕ］、q［tɕ']、x［ɕ］，让我们看到了语音的历史进程。书中存在的众多异读，体现出兰茂的《韵略易通》韵母系统在充分继承中原汉语特点的同时，又记录了云南方言的实际情况，如张玉来所说："这个官话音系中带有很浓的个人审定成分，兰茂做到了既不违于古，又无碍于时，所以这个系统不是一个单纯的北方官话音系。"① 兰茂韵母系统揭示了汉民族共同语韵母系统继《中原音韵》之后的发展规律，同时也让我们看到此时云南方音的逐步形成及独立发展。

（四）兰茂的《韵略易通》所收古语词在云南方言中的演变

明代兰茂是云南较早的也是最具代表性的音韵学家，其音韵学专著《韵略易通》在我国语音发展史上具有划时代的作用。兰茂的《韵略易通》作为明代代表性韵书，充分承继了中原汉语特点，反映了明代官话的特点、《中原音韵》之后汉语的进一步演变。兰茂的《韵略易通·凡例》称"惟以应用便俗字样收入"②，以及作者在《凡例》中明确申明："此篇特欲便于认识，凡篇韵所不载，俗用不可无者，旁采百家之异同，择善从之……"兰茂生于云南长于云南，其"俗"当为云南之俗。以及《四库提要》评价此书之"尽变古法，以就方音……亦自知其陋矣"，其"方音"亦为云南之方音。

---

① 张玉来：《〈韵略易通〉的音系性质问题》，《徐州师范大学学报》1997 年第 2 期。
② 《四库全书总目提要》，商务印书馆 1933 年版，第 943 页。

更让我们发现此书对于研究云南方言的重大意义，所谓"便俗字样""篇韵所不载，俗用不可无者"当是是时百姓常用之语言，其所录词汇存在有异于中原汉语的情况，甚至，兰茂的《韵略易通》记录的很多词汇在普通话里并不存在，却仍在当今的云南方言里频繁地被人们使用着，这些正是彰显了云南地方特色的云南明代方言词汇。兰茂的"便俗字样""篇韵所不载，俗用不可无者"，正是值得我们关注的对象，正是我们探究、分析其变化的切入点。越俗越能显示其地方特色，"惟其他是为平民写的，我们才能知道它是当时的标准音。它的价值就在于此"①。

《韵略易通》保留的云南方言也是目前所能见到的最早、最完整的珍贵史料。书中收录的部分古语词，现代汉语已不存在或词义已变异、已不常用，却仍频繁出现在云南人民的日常生活中，考其源流，发现诸多云南方言词汇承袭了古语词特点，同时也有时代、地域的发展变化。辨析其收录的中原雅音或"便俗字样""方音"，能较好把握明代时音、汉语的发展规律及云南方言早期形成特点。

1. 兰茂的《韵略易通》所收古语词在云南方言中的遗存

下文对兰书中收录的云南方言词汇进行分析，考其源流，发现书中所录的部分古语词，现代汉语已不存在或词义已发生变化、已不常用，云南方言却较好地保留了这些古词古义。

（1）嗉（一东洪），书中读"松"入声，音同"俗"，意为"细切"。（以下词条与此相同，均来自兰书。）《汉语大字典》音 sù，细切。《玉篇》："嗉，细切。"《汉语大词典》《现代汉语词典》无此字。云南方言音 su²¹²，保山、大理等地仍说："把这个肉～细点儿"

---

① 赵荫棠：《中原音韵研究》，商务印书馆 1936 年版，第 60 页。

（即把这个肉切细点儿）、"洋芋丝～细点儿炒才好吃"（即土豆切细点儿炒吃才好吃），可看到，现代汉语已无此词，云南方言保留了该词中古、近古兰书的古义。

（2）沰（二江阳），"当"入声，音同"铎"，意为"雨滴"。此"雨滴"即雨淋之意。《汉语大字典》为多音字：㊀tuō，意为：①碪；落。②赭色。③浇。㊁duó，意为：滴。《集韵》："沰，滴也。"朱骏声《说文通训定声》："《周礼（天官）掌舍》注作'涷蘽'。今苏俗语如笃，谓雨声滴沰也。"《汉语大词典》为多音字：㊂tuō，意为：红褐色。㊃duó，词语"滴沰"，象声词，多指雨声。清梁章钜《农候杂占》："上火不落，下火滴沰。见崔实《农家彦》。言丙日不雨，丁日必雨也。滴沰，雨声。"《现代汉语词典》无此字。云南方言音 duo^{31}，如："我不有带伞，结果被雨～了。"（即我没带雨伞，结果被雨淋了）"～潮了"是指"（被雨）淋湿了"。可看到，上古、中古"沰"有两音，音"duó"就解释为"滴"，兰茂之"雨滴"、云南方言之"雨淋"可谓语出一脉，而现代汉语已无此字词。

（3）攘（二江阳），"囊"上声，意为"推也"。古同"攘"。《汉语大字典》音 nǎng，意为：①撞。《集韵》："攘，撞也。"②刺。《集韵》："攘，刺也。"《汉语大字典》"攘"音 nǎng，意为：①推。如：推来攘去。《字汇》："攘，推攘也。"②（用刀）刺、戳。③常与贬义词合成骂人的话。④跌；栽倒。《汉语大词典》无"攘"字，收近义词"攘"（nǎng），意为：①推。②刺；扎。③常与贬义词合成詈词。《现代汉语词典》无"攘"字，收"攘"，意为"刺"，并解释"攘子，短而尖的刀，是一种旧式武器"。云南方言音 $nang^{53}$，如："招呼挨我～了掼着。"（即小心把我推摔倒了）可看到，意指推、挤的"攮（或攘）"，现代汉语中已不再使用，云南方言完好保留了该词中古、近古兰书的古义。

（4）眼（二江阳），音同"浪"，意为"日晒干"。《汉语大字典》为多音字：㊀lǎng，意为：①明。《玉篇》："眼，明。"②姓。㊁làng，意为：①晒。《集韵》："眼，曝也。"《字汇》："眼，晒眼。"②把东西放在通风或阴凉的地方使其干燥。宋陆游《春日》："迟日圆林尝煮酒，和风庭院眼新丝。"《汉语大词典》音 làng，曝，晒。把东西放在阳光下或阴凉的地方，使干燥。《现代汉语词典》无此字，近义词为"晾（音 liàng）"——把东西放在通风或阴凉的地方，使干燥；晒（东西）。《汉语大字典》"晾"音 liàng，意为：①晒（东西）。《字汇》："晾，晒暴也。"明谷子敬《城南柳》第一折："似这等风吹日晾，雪压霜欺。"又暴露；敞开。②把东西放在通风或阴凉的地方使其干燥。③同"凉"。把热的东西放一会儿，使温度降低。《汉语大词典》"晾"音 liàng，意为：①置物在太阳下或通风处，使之干燥。②使凉爽；使温度降低。③显露，亮出。④搁置；冷落。云南方言中"眼"音 lang²¹²，"晾"音 liang²¹²，二者在云南方言中的使用情况较为丰富、复杂，玉溪、曲靖、昭通、文山、思茅方言主要保留的是"眼"，昆明、大理、保山、蒙自、临沧方言主要保留的是"晾"①。如"这盆衣裳我洗好么你拿克～克。"（即把这盆衣服我洗好后你拿去晾晒去）如无刻意强调、对比有无阳光，云南方言的"眼"或"晾"即泛指晒；若与"晒"对举使用，则"眼"或"晾"偏指把东西放在通风或阴凉的地方使其干燥。"眼"或"晾"可单用，也可叠用，重叠时，第二字读作阴平调。如：

---

① 《云南省志·汉语方言志》，云南人民出版社 1989 年版，第 387 页。

"大阴天呢,他撒脬尿在床上,只有拿克阳台上眼眼(或晾晾),要不然晚心咋睡个。"(即阴天没太阳,他尿床了,只好把尿湿的东西拿到阳台上晾晒晾晒,否则晚上可怎么睡呀)可见,意指"把东西放在太阳下或通风处、阴凉的地方,使其干燥",中古时可说"眼"和"晾"两词,现代汉语选择了"晾",已不再使用"眼",兰书保留的是"眼",云南方言保留了两者,即云南方言较好地保留了该词中古、近古兰书的古义。

(5)剃(三真文),音同"邻",意为"削果"。"削果"即削水果皮。《汉语大字典》音 lín,意为:削;刮。《玉篇》:"剃,削也。"《篇海类编》:"剃,削也;刮也。"《汉语大词典》《现代汉语词典》无此字。云南方言音 lin^{31},如:"挨皮~掉才吃得呢。"(即把皮削了才能吃)可看到,"剃"表示"削"(果皮),现代汉语已不再使用,云南方言完好地承袭了该词中古、近古兰书的古义。

(6)潴(四山寒),音同"赞",意为"水迸也",即水迸溅,《汉语大字典》同"潴"。《玉篇》:"潴,相汙洒也。"《字汇》:"潴,俗潴字。"《汉语大字典》"潴"为多音字:㊀zàn,用污水挥洒。也指水溅到人们身上。也作"溅"。《说文》:"潴,汙洒也;一曰水中人。"段玉裁注:"谓用污水挥洒也……'中'读去声。此与上文无二义,而别之者,此兼指不污者言也。"王筠句读:"'一曰'二字当作'谓'。"唐玄应《一切经音义》:"潴,又作溅、嗾二形,同子旦反。江南行此音。山东音湔,子见反。"㊁cuán,水集貌。《集韵·桓韵》:"潴,水集貌。"㊂qián,汛。《集韵·仙韵》:"潴,汛也。"㊃zá,同"沙",水溅起。《集韵·曷韵》:"沙,水溅也。或从赞。"《汉语大词典》无此字,收"潴"音 zàn,意为:用污水挥洒。也指污泥或水受冲激向外散射。又指水溅到衣服上。清阮葵生《茶馀客话》："《俗字》：溅水上衣曰'灒'。"《现代汉语词典》音zàn，意为"〈方〉溅"。云南方言音 zan^{212}，如："这雨大了，裤子都着 ~ 潮完。"（即这雨下得太大了，裤子都被溅湿了）"今天这场雨老实大了，灒呢多高高。"（即今天这场雨太大了，雨水落到地上都溅得很高很高）我们发现，"灒"表示"溅"的意义在现代汉语中已不再使用，但云南方言较好地保留了该词中古、近古兰书这一古义。

（7）蚻（四山寒），"盏"入声，音同"札"，意为"蚂蚻虫"。云南方言"蚂 ~"，指蝗虫，写作"蚂蚱"。《汉语大字典》"蚻"音 zhá，一种小蝉。《尔雅》："蚻，蜻蜻。"郭璞注："如蝉而小。"《汉语大词典》"蚻"音 zhá，一种小蝉。清恽敬《释螳蛄》："蜕、蚻，秋蝉也。""蚂蚱"也作"蟆蚱"，指蝗虫的俗名，亦指蚱蜢。元张国宾《薛仁贵》第一折："那薛仁贵到的高丽地面，则去扑蟆蚱，摸螃蟹，掏蜘蛛，几曾会什么厮杀来。"《现代汉语词典》无"蚻"字，"蚂蚱"称呼蝗虫仅用于方言。可见，古籍中的"蚻"与"蚱"不是一种虫子；现代汉语称为"蝗虫"的昆虫，云南方言保留了上古、中古、近古的古语词"蚂蚱"，音作 ma^{31}zha^{44}。

（8）趏（四山寒），"关"入声，音同"刮"，意为"走貌"。即"跑"。《汉语大字典》为多音字：㊀guā，走貌。《玉篇》："趏，走貌。"㊁huó，同"越"，"越，郑玄云：'瑟下孔。'又云：'剪蒲为席。'或作趏。"《直音篇》："趏，音活，越同。"《汉语大词典》《现代汉语词典》无此字。云南方言音 gua^{31}，如："他怕你打他，早 ~ 克哪边克了。"（即他怕你打他，早跑远了）可见，表示"跑"意义的"趏"，现代汉语已无此词，云南方言很好地保留了该词中古、近古兰书的古义。

（9）劋（四山寒），"潺"入声，音同"劋"（chuā），意为"断也"。《汉语大字典》为多音字：㊀chuā，意为：①断。《广韵》："劋，断也。"②割声；割断声。《广韵》："劋，割断声。"《集韵》："割声谓之劋。"㊁zhá，《蜀语》音札，"碎切曰劋。"《汉语大词典》音 zhá，意为：①切断；铡断。《广雅》："劋，断也。"②铡刀。《现代汉语词典》无此字。云南方言音 chua^{31}，意为"撕碎、撕扯"（流行于昆明一带）[1]，今多写作"欻"，如"她一把就挍他写呢信～掉。"（即她一把就把他写的信撕了）可见，现代汉语已不再使用"劋"表示"断"意义的，云南方言保留了这一中古、近古词汇，其意义与古义"断"亦是一脉相承。

（10）劅（六先全）：书中读"偏"的上声，意为"削也"。《汉语大字典》音 piān，意为：①削。《集韵》："劅，削也。"②钩。《玉篇》："劅，钩也。"《汉语大词典》音 piān，收词语"～刀"指清代兵器之一种。《现代汉语词典》无此字，但"片（音 piàn）"之义项④与此义相近："用刀横割成薄片（多指肉）"，如：片肉片儿。云南方言音 pian^{53}，词义为"切"或"斜着切"，如："克～点儿瘦肉来炒炒"。（即去切点儿瘦肉来炒了吃）如果说"～鱼片"，则不仅要斜切鱼肉，还含有要"切得薄"的限制。可见，现代汉语已不再使用"劅"，云南方言保留了这一中古、近古词汇，"削"即用刀斜而略平的切、分割。

（11）跈（六先全），"年"上声，意为"踏碎"。《汉语大字典》为多音字：㊀niǎn，意为：①蹈。《玉篇》："跈，蹈也。"②同"趁"。

---

① 《云南省志·汉语方言志》，云南人民出版社 1989 年版，第 576 页。

践。《集韵》："趁，践也。或作跈。"㊁jiàn，同"践"。践踏。《广雅》："跈，履也。"《篇海类编》："跈，同践，蹋也。"㊂chén，同"趁"。难行不进貌。《集韵》："趁，趑也。或从足。"㊃tiàn，止。《集韵》："跈，止也。"《汉语大词典》音niǎn，陆德明释文："跈，女展反。郭云：践也。《广雅》云：履也，止也。本或作碾，同。"《现代汉语词典》无此字，近义词为"蹍"，意为"〈方〉踩"。云南方言音nian[53]，如："他一脚下克，把那袋饼干～碎了。"（即他一脚踩下去，把那袋饼干踩碎了）可见，"跈"中古之"践""履"意义与兰书"踏碎"意义及云南方言的"踩"意义是一致的，有别于普通话的"碾"——滚动碾磙子等使谷物去皮、破碎，或使其他物体破碎、变平。

（12）墼（七庚晴），"京"入声，音同"击"，意为"土砖"。今作"基"，即"土坯"。《汉语大字典》音jī，意为：①砖。《说文》："墼，瓴适也。"王筠释例："瓴适今谓之砖。《隶辨》载：'永初官墼'……所收塼文七，其铭不言为何物，独此文自名为墼也。此乃已烧者也。"②砖坯；土砖。《说文》："墼，未烧也。"《广韵》："墼，土墼。"《后汉书》："纡廉洁无资，常筑墼以自给。"明杨慎《丹铅续录拾遗》："《字林》：'砖未烧曰墼。'《埤苍》：'形土为方曰墼。'今之土砖也，以木为模，实其中。"③用炭屑或粪渣等压制而成的砖状物，可供取暖等用。《汉语大词典》音jī，意为：砖；未烧的砖坯。亦指用泥土或炭屑抟成的圆块。《现代汉语词典》"墼"音jī，但仅收"炭墼"，意指：用炭末做成的块状燃料，多呈圆柱形。而"基"意为：①基础。②起头的；根本的。③化学上指不带电的原子团。④姓。可见"基"在《现代汉语词典》中并无土砖、土坯意义，但在"土坯"（指把黏土和成泥放在模型里制成的土块，多为长方形，可以用来盘灶、盘炕、砌墙）一词可看到古词汇"墼"的影子。云南方言音 ji^{44}，云南人称"土坯"为"土~"，是云南农村中盖房子砌墙时所用的材料，用泥、稻草和水混合而制成，形似砖块，比砖块大。看来"土坯""土砖""用泥、稻草和水混合而制成的、形状似砖块的土砖"称之为"土墼"，上古已有，非兰书或云南方言首创，现代汉语则变为"土坯"。

（13）佺（八侵寻），音同"沁"，头向前也。《汉语大字典》音shèn，"儖佺"（音 lìn shèn）也作"橺頫"。低头。《广韵》："儖，儖佺，头向前。"《集韵》："橺，橺頫，俯首。或作儖。"《汉语大词典》无此字。《现代汉语词典》无此字，意义相近词为"沁"：（香气、液体等）渗入或透出；〈方〉头向下垂，如"沁着头"；〈方〉往水里放。《汉语大字典》"沁"音 qìn，意为：①水名。②古州名。③县名。④渗入；渗透。⑤现出；透出。⑥汲。⑦低垂。《西游记》第八十一回："这是昨晚见没钱的饭，多吃了几碗，倒沁着头睡，伤食了。"⑧用同"吣（唚）"。骂人的话，犹"胡说"。而兰书"沁"意为"山西沁州"，与"~"为同音字。云南方言音 qin^{212}，云南方言中不仅头要向前，还强调"低头"。如说"把头~下克。"（即把头往前低下去）"~猛子"指扎猛子，游泳时头朝下的钻入水中。可看到，"佺"表示"头向前"古义，现代汉语已不再使用（无论"佺"或"沁"）；"低头"意义，现代汉语保留于"沁"中；云南方言则不仅"头向前"，并且"低头"，较好地保留了古词古义。

（14）皷（九缄咸），"聃"入声，音同"誊""踏"，意为"皴皷皮垂。"《汉语大字典》"皷"音 dā，宽皮貌。《玉篇》："皷，宽皮貌。"《汉语大字典》记录［皴皷］音为 là dā，意为：①皮瘦宽貌。②腥羶。《篇海类编》："皷，皴皷，腥羶也。"又方言。肮脏；

不整洁。钱大昕《恒言录》："今吴人以尘垢不净为皻皱。"《汉语大词典》音 dā，［皻皱］音 là dā，意为：方言。肮脏；不整洁。《现代汉语词典》无此字。云南方言读为 ta^{31}，"皮皱"读为"pi^{31} ta^{31}"，仍取皮垂之意，如："忙得我皮皱嘴歪呢。"（即忙得嘴脸都变形了）可看到，现代汉语已不再使用此词汇，云南方言保留了这一词汇的中古、近古词义。

（15）腤（九缄咸），音同"庵"，意为"腤臜不净"。而"臜"（九缄咸），音同"簪"，意为"腤臜"。《汉语大字典》"腤"音 ān，古代用盐、豉、葱与肉类同煮的一种烹调法。《玉篇》："腤，煮鱼肉。"《集韵》："腤，烹也。"《汉语大字典》"臜"音 zā。"腌臜"音 ā zā，也作"腤臜""腌臜"。肮脏，不干净。元高文秀《黑旋风》第一折："他见我血渍的腌臜是这衲襖腥。"元张寿卿《红梨花》第一折："你可又不谦下，可又不贤达，进定个腤臜不良。"《汉语大词典》"腤"音 ān，意为：①烹煮。②腤臜。"腤臜"亦作"腤臜"。肮脏。引申有讨厌、窝囊、卑污、令人不快等义。元王伯成《哨遍·赠长春宫雪庵学士》套曲："明图甚，形骸伛偻，涕唾腤臜。"《现代汉语词典》无"臜"字，"腤"音 ān，意为"〈书〉烹煮（鱼、肉）"。表示"脏、不干净"有"肮脏"或方言词"腌臜 ā zā"。云南方言表示"肮脏、不干净"音作"an^{44} zan^{44}"，即"腤臜"，学者多记录作"腌臜"。可见，表示"不干净"的古语词"腤臜"，现代汉语已不再使用，云南方言则较好保留了近古词义。

（16）煠（九缄咸），"眨"入声，音同"闸"，意为汤煮。《汉语大字典》为多音字：㊀yè，《广韵》与涉切，入叶以。又丑辄切。爁。《广雅·释诂二》："煠，爁也。"㊁zhá，意为：①食物放入油或汤中，一沸而出称煠。《广韵·洽韵》："煠，汤渫。"清翟灏《通俗编·杂字》："今以食物纳油及汤中一沸而出曰煠。"唐刘恂《嶺表錄异》（下）："（水母）先煮椒桂或荳蔻，生姜缕切而煠之。"《农桑辑要》卷五："（蔓菁）十月初采苗煠作和菜餘者，晒过留根在地。"《农政全书·荒政·救荒本草一》："山苋菜……采苗叶煠熟，换水浸去酸味，淘净，油盐调食。"②把物品放在沸油里进行处理。宋李诫《营造法式·彩画作制度·炼桐油》："用文武火煎桐油令清，先煠膠令焦，取出不用，次下松脂，搅候化。"③加工金属器物，使现出光泽。《现代汉语词典》写作"炸"（zhá），意为：①烹调方法，把食物放在沸油里弄熟；②〈方〉焯。云南方言不论放油炸里或放沸水里焯都说"zha³¹"，如"zha³¹鸡蛋"既指煎鸡蛋，也指带壳水煮蛋。可见，云南方言较好保留了古语词"煠"的中古、近古意义。

（17）靸（九缄咸），"三"入声，音同"飒、毵（入声字，sā）"，意为"～鞋"。即拖鞋。《汉语大字典》音 sǎ，意为：①古代小儿穿的鞋子。前帮深而覆脚，无后帮。形制与之类似的拖鞋也叫"靸"。《说文》："靸，小儿履也。"桂馥义证："小儿履也者，履之无跟者也。《急救篇》：'靸鞮卬角褐韤巾。'颜注：'靸谓韦履头深而兑，平底者也，今俗呼谓之跣子。'……今江南谓靴无颈者为靸。《释名》：'靸，韦履深头者之名也。靸，袭也，以其深袭覆足也。'……《辍耕录》：'西浙之人以草为履而无后跟，名曰靸鞵。'《炙毂子杂录》引《实録》云：'靸鞵，舄，三代皆以皮为之，朝祭之服也。始皇二年遂以蒲为之，名曰靸鞵。梁天监中武帝易以丝，名解脱履。据此，则靸鞵之制其来甚古。'"②穿鞋时不提起后跟，拖着行走；穿（拖鞋）。《六书故》："靸，今人以履无踵直曳之者为靸。"吴文英《八声甘州·陪庾幕诸公游灵岩》："时靸双鸳响，廊叶秋声。"③低下的物品。④乐曲中的一个乐段。⑤飘忽；轻举。

《汉语大词典》音 sǎ，意为：①古代小儿穿的鞋子。前帮深而覆脚，无后帮。后亦指形制与之类似的拖鞋。②把鞋后帮踩在脚跟下；穿（拖鞋）。③飘忽貌；轻举貌。④乐曲中的一个乐段。⑤指低下的物品。亦指事之不振者。⑥通"钑"。钑戟，古兵器。"靸鞋"指：①靸鞵。拖鞋。《中华古今注》："盖古之履也。秦始皇常靸望仙鞋，衣藜云短褐，以对隐逸、求神仙。至梁天监年中，武帝解脱靸鞋，以丝为之，今天子所履也。"②鞋帮纳得很密，前脸较深，上面缝着皮梁或三角形皮子的布鞋。词语"靸鞵"指拖鞋，无跟之鞋。王叡《炙毂子杂录》："三代皆以皮为之。靸鞵，《礼》云：单底曰履，重底曰舄，朝祭之服。自始皇二年，遂以蒲为之，名曰靸鞵。至二世加以凤首，尚以蒲为之。西晋永嘉元年，始用黄草为之……梁天监中，武帝易以丝，名解脱履。"陶宗仪《辍耕录》："西浙之人以草为履而无后跟，名曰靸鞵。"《现代汉语词典》音 sǎ，意为：〈方〉把鞋后帮踩在脚后跟下；穿（拖鞋）。"～鞋"指鞋帮纳得很密，前脸较深，上面缝着皮梁或三角形皮子的布鞋。云南方言音 sa^{31}，意同"穿""拖"。如"克买双～鞋来～～"（即去买双拖鞋来穿穿）"鞋子么扣起来，莫～着。"（即鞋子的扣子扣起来，别拖着穿）云南方言的"～鞋"，多指塑料、橡胶拖鞋，材质为布、皮等的则多称作毛拖鞋。可见，现代汉语已不再使用动词性或名词性的"靸"，云南方言完好保留了上古、中古的"靸"动词性、名词性特点。"～鞋"，古义可指皮、布、草制成，现代汉语专指布制，云南方言专指塑料、橡胶制成。

（18）探（九缄咸），音同"贪"，意为"摸取"。《汉语大字典》为多音字：㊀tàn，意为：①摸取；探究。《尔雅》："探，取也。"郭璞注："探者，摸取也。"《说文》："探，远取之也。"（按，远取犹深取也。）②试探；探测。③看望；访问。④侦察；打听。又指做侦察工作的人。⑤向前伸出。⑥预先支借。⑦方言。过问。㊀xián，意为：同"撏"。取。《汉语大词典》"探"音tàn，意义与《汉语大字典》"探㊀"相同。《现代汉语词典》音tàn，意为：①试图发现（隐藏的事物或情况）。②做侦查工作的人。③看望。④向前伸出（头或上体）。⑤〈方〉过问。云南方言音tan⁴⁴，如："你尾着克一趟么，给有~着点儿哪样？"（即你跟着去一趟，有没有得到什么好东西？）可看出"探"之"摸取、取、索取、求取"古义，现代汉语已无痕迹，云南方言承袭上古、中古、近古词义痕迹较为明显。

（19）噜（十四呼模），"鲁"平声，意为"呼豕声"。今作"噜"。《汉语大字典》音lú，意为：①象声词。唤猪声。《广韵》："噜，呼猪声。"《集韵》："噜，噜噜，呼猪声。"②译音用字。《字汇补》："噜，《佛经》阿加噜，此云沉香。"《汉语大词典》无此字。《现代汉语词典》无"噜"字，"噜"（lū）字下仅收"噜苏"一词："〈方〉啰唆。"云南农村唤猪时仍用此拟声词，只是距离不同则声调就有变化：近唤时，往往四个阴平"噜"（调值44）连用；稍远呼唤时，可如在近处般呼唤，加大音量既可；距离更远，如猪跑到村外、山里等时，则五个"噜"连用，第一个"噜"为上声调（调值53），并声音拖长，后四个为阴平调。可见，呼猪的"噜"，现代汉语已不再使用，云南方言则完好保留了中古、近古词汇古义，声调也尽显云南特色。

（20）脬（十六萧豪），音同"抛"，意为"尿脬水脬"。"尿脬"也作"尿泡"，即膀胱。《汉语大字典》音pāo，意为：①膀胱。《说文》："脬，膀光也。"《玉篇》："脬，膀胱也。"《广韵》："脬，腹中水府。"徐珂《清稗类钞》土人以羊脬装足空气，一人系于背，泅水以渡。"引申为鱼鳔。《天工开物》凡胶乃鱼脬杂肠所为。"②食物名。③同"泡"。量词。用于屎、尿。如：一脬尿。《集韵》："脬，通作泡。"《汉语大词典》音 pāo，①膀胱。②称鼓起而松软之物，如鱼的气囊一类。江休复《江邻几杂志》："丁正臣齎玉腴来馆中，沈休文云：福州人谓之佩羹，即今鱼脬是也。"③借指水聚积之处，如小湖。④量词。用于屎尿。尚仲贤《气英布》第三折："适才俺大王见他时，先该除他这铁帽子，撒脬尿在里面。"《现代汉语词典》音 pāo，意为：①"尿脬"：〈方〉膀胱，也作尿泡。②同"泡^3"。即量词，用于屎和尿。云南方言音 pao^{44}，如："猪尿~""鱼尿~"（即鱼鳔），此指动物的膀胱。"医生说我尿脬有问题。"此指人膀胱。亦可用作量词，如："撒~尿""一~尿"。可见，"脬"作为量词，现代汉语、云南方言都同时保留了古义，但"脬"称呼"膀胱"现代汉语已不再使用，云南方言仍保留了这一上古、中古、近古词汇。

（21）幺（十六萧豪），音同"腰"，意为"小也"。《汉语大字典》为多音字：㊀yāo，意为：①小；细小。又幼小的；排行最末的。如：幺妹子；幺叔。《尔雅》："幺，幼。"郭璞注："最后生者俗呼为幺豚。"《玉篇》："幺，幼也。郭璞云：'后生也'。"段玉裁《说文解字注》："幺，亦谓晚生子为幺，皆谓其小也。"②数词"一"的俗称。③后面的。多用于戏曲术语中。张相《诗词曲语辞汇释》卷六："幺篇，后篇也。"④古律历天文术语，计长度的单位词。⑤姓。㊁mì，同"糸"。《集韵》："糸，《说文》：'细丝也。象束丝之形。'徐锴曰：'一蚕所吐为忽，十忽为糸。糸，五忽也。'或省（作幺）。"《汉语大词典》音 yāo，意为：①小；细。②末，最后。③指排行最小的。④数字"一"的别称。俗谓一为幺。亦指骰子上或骨牌中的一点。⑤用同"吆"（吆喝）。⑥姓。《现代汉语词典》音 yāo，意为：①数目中的"1"也叫"～"（只能单用，不能组合称数词，也不能带量词，旧时指色子和骨牌中的一点，现在说数字时在某些场合也用来代替"1"）。②〈方〉排行最小。③〈书〉细；小。④姓。云南方言音 yao⁴⁴，"幺娃儿"指最小的孩子，也叫老～。[1] 会泽称小叔叔为"～爸"。[2] 看来"幺"指"幼小的""排行最末的"意义，在现代汉语中已不再使用，这又是一个云南方言承袭了上古、中古词语特点的例子。

（22）翘（十六萧豪），音同"乔"，意为"鸟尾又音敲"。《汉语大字典》为多音字：㈠qiáo，意为：①鸟尾上的长毛。《说文》："翘，尾长毛也。"《玉篇》："翘，尾长羽也。"②鸟尾。《急救篇》："春艸鸡翘凫翁濯。"颜师古注："鸡翘，鸡尾之曲垂也。"《广雅》："翘，尾也。"《广韵》："翘，鸟尾也。"③动物的尾部。《文选·郭璞〈江赋〉》："蜦蜍森衰以垂翘。"李善注："翘，尾也。"④举起。《广雅》："翘，举也。"⑤揭示，揭露。⑥特出。⑦茂盛貌。⑧古代妇女的一种首饰。⑨乐器名，即"簊"。㈡qiào，昂起。《广韵》："翘，尾起也。"《汉语大词典》为多音字：㈢qiáo，意为：①鸟尾上的长毛。亦指鸟尾。②举起。③启发。④揭露。⑤茂盛。⑥特出；杰出的人才。⑦高；危。⑧古代妇女的一种首饰。⑨乐器名。㈣qiào，意为：①向上昂起。②旧时女子缠足，所穿的鞋头向上翘，因以"翘"指女子的脚。《现代汉语词典》"翘"为多音字：qiáo，意指抬起（头）；（木、纸等）平的东西因由湿变干而不平。qiào，

---

① 张甫主编：《永善方言志》，语文出版社 1989 年版，第 97 页。
② 《云南省志·汉语方言志》，云南人民出版社 1989 年版，第 525 页。

指一头儿向上仰起。云南方言音 qiao²¹²，可作动词，意义与中古的一致——高举，也可作名词，"鸡~""鸭~"，指鸡、鸭的尾部。有学者也记作"鸡窍"。① 可见，指"鸟尾"的"翘"，现代汉语已不再使用，云南方言则较好地保留了这一中古、近古词义。

（23）嗦（十七戈何），音同"裟"，意为"偷视"。《汉语大字典》音 suō，意为：①偷视。《广韵》："眣，偷视也。"《篇海类编》："眣，偷视。亦作眣。"②略视。《集韵》："眣，视之略也。"《汉语大词典》无此字，同义词为"睃"：瞧；斜视。《现代汉语词典》无"眣"字，同义词为"睃"，意为"斜着眼睛看"。云南方言音 suo⁴⁴，不仅保留偷偷打视之意，如"拿眼睛眣了一下他的试卷"。还指"斜眼略看"，如"那双贼眼眣来眣去的"。"眣镖眼"即指斜着眼睛看人。我们看到，"眣"，中古时有两个意思——偷视、略视，现代汉语已无此二义，兰书仅保留"偷视"，云南方言则完好保存了这一词汇中古、近古词义。

（24）搲（十八家麻），音同"瓦"，意为"手取物"。《汉语大字典》为多音字：㊀wā，手捉物。《集韵》："搲，手捉物。"㊁wǎ，意为：①手爬物。《类篇》："搲，吴俗谓手爬物曰搲。"②舀。元佚名《陈州粜米》："父亲，他那边又舀了些米去了。"㊂wà，挽。《集韵》："吴人谓牵挽曰搲。"《汉语大词典》为多音字：㊀wā，以手或器皿取物。《陈州粜米》：我量与你米，打个鸡窝，再搲了些。㊁wà，牵挽。《现代汉语词典》无此字。云南方言音 wa⁵³，意为舀取之意，一般用器具舀物。如："~碗米来。（工具是碗）""~碗饭先给她吃着。"（即先盛一碗饭给他吃。工具可是盛饭勺、碗等）"~瓢

---

① 张弗主编：《玉溪市方言词典》，海南出版社 2006 年版，第 38 页。

水给每每洗洗那双爪爪。（即舀一瓢水给宝宝洗洗手。工具是瓢）"可看到，"以手或器皿取物"意义的"掭"，现代汉语已无此词，云南方言保留了这一词汇的中古、近古词义。

（25）奓（十八家麻），音同"吒"，意为"张也"。《汉语大字典》为多音字：㊀shē，奢张。后作"奢"。《说文》："奢，张也。奓，籀文（奢）。"㊁chǐ，意为：①同"侈"。奢侈，过分。②丰。㊂zhà，其一，《广韵》陟驾切。又陟加切。①张，下大。《玉篇》："奓，下大也。"《广韵》："奓，张也。"②阔，宽广。有的方言称口阔为"奓"。张慎仪《蜀方言》卷上："阔口曰奓。"③大，夸大。《篇海类编》："奓，大也。……又夸也。"其二，《集韵》充夜切。①开，推开。《集韵》："奓，开也。"《篇海类编》："奓，推开也。"②方言。壮着（胆子）；勉强鼓起（勇气）。㊃zhā，地名用字。《汉语大词典》为多音字：㊀zhà，意为：①开；张开。②用于地名。③下不大。㊁chǐ，同"侈"。意为：①过分。②超过。㊂shē，"奢"的籀文。《现代汉语词典》为多音字：㊀zhā，奓山。㊁zhà，〈方〉张开。云南方言音 zha^{44}，如："～巴炕舞"，可指张脚舞手，也可以指东西摆的杂乱无章，特别指条状物摆放的不整齐。如："挨那堆柴码齐掉，～巴炕舞呢难看死了；（即把那些柴堆整齐，横七竖八的太难看了）挨手指头～开"（即把手指张开）可见，意指"张""开""张开"的"奓"，现代汉语已不再使用，云南方言保留了上古、中古、兰书这一古词古义。

（26）啾（二十幽楼），音同"湫"（qiū），意为"小声"。《汉语大字典》音 jiū，意为：①象声词。细碎。A. 小儿声。《说文》："啾，小儿声也。"B. 众声嘈杂。《广韵》："啾，啾唧，小声。"李善注引《仓颉篇》："啾，众声也。"②歌吟。《汉语大词典》音 jiū，

意为：①口吟。②众声杂沓。③吹奏。《现代汉语词典》音 jiū，收
"啾唧"（形容虫、鸟等细碎的叫声）、"啾啾"（形容许多小鸟一起
叫的声音。也形容凄厉的叫声）。云南方言音 qiu^{44}，如："她两个在
说啾啾话，样子神秘了！"（即她俩在说悄悄话，样子可神秘了!）
可见，意指"小声"的"啾"，现代汉语已不再使用，云南方言完
好保留了这一词汇中古、近古词义。

兰书所收这些古语词（26 个），在现代汉语中有 16 个（剽、
沰、攍、眼、剹、蛰、趑、劗、刷、跈、佫、煤、皳、噓、蓸、搕）
已不存在，10 个（潹、墼、腤、靱、探、脬、幺、翘、爹、啾）已
变义或已不常用，但仍保留于云南方言和其他方言中；这部分古语
词在很多地方保留了中古词汇的痕迹，甚而是上古词汇特点，这些
词汇在上古、中古、近古、现代云南方言中特点几近一致，词汇发
展脉络极为清晰，在历史发展进程中较为稳定。简言之，这部分云
南方言词汇较好地承袭了古语词的特点。

2. 兰茂的《韵略易通》所收古语词在云南方言中的变化

这部分词汇，现代汉语或已不再使用，云南方言仍在使用；或
在使用，与古义完全相同，但与云南方言不同；或仍在使用，意义
与古义、云南方言完全不同或部分不同。而云南方言既较好承袭这
部分古语词特点，更体现为对古语词的灵活应用，揭示时代的变迁、
语言的渐变。总体而言，兰书所收这部分古语词在云南方言中仍在
广泛使用，但词汇意义、词性等发生了一定变化，云南方言词汇与
这些古语词词义同中有异，异中有同，具体体现为云南方言词汇词
义有所扩大、缩小、词义轻重发生色彩变化。

（1）兰书古语词在云南方言中词义扩大例析

这部分古语词的词义在云南方言中所反映的客观事物的范围扩

大了，古义成为云南方言词义外延的一部分，即古语词词义所反映的范围小于云南方言词汇意义所反映的范围，古义成为云南方言词汇意义外延的一部分。例如：

傱（一东洪），书中音同"宗"，意为"傱看也"。《汉语大字典》音 zòng，聚。《广韵·送韵》："傱，聚也。"按：邓福禄《字典考正》："傱"，"聚"的增旁俗字。《汉语大词典》《现代汉语词典》无此字，云南方言音 zong^{44}，有学者记作"踪"①，云南方言仍会说"一大窝呢～在那点儿看哪样？（即一大群人聚在那里看什么？）"此"傱"，指聚集。"那块儿肉上～着几只苍蝇"。此"傱"，意指昆虫叮在某种东西上，或是围绕某种东西活动。"这个厚脸皮，一日呢～着我。"此"傱"，是比喻义，指纠缠不休，有贬义。可见，现代汉语已无此词，云南方言不仅保留了中古古词古义，还增添了"围、围绕""纠缠"等意义。

顿（一东洪），音同"鞏"，蛆虫穿土。《汉语大字典》无此字，但同音字"拱"之"向上或向前顶掀；向里或向外钻。"意义与此义较为接近。《汉语大词典》无此字，同义词为"拱"：①拱手。②犹束手。谓不动手。③谓帝王不亲理事务。④执，持。⑤指两手或两臂合围的径围。⑥环绕；环卫。⑦隆起或弯曲成弧形。⑧用力顶动、掀开。杜甫《北征》："鸱鸟鸣黄桑，野鼠拱乱穴。"⑨姓。《现代汉语词典》无此字，同义词为"拱^2"，意为：①用身体撞动别的东西或拨开土地等物体。②植物生长，从土里向外钻或顶。但兰书中的"拱"意为"敛手也又两手合持"，即兰书中"顿"与"拱"为同音字。云南方言音 gong^{53}，如："曲蟮～过呢土松。"（即

_____

① 张苇主编：《玉溪市方言词典》，海南出版社 2006 年版，第 60 页。

蚯蚓钻过的土地土质酥松）"蚕豆苗～出来了。""给能定定呢在在？莫像条蛆样呢～来～克呢。"（即能不能安安稳稳地呆一会儿？别像条蛆似的钻来钻去、动来动去的）三例为钻，分别用于动物、植物、人。"槽中无食猪～猪。"（即猪槽中没有猪食，猪们就相互推撞、撕咬、打架。也用于比喻人们内讧）此为推撞、撕咬、打架。"～土机"指挖土机、推土机。可见，《汉语大字典》《汉语大词典》《现代汉语词典》都无"顿"字，表示"撞动、拨开土地、从土里向外钻或顶"，现代汉语用"拱"记录。云南方言除保留古义"顶动、掀开"，还拓展出"钻""挖""推""撕咬""打架"等动作意义，适用对象可为人、动物、植物、机器等。

捅（一东洪），音同"桶"，移进也。《汉语大字典》音 tǒng，意为：①引，进前。《玉篇》："捅，搏捅，引也。"《集韵》："捅，进前也，引也。"②触击；戳刺。又比喻为揭露。《汉语大词典》音 tǒng，意为：①引，招引。②推拒；推送。③刺戳；撞击。④碰；触动。⑤公开；揭露。《现代汉语词典》音 tǒng，意为：①戳，扎。②碰，触动。③戳穿；揭露。云南方言音 tong^{53}，如："～～凳子"即"挪一挪凳子""把桌子～克边上克。（即把桌子挪到边上去。）""～过来"即移过来。"你踩着我呢菜了，～哈你呢脚嘛。（即你踩到我的菜了，请移一下你的脚）"可见，表往前移动的"捅"，现代汉语已不再使用，云南方言保留了"移动"中古、近古古义，但不限于朝前移动，而是可朝不同方向移动，意义范围扩大了。

搡（二江阳），"桑"上声，推也。《汉语大字典》音 sǎng，①《集韵》写朗切。意为：用力推。《集韵》："搡，搌也。"《字汇》："搡，投掷之势。"②《集韵》四浪切。意为：顶撞。《集韵》：

"搡，撞也。"《汉语大词典》为多音字：㊀sǎng，①用力推。②方言。把东西急促而重重地放下。㊁sàng，顶撞。《现代汉语词典》音sǎng，猛推。云南方言音 sang^{53}，如："着他挨我～了掼着。（即被他把我推跌倒了）"此为推挤。"莫～，小心～了掉下来。（即别摇，小心摇了掉下来）"此为用力摇晃。可见，现代汉语、云南方言承袭了"搡"之中古、近古词义"用力推"，云南方言在此基础上增加了"用力摇晃"的意义。

垡（四山寒），入声字，音同"罚"，耕起上片。即翻耕出来或掘出的土块儿。《汉语大字典》音 fá，意为：①耕土翻地。②翻耕过的土块。如：打垡；晒垡。《集韵》："垡，耕起土也。"《汉语大词典》音 fá，意为：①耕土翻地。②翻耕过的土块。《现代汉语词典》音 fá，意为：①翻耕过的土块。②地名用字。词语"垡子"为方言词汇，意为：①翻耕出来或掘出的土块。也叫垡头。②指相当长的一段时间。云南方言音 fa^{31}，"～子"是指挖田挖出的大土块，如"破～子""敲～子"是种水稻的工序之一，把挖起来的大土块晒过以后打碎。而"土～"则指土疙瘩，一般指较小的土块。如："拣起个土～就冲过克"。即：捡起一块小土块儿就扔过去。可见，现代汉语用"垡"、方言用"垡子"指翻耕过的土块，所指一致，较好地继承了中古、近古词义，而"土～"指"土疙瘩，一般指较小的土块"，则体现为云南方言与古语词、现代汉语的较大不同，词义明显扩大了。

趱（四山寒），"赞"上声，催也。《汉语大字典》为多音字：㊀zǎn，意为：①惊散貌。②催促；逼使。《集韵》："趱，逼使也。"《字汇》："趱，逼也。"又逼使走也。《集韵》："趱，逼使走也。""逼使走"即为催促跑。③赶，加快。如：趱路；趱办；趱运。宋陈文增《月泉吟社摘句图》："社近记穿黄茧子，雨前趱摘紫枪旗。"汤显祖《邯郸记》："催锦的官儿将到，夫人趱起些。"④积蓄。⑤使，鼓。⑥移动。如：趱座。《朱子语类》："自升曾子于殿下，下面趱一位，次序都乱了。"⑦钻。⑧方言。缩，奔拉。㊀zū，走。《集韵》："趱，走也。"《现代汉语词典》"趱"音 zǎn，意为"赶（路）；快走（多见于早期白话）"。云南方言有两个读音：㊀chuàn，如："你走~点儿。"（即你走快点）意为"快"。㊁zǎn，"~紧些，天着黑了。"（即快点儿，天要黑了）此为"赶，加快"。"洗衣服要像她样呢，~~~呢，使点儿力。"（即洗衣服要像她一样，用点儿劲儿）三个"趱"为拟声词，指搓洗衣服的声音。"你看人家，那么多的事~~~呢几下就做完了。"（即你看他，那么多的事情，他干净利索地一会儿就做完了）句中的三个"趱"，由拟声词转化为形容词，形容做事速度快，干净利索。① 可见，兰书仍保留中古词义"催"；"趱"之"赶、快走"意义，现代汉语、云南方言都有保留，云南方言又与中古、近古词义及现代汉语有明显不同："趱"都表示快，但"走~些"读作 chuàn，而"~紧"读作 zǎn；"趱"连用可作拟声词，也可作形容词用，词义、词形扩大了。

摊（四山寒），兰书中"摊"为多音字：暖母山寒韵去声，音同难（nàn），意为按捺（捺，手按实也）；天母山寒韵平声（阴平），音同滩，意为"铺开"。《汉语大字典》为多音字：㊀tān，①铺开；摆开。②分担；分派。③摊子，设在路旁、广场上的售货处。④旧时博戏"摊蒲"或"摊钱"的简称。⑤用同"瘫"。⑥量词。表概量，多用于液体或湿物凝聚一片。⑦烹调方法。把糊状食物倒在锅中使成为

---

① 张莘主编：《玉溪市方言词典》，海南出版社 2006 年版，第 66 页。

薄片。⑧缓。⑨用同"坍"。倒塌。㊁nàn,按。《广雅》:"摊,按也。"王念孙疏证:"凡抑之使不得起曰摊。"《现代汉语词典》音 tān,意为:①摆开;铺平。②设在路旁、广场上的售货处。③量词,用于摊开的糊状物。④烹调方法,把糊状的食物原料倒在锅中摊开成为薄片。⑤分担。⑥碰到;落到(多指不如意的事情)。云南方音也为多音字:㊀tan^{44},"摆个~卖凉粉。"此为售货点。"~开呢卖。""~开说。"此为铺平,摆开。"老人呢药费么,姊妹几个分~着点儿。"此为分担。"这种事~在哪个身上都受不了呢。"此为碰到,落到。"~粑粑",一指煎饼,也称炕粑粑,焙粑粑;一指把面粉调成糊状烙出来的薄饼。① ㊁nàn,如:"~着箩箩,莫给罩着呢鸡飞掉。"(即按着箩筐,可别让罩在下面的鸡跑了)此为用手按。可看到,现代汉语较好承袭"摊(tān)"的古义,"摊(nàn)"语音、词义已不存在。云南方言保留了中古、近古"摊"的多音多义特点,并增加了"把面粉调成糊状烙出来的薄饼"名词性特点。

捋(五端桓),"峦"入声,掇取也。即拾取。《汉语大字典》为多音字:㊀luō,意为:①以指轻轻摘取,采。《说文》:"捋,取易也。"《广韵》:"捋,手捋也,取也。或作寽。"②摩捋。《尔雅》:"强丑捋。"郭璞注:"捋,以脚自摩捋。"《广韵》:"捋,摩也。"③用手握住向一端滑动。《水浒全传》第二十六回:"武松捋起双袖,握起尖刀。"④抹。金董解元《西厢记诸宫调》:"捋下脸儿不害羞,欺心从里做得个魁首。"⑤劣。张相《诗词曲语辞汇释》卷二:"捋,犹劣也;低也。言不如人也。"㊁lǔ,用手指顺着抹过去。《古乐府·日出东南隅行》:"行者见罗敷,下担捋髭须。"《汉语大

---

① 张茀主编:《玉溪市方言词典》,海南出版社 2006 年版,第 94、28 页。

词典》为多音字：㊀luō，意为：①采；以手沿物摘取。②用手握物向一端滑动。③低劣，不如人。④堆，垒。㊁lǔ，意为：用手指顺着抹过去，使物体顺溜或干净。《现代汉语词典》为多音字：㊀luō，用手握住条状物向一端滑动。㊁lǔ，用手指顺着抹过去，使物体顺溜或干净。云南方言仅读作"luo⁵³"，可说"~袖子"，意同中古词义的"用手握住向一端滑动"。也可说"挨那些稻草~回家克烧"。（即把那些稻草捡回家去，用来烧火）此指拾取，可说在上古词义"以指轻轻摘取，采"基础上，有了拓展——不限制力道。还可说"挨晒在场上的谷子~起来"。（即把晒在场上的谷子收拢起来）此指用手或工具在地上刮动，将地上分散的东西集中起来，这不同于古义，也不同于现代汉语词义，明显有自己的变化、特点。云南方言之"捋"既保留了上古、中古词义，又对古义有明显拓展。

頩（八侵寻），"岑"上声，音同"碜"，丑貌。《汉语大字典》为多音字：㊀zhèn，丑貌。㊁cén，"槏頩"指俯首。《汉语大词典》音 cén，"槏頩"指俯首。《现代汉语词典》无此字，近义词为"碜²"，音"chěn"，意为"丑，难看"，不单独使用。"寒~"一指"丑陋，难看"；一指"讥笑，揭人短处，使人失去体面"。而兰书中"碜"意为"砂碜"，与"頩"音同义不同。《汉语大字典》"碜"为多音字：㊀chěn，意为：①食物里夹杂着沙子。②丑；难堪。如：寒碜；砢碜。《大名县志》："丑曰碜。"元曾瑞《四块玉·嘲俗子》："扭死鹤，劈碎琴，不害碜。"③很。表示程度加深。④同"墋"。混浊。㊁cà，沙子。《集韵》："碜，砂也。"《汉语大词典》"碜"音 chěn，亦作"硶"。意为：①混入沙土等异物。②丑；难为情。③用同"惨"。④很。以上可见，表示"丑、难为情、难堪"等意义，古文可用"頩"，也可用"碜"表示；现代汉语保留

"磣"，意义仅指"丑、难看"，且不能单独使用，词语"寒～"才含使人难堪意思。云南方言音"cen⁵³"，有学者记作"噆"①，意为"害羞、难为情"，可单用，如："这个新媳妇～了躲在屋子里头。"（即这个新媳妇羞得躲在房间里）"你给～！一个人把着吃。"（即你羞不羞，一人独占着吃独食。把，读ba⁵³，意为"占据"）"害～"即害羞，"怕～"即怕羞。由此，我们可以理解为："頗"，兰书很好地保留了中古意义，云南方言在"难堪、难为情"意义基础上有一定引申，云南的"害羞"意义是中古、兰书"丑"的意动用法，即"认为……丑，以……为丑"。

撍（九缄咸），"簪"上声，动也。《汉语大字典》为多音字：㊀zǎn，意为：①同"撍"。手动；手撼。《集韵》："撍，手动也。或从昝。"②用同"攒"。积聚。《雍熙乐府》："孟尝君空有客，光阴旋捱，消息任来，莫～眉头债。"㊁zuàn，同"攥"。抓；握住。元康进之《李逵负荆》第二折："一只手揪住衣领，一只手～住腰带。"《汉语大词典》为多音字：㊀zǎn，同"攒"。积聚。㊁zuàn，同"攥"。抓住，握住。《现代汉语词典》无此字。云南方言音zan⁵³，有学者记作"攒"。② 如："～钱"指积蓄钱，"～劲"则指使劲儿。③此为积聚。"～过克点，莫挤着我。"（即挪过去点儿，别挤着我）此为"移、挪"。可见，近古时表示"积聚"的"撍（或攒）"现代汉语、云南方言仍在使用。但中古时表示"手动、手撼"的"撍（或攒）"，现代汉语已无此词，云南方言保留了古词，意义在中古、近古词义基础上拓展为不仅仅限于手动的"移、挪"。

---

① 张甫主编：《玉溪市方言词典》，海南出版社2006年版，第56页。
② 同上书，第60页。
③ 同上书，第124页。

　　咂（九缄咸），"簪"入声，音同"匝"，吸也。《汉语大字典》音 zā，意为：①吮；吸。如：咂指头。《龙龛手鉴》："咂，入口也。"唐杜甫《樱拂子》："咂肤倦扑灭，赖尔甘服膺。"元佚名《陈州粜米》第一折："都是些吃仓廒的鼠耗，咂浓血的苍蝇。"《老残游记》第三十四回："家仆即倒了一盏参水，双手捧上，六爷就他手中咂了一口。"②品辨；体会。《水浒传》第二十九回："武松提起来咂一咂，叫道：'这就不好！'"《儿女英雄传》第四十回："我这半天细咂你这句话的滋味儿。"③咂嘴。用舌尖抵住上颚发出吸气声，表示称赞、羡慕、惊讶等。《汉语大词典》音 zā，意为：①吮吸；叮咬。②品尝；品辨。③以舌尖抵齿作声，表示称赞、羡慕、惊讶、惋惜等。④指妇女的乳房。⑤方言。语助词，表示请的意思。《现代汉语词典》音 zā，意为：①用嘴唇吸。②咂嘴。③仔细辨别味道。云南方言音 za^{31}，如："~烟"指吸烟、抽烟。"~烟筒"指吸烟筒，具体是用烟筒吸烟。"~奶"，指吃奶。"看她馋得~嘴~了。"这里指贪吃样。可见，中古"咂"所指由较泛的"入口"渐变为"吸""吮"，兰书亦具体指出入口方式为"吸"。现代汉语亦为"吸""吮"，可"~"酒等液体，如"~一口酒"（偏向于"喝"），也可"~"手指。所"咂"之物，都入口或在嘴里。云南方言的"咂"，既保留了吸、吮之物入口或在嘴里的中古、近古词义，如"~烟""~奶（此指乳房）""~嘴"等，同时拓展出如"~烟筒"不入口、不在嘴里，而在嘴外的吸、吮意义。云南方言"咂"的适用范围较之中古、兰书、现代汉语扩大了。

　　喢（九缄咸），"呫"入声，音同"闸"，多言。《汉语大字典》为多音字：㊀zhǎ，［譄喢］，多言。《广韵》。喢，譄喢，多言。㊁chā，儳言，插话。《集韵》："喢，逸言。"㊂shà，［喢谍］，言不定。《集韵》："譅，譅讘，言不定。"《汉语大词典》《现代汉语词典》无此字。云南方言音 zha⁴⁴，今写作"喳"，如"～哇"指喜欢说话，有时还指因此带来的后果——保守不住秘密。如："女娃娃就是～哇点儿呢。"（即女孩儿就是比男孩儿喜欢说话）"她这个人老实点儿～哇呢，有哪样事少跟她说些。"（即她这人话多，容易泄密，有什么事尽量少跟她说）"～哇狗"指一有动静就爱叫唤的狗，引申为指人爱叫爱嚷，什么事都爱抢先发表意见。可知，表示"多言"的"譅"现代汉语已不存在，云南方言在承袭了中古、兰书意义基础上，又衍生出"话多会泄密"的结果，以及动物（如狗）的爱叫唤。

糁（九缄咸），"三"上声，米粒和羹。《汉语大字典》为多音字：㊀sǎn，意为：①以米和羹；也指用米掺和其他食物制成的食品。《说文》："糁，以米和羹也。糂，古文糁从参。"《周礼》："羞豆之食，酏食糁食。"郑玄注："郑司农云：'糁食，菜餗蒸。'……取牛羊豕之肉，三如一，小切之，与稻米二肉一合以为饵，煎之。"②饭粒。《说文》："糁，粒也。"段玉裁注："今南人俗语曰米糁饭。糁谓孰者也。"③散开；撒落。④混杂。⑤黏。㊁sān，糜和。《汉语大词典》音 sǎn，亦作糂，意为：①以米和羹。②米粒；饭粒。③散粒；碎粒。韩愈《送无本师归范阳》："始见洛阳春，桃枝缀红～。"④散落；洒上。⑤杂，混合。《现代汉语词典》为多音字：㊀sǎn，〈方〉米饭粒儿；㊁shēn，谷类磨成的碎粒。云南方言音 sen⁴⁴，云南农村做鲊、做粉蒸用的主要原料称为"米～"①。"豆～"，指毛豆打成碎粒煮成的羹，有的清煮，有的和着南瓜藤尖煮。保山一带有一

---

① 群一：《明代兰茂〈韵略易通〉中的云南方言词汇》，《玉溪师专学报》1991 年第 2 期。

道菜叫"水～"，也叫"红～"，做法是：生猪肉剁碎，和着水腌菜、辣椒等佐料凉拌吃。也可把生猪肉换成焙得刚变色的熟猪肉作食材，其他配料一致，此种做法做出的叫"熟～"。大理、普洱有"辣～""骨头～"，即骨头鲊，是用剁碎的猪骨和辣椒、盐、八角、花椒等佐料腌制，放在罐里一段时间才可拿出来吃。丽江的"辣～"却用胡萝卜、猪肠、油为料，放在罐子里腌制而成。昆明一带的"干～"，则指把猪肠子、瘦肉块儿、肥肉块儿在锅里焙熟、出油，然后把油、猪肠子、瘦肉、肥肉一并盛到碗里作为一道杀猪菜①。可见，"糁"在上古、中古有动词性意义"以米和羹"（指用米掺和着肉菜羹汁）②，有名词性的"米粒""饭粒"，食材都少不了"米"。现代汉语指"谷类磨成的碎粒"，兰书继承了上古、中古动词性的意义。云南方言含上古、中古名词性的意义，食材可是炒熟的米舂或磨成的碎粒，也可是毛豆碎粒、生或熟的碎猪肉、碎猪骨，这一类食材都得"碎"（既非粉末，又非原状）；丽江的"辣～"、昆明的"干～"则更趋于把食材"拌""和"。云南方言的两类"糁"，都在保留上古、中古词义基础上，发生了多样的拓展。

驱（九缄咸），"三"入声，音同"飒"，马行疾。即马跑得很快。《汉语大字典》音 sà，意为：①马行相及。《说文》："驱，马行相及也。"②马疾行。《方言》："驱，马驰也。"引申为迅疾。《楚辞·刘向〈九欢·远游〉》："潺湲轇轕，雷动电发，驱高举兮。"洪兴祖补注："《方言》：'驱，马驰也。'注云：'疾貌。'"《汉语大词典》音 sà，意为：①马疾行。②驱遝。亦作"驱踏""驱沓"。连续不断。引申为盛多貌。③驱莎。众盛貌。《现代汉语词典》无此字。

---

① 杀猪菜，指过年过节杀猪时才吃的菜。
② 汤可敬：《说文解字今释》，岳麓书社 2001 年版，第 973 页。

云南方言音 sa^{31}，不仅可指马跑得快，所指对象可扩展到人，如"他～克哪点儿了?"（即他跑去哪儿了?）"他一哈就～回家克了。"（即他转眼就跑回家去了）可见，从上古到兰茂时代，"駃"字总离不了马、马快跑的样子、车马跑得快，云南方言不仅指马，词义范围还拓展到了人，指人跑。

爁（九缄咸），音同"览"，火热。《汉语大字典》音 làn，意为：①焚烧；延烧。《玉篇》："爁，火焱行。"《集韵》："爁，火焚也。"②火貌。《广韵》："爁，火貌。"③烤炙。《西厢记》："这些时吃菜馒头委实口淡，五千人也不索炙煿煎爁。"《汉语大词典》音 làn，意为：①焚烧；延烧。②烤炙。《现代汉语词典》无此字。云南方言音 lan^{53}，有两个意义，即火燎或水焯。如："猪脚上的毛在火上～一下就干净了。"（即猪脚上的毛在火上燎一燎就干净了）"四季豆要先在烫水首爁一道再炒吃，才放心呢。"（即四季豆要先在滚水里焯一道再炒了吃，才安全、放心）可看出上古、中古、近古的"爁"字意义总离不了火，或火焚烧，或火蔓延。云南方言不仅继承了与火有关这一特点，还增加了水焯义项。

剓（十二西微），音"披"，削也。《汉语大字典》音 pī，《玉篇》："剓，削也。"《方言据》卷下："侧刃削物令薄曰剓。"元耶律楚材《和移剌继先韵三首》之三："细切清风非异事，更将明月～来薄。"《汉语大词典》音、义同《汉语大字典》。《现代汉语词典》无此字。云南方言音 pi^{44}，如："～甘蔗"，既指用刀削甘蔗，也指直接用牙大刀阔斧地剥、啃甘蔗皮。"挨那棵树砍倒～干净再扛回克作柱子克。"（即把那棵树砍倒，把它的枝、皮砍削干净再扛回家作梁、柱子用）此为砍削。"打这场篮球，把指甲都打～了。"此指指甲要断没断、留下折断印痕的状貌。"这棵竹子～了。"此指竹子的枝干折断却又没完全断离的情形。"他今天没有来上班，是昨晚喝酒喝～了。"（即他今天没来上班，是因为昨晚喝醉酒了）此指倒、垮、坚持不住等。可见，古语词"剚"，意指削，现代汉语已无此词，云南方言在保留中古、近古词义基础上，又拓展出啃、倒、垮、坚持不住动词意义，以及物体要断没断情形的形容词意义。

欚（十二西微），音同"易"，木相磨也。《汉语大字典》音 yì，树枝相磨。《尔雅》："木相磨欚。"郭璞注："树枝相切磨。"《说文》："欚，木相摩也。"《广韵》："欚，树枝相摩。"《汉语大词典》"欚"同"槷"（niè）。门橛。在《汉语大词典》中"槷"为多音字：㊀niè，意为：①倾危不安。②通"臬"。A. 古代观测日影的标杆。B. 箭靶的中心。③通"闑"。门橛，门槛。㊁xiè，①木楔。②楔入。而在《汉语大字典》中，"槷"除以上音义外，还读作 yì，意为：同"欚"。树枝相磨。《集韵》："欚，《说文》：'木相磨也。'亦书作槷。"《现代汉语词典》无此字。云南方言音 yi²¹²，不仅可指"木"相磨，还可指机械、鞋子等物体，且不仅"相磨"，还指明相磨的结果：或有齿变得没齿了，或变得光滑、光秃了，或由厚变薄了等。如："这块手表的齿轮磨～了，所以不会动了。""我经常穿这双鞋，鞋跟都磨～了。"可看到，现代汉语已不再使用此词，兰书沿袭了上古词义，云南方言在保留上古、中古、近古词义基础上，在词义范围、结果方面有明显拓展。

焙（十二西微），"悲"去声，火烘。《汉语大字典》音 bèi，意为：①用微火烘烤。皮日休《寄怀南阳润卿》："醉来浑忘移花处，病起空闻焙药香。"《天工开物》："凡取消制药，少者用新瓦焙，多者用土釜焙。"②特指烘茶的烘房。《茶经》："焙，凿地深二尺，阔二尺五寸，长一丈，上作短墙，高二尺，泥之。"傅树勤等注："焙，指用来烘烤茶的烘房。"《汉语大词典》音 bèi，意为：①微火烘烤。②特指烘茶的烘房。③泛指烘物之具。《现代汉语词典》音 bèi，意为"用微火烘（药材、食品、烟叶、茶叶等）"。云南方言音 bei²¹²，如："肉～干些，就装得长。"（即肉用火烘烤得干一些，存放的时间就长一点儿）此"～"在火上烘烤。云南菜"干～洋芋丝"，此"～"指慢火炒。云南咸菜"～腌菜"，腌制时青菜要晒得尽可能地干，放在坛子里腌制的时间相对要长一些，也叫老腌菜、干腌菜，这里的"～"就没火，而是有干、老之意。可见，中古、兰书之"焙"都与火有关，都是微火烘烤，现代汉语、云南方言保留了这个动词意义，同时云南方言也拓展出了新的动词意义"慢火炒"，以及"～腌菜"中的形容性特点。

擂（十二西微），音同"雷"，研也。《汉语大字典》为多音字：㊀léi，意为：①研磨。《玉篇》："擂，研物也。"②打。③击（鼓）。《正字通》："今俗谓击鼓为擂。"④方言。催促。如：擂进度；擂任务。㊁lèi，擂台。如：打擂；擂主。《汉语大词典》为多音字：㊀léi，亦作攂。意为：①研磨。②敲击；打。③用同"礧"。滚；从高处向下推下木石。㊁lèi，擂台。《现代汉语词典》为多音字：㊀léi，意为：①〈方〉研磨。②打，如～鼓、～了一拳。㊁lèi，擂台。云南方言中无论"雷"或"擂"都读作"lui³¹"，如："药要擂成粉，再冲水，每每才吃得下。"（即把药研成粉，再冲水，宝宝才吃得下。句中"每每"为阴平调，意为宝宝）"泡碗米～～，等哈每每起来才有米布吃呢。"（即用水浸泡一碗米研细，等会儿宝宝醒来才会有米浆吃的）此为研磨，动词。"说着不听，我就想～你呀。"（即说着你不听劝，我很想用拳头打你呀）此为"用拳头敲打"。除用作动词，还可用作名词，如"～子"指专用于给稻谷脱皮的粗磨。用这种粗磨加工过未碾的米为"~子米"，即糙米。① 可见，现代汉语、云南方言保留了中古、近古"擂"之"研磨""打、击"意义，云南方言在此基础上又衍生出"~子""~子米"名词意义。

　　扈（十四呼模），"呼"去声，从也尾也。"尾也"，即在后面跟随。"尾"为动词。《汉语大字典》"尾"为多音字：㊀wěi，意为：①尾巴。②鸟兽虫鱼交配。③末端；末尾。④主要部分以外的部分；没有了解的事情。⑤在后跟随。⑥水流的下游。⑦边际；边界。⑧星名。尾宿。⑨量词。相当于"头""条"。⑩通"嬍（měi）"。好貌。⑪姓。㊁yǐ，意为：①指马尾巴上的毛。②指蟋蟀等昆虫尾部针状物。③方言。尾巴。《现代汉语词典》为多音字：㊀wěi，意为：①尾巴。②末端；末尾。③主要部分以外的部分；没有了解的事情。④量词。用于鱼。⑤二十八星宿之一。㊁yǐ，意为：①特指马尾巴上的毛。②指蟋蟀等昆虫尾部针状物。云南方言音 wei^{53}，如："他嫫克到哪点儿，他就~到哪点儿。"（即他妈妈去到哪里，他就跟到哪里。——跟随）"你在~哪样？"（即你在找什么？——寻找）② "~着点儿，莫撞着人。"（即看着点儿，别撞着人。——看）" ~ ~，他家这个囡（nuer^{31}）多成气！"（即看看，他家这个女儿多有出息。——看看）可见，"尾"之尾巴、尾随意义，现代汉语、云南方言仍在使用；"尾"作量词，现代汉语在使用，云南方言不再使用，用"条"替代；云南方言动词"尾"内涵远比上古、中古、兰书、现代汉语丰富，其"寻找""看""看看"的意义可谓是云南特色；云南方言动词"尾"保留了中古、兰书可单用的特点，现代汉语多做双音词使用，如尾随、尾追等。

---

① 张芾主编：《玉溪市方言词典》，海南出版社 2006 年版，第 8、107 页。
② 《云南省志·汉语方言志》，云南人民出版社 1989 年版，第 575 页。

箍（十四呼模），音同"孤"，以篾束物。《汉语大字典》音 gū，意为：①用竹篾、金属条或其他东西束紧器物。《广韵》："箍，以篾束物。"②围束器物的圈。如：铁箍；打箍。《朱子语类》："如一个桶，须是先将木来做成片子，却将一个箍来箍敛。若无片子，便把一个箍去箍敛，全然盛水不得。"《汉语大词典》音 gū，意为：①围束；约束。②用以围束的圈状物。③量词。犹札，股。《现代汉语词典》音 gū，意为：①用竹篾或金属条捆紧；用带子之类勒住。如"用铁环箍木桶""他头上箍着条毛巾"。②紧紧套在东西外面的圈儿。云南方言音 gu⁴⁴，" ～桶"可用竹篾束，也可用金属条束。"箍"也作名词，意为"旧时妇女头饰。由两片两头尖的叶形黑绒夹片组成，正面处镶玉石。"现代生活中已极少有人再戴，戏曲舞台上、电视电影中的媒婆、地主婆或裹脚老太太等仍戴此物。流行于玉溪的" ～甑子"有两层意思：①请篾匠定制或修理甑子；②玉溪风俗，搬迁新居后，娘家人要买礼物来祝贺乔迁，并主持做一顿饭、蒸糕。① 现今玉溪农村，有病人康复出院也可" ～甑子"，从而使" ～甑子"具有了更为丰富的民俗意义——用红线绕住、圈住吉利，祛除疾病和灾难。滇中方言" ～拢"意指"团结、笼络"②，如"有老人在么，一家子都 ～拢了"。可见，"箍"之"用竹篾、金属条或其他东西束紧器物""围束器物的圈"中古、近古词义，现代汉语、云南方言都在使用，但云南方言引申出了抽象的"绕住""圈住"意义及" ～甑子"民俗意义。

膪（十五皆来），"揣"去声，虚肥肉。《汉语大字典》为多音字：㊀zhà，"胦膪"指肥貌。《玉篇》："胦膪，肥也。"《广韵》：

① 《云南省志·汉语方言志》，云南人民出版社 1989 年版，第 543 页。
② 同上书，第 574 页。

"胜腊，肥貌。"㊁zhài，挑取骨间肉。《广韵》："腊，脧肉也。"
㊂chuài，"囊～"指猪胸腹部的肥而松的肉。《汉语大词典》收
"囊～"，指猪胸腹部的肥而松的肉。《现代汉语词典》收"囊～"
（nāngchuài）。云南方言"腊"音 chuai^{212}，至少有五个意思：①指
肚皮下面的囊～，即猪胸腹部肥而松的肉。如："他买这些肉尽是
些筋筋～～呢。"（即他买这些肉，不是筋多，就是猪肚上的肥肉）
②"泡（pao^{44}）～"，既指猪胸腹部肥而松的肉，也用来形容人长
得不结实。如："泡～肉"指猪肚上的肉。"你莫瞧他那大呢个子，
是个泡～。"（即你别看他长那么高大的个子，却不结实）这里指
长得胖却不结实。③指蔬菜、肉等烹煮不熟、不软、有韧性、没
煮烂的情形。如："这碗红烧牛肉泡～泡～呢，嚼不动，还没有
熟，再倒回克煮哈。"（即这碗红烧牛肉还有韧性，咬不动，没煮
熟，再回锅煮一煮）④引申指人有泼辣不讲道理、惯于与人纠缠
不休的意思。如："这个婆娘太～了，莫克惹她。"（即这个妇女太
泼辣，别去招惹她）⑤"～婆娘"指凶恶难缠的女人。澄江方言
"死皮赖～"指耍赖皮，① 也指纠缠不休。② 如："他死皮赖～的来
悠着我，我老实耐不住了。"（即他没皮没脸地整天来纠缠，我实在
受不了了）云南方言"～打"指打架，是白语借词。③ 镇雄方言
"对～"指对打，对抗，赛着横蛮。④ 可看到，现代汉语仅保留了
"囊腊"词汇及意义，云南方言不仅保留了中古、近古词义，还生出
了生动形象的引申义、比喻义，词义明显扩大。

---

① 《云南省志·汉语方言志》，云南人民出版社 1989 年版，第 521 页。
② 张弗主编：《玉溪市方言词典》，海南出版社 2006 年版，第 122 页。
③ 《云南省志·汉语方言志》，云南人民出版社 1989 年版，第 570 页。
④ 同上书，第 573 页。

憷（十六萧豪），"曹"去声，言行急。即言语、行动快速。《汉语大字典》音 zào（旧读 cào），意为：①仓促；急忙。《广韵》："憷，言行急。"②忠厚诚实貌。《集韵》："憷，憷憷，言行相顾貌。"《正字通》："憷，笃实也。"《汉语大词典》音 zào，意为：①仓猝；急忙。②笃实貌。"憷憷"指笃实貌。《现代汉语词典》音 zào，"憷憷"，书面语，指忠厚诚恳的样子。云南方言音 cao²¹²，"辣～"，即指动作麻利、精明能干，如"他媳妇老实辣～呢。"（即他妻子很能干）再如"他性子老实个急～呢。"（即他性子太急躁了）此"憷"指"性急，不冷静"。可见，现代汉语承袭了"忠厚诚实貌"这一中古、近古词义，云南方言则保留了"言行急"意义（中古、近古词义），并在此基础上有了引申：古义"言行急"为中性；"辣～"则认可了这"急"，褒义；"急～"则否定"急"行为，贬义。

潲（十六萧豪），"梢"去声，雨水溅湿。《汉语大字典》音 shào，意为：①臭汁，淘米水等制成的猪食。《玉篇》："潲，臭汁也，潘也。"《广韵》："潲，豕食。"②雨斜着落下来。如：潲雨；南潲；快关窗户，别让雨点潲进来。《广韵》："潲，雨溅也。"③水激。《集韵》："潲，水激也。"《汉语大词典》音 shào，意为：①用泔水搅和成的猪饲料。②方言。往后挣挫。③雨斜打下来。《集韵》："潲，水激也。"又如：雨往屋里潲。《现代汉语词典》音 shào，"潲¹"指：①雨斜着落下来。②〈方〉洒水。"潲²"，方言指用泔水、米糠、野菜等煮成的饲料。云南方言音 shao²¹²，如："下潲雨了，赶紧关窗户，招呼雨水潲进来挨桌子潲潮掉呢。"（即下漂风雨了，赶快关窗子，小心把桌子溅湿了）"潲雨"是指被风吹得斜洒的雨，云南方言中还可称为"潲风雨""漂（piao²¹²）雨""漂（piao²¹²）风雨"　"膡风雨"　（澄江、楚雄指刮大风下大雨）①。可见，"潲"表示"雨斜着落下来"意义（中古、近古词义），现代汉语、云南方言都在使用；"溅"意义（中古、近古词义）现代汉语已不存在，云南方言仍保留；云南方言增加了指称"被风吹得斜洒的雨"的名词"潲雨"　"潲风雨"等。

　　挝（十八家麻）：音同"樋（zhuā）"，击也。《汉语大字典》为多音字：㊀zhuā，意为：①敲打；击。《玉篇》："挝，打鼓也。"《集韵》："挝，击也。"②鼓槌。③兵器名。④股部，大腿。⑤用同"抓"。㊁wō，[老挝] 国名。《汉语大词典》为多音字：㊀zhuā，意为：①击；敲打。②鼓槌。③兵器名。④髀，大腿。⑤抓。㊁wō，[老挝] 亚洲国名。《现代汉语词典》为多音字，㊀zhuā，意为："①〈方〉敲；打（鼓）：挝鼓。②同'抓'（多见于早期白话）。"㊁wō，如亚洲国名"老挝"。云南方言也是多音字：㊀wo⁴⁴，[老挝] 亚洲国名。㊁zhua³¹，如："挝垡子"即敲击田地里挖起的大土块儿。"挝球"即踢球。"挝你两脚"即踢你两脚。"挝只烤鸭来甩甩。"即砍一只烤鸭来吃。澄江"挝恋爱"指谈恋爱。② "挝嗑子"③ 即吹牛皮，聊天。彝族节日跳彝族集体歌舞叫"跳大彝锣"，也叫"挝锣"。澄江称"翻筋斗"为"挝倒踢"。④ 中古、兰书的动词"挝"仅一个"击"义，现代汉语仍含此意，但云南方言中竟演绎出"敲击"　"踢"　"砍"　"谈"　"吹牛聊天"　"跳"六个意义，可谓丰富多彩，颇具特色。

---

① 《云南省志·汉语方言志》，云南人民出版社 1989 年版，第 509 页。
② 同上书，第 528 页。
③ 张茀主编：《玉溪市方言词典》，海南出版社 2006 年版，第 61 页。
④ 《云南省志·汉语方言志》，云南人民出版社 1989 年版，第 572 页。

羓（十八家麻），音同"巴"，干肉。今写作"巴"。《汉语大字典》音 bā，意为：①经过加工的大块干肉。《集韵》："羓，腊属。"②泛指干制食品。杨万里《初食太原生蒲萄时十二月二日》："淮北葡萄十月熟，纵可作羓也无肉。"③比较珍贵的一种羊。《汉语大词典》音 bā，意为：①腊肉。②一种品质较好的羊。③用同"巴"。尚仲贤《气英布》："跨一匹两耳小、尾羓细、胸膛阔、入水如平地捲毛赤兔马。"《现代汉语词典》无此字。云南方言音 ba⁴⁴，既指把新鲜的肉熏烤、晒干而成的肉，如"牛干羓、干羓肉"，也指新鲜瘦肉，如："割点儿干羓炒炒，莫粘肥呢。"（即切点瘦肉炒吃，不能带有肥肉）还可称呼瘦人为"瘦干羓"，如："瘦干巴，你太骸（hai²¹²）了，咯能多吃点儿么长胖点儿。"（即你长得太瘦弱了，能不能多吃点长胖点）可见，现代汉语已无此词，兰书、云南方言很好地保留了中古词义，云南方言并有明显拓展：一是超出了腊肉类属，可指新鲜瘦肉；一是拥有了比喻义，用于称呼长得瘦的人等。

爹（十九遮蛇），东母遮蛇韵阴平字，即读作"diē"，父之称。《汉语大字典》音 diē，意为：①父亲。《广雅》："爹，父也。"《广韵》："爹，羌人呼父也。"又《哿韵》："爹，北方人呼父。"《南史》："人歌曰：'始兴王，人之爹，赴人急，如水火，何时复来哺乳我？荆土方言谓父为爹，故云。'"也叠用。②对老者、长者的尊称。王明清《摭青杂说》："女（徐七娘）常呼项（四郎）为阿爹，因谓项曰：儿受阿爹厚恩。"③方言。祖父。④旧时对官长的尊称。《汉语大词典》音 diē，意为：①父亲。②对老年男子的尊称。③僮仆对主人的尊称。《现代汉语词典》音 diē，用于口语，指"父亲。""爹爹"用于方言，一指"父亲"，一指"祖父"。云南方言音 die⁴⁴，当面称父亲可作"爹""爹爹""阿爹"。对人称呼自己的父亲可作

"我爹""爹嬤（爸爸和妈妈）"。其他，"老爹"指爷爷、祖父（指爷爷的父亲及更上一辈的男性），也可指老大爷（对老者、长着的尊称）；"大爹"可指伯父，也可称呼年长于父亲的同辈男子（对老者、长者的尊称）；"舅爹"是母亲的哥哥和弟弟，"舅老爹"是父亲的舅舅，"亲爹"是兄弟姐妹的配偶的父亲，"姨爹"是母亲的姐夫或妹夫，"姑爹"是父亲的姐夫或妹夫。可见，中古、兰书中的"爹"指"父（亲）"，现代汉语不再使用，而云南方言除指父亲、祖父，还可称呼父亲的亲兄长、父辈年长男子，或祖父兄弟、祖父辈男子、年长的老者等，内容更丰富，范围更广了。

爷（十九遮蛇），音同"椰"，父也。《汉语大字典》音 yé，意为：①父亲。也作耶。《玉篇》："爷，俗为父爷字。"《篇还类编》："爷，俗呼父为爷。通作耶。"《乐府诗集·木兰诗》："军书十二卷，卷卷有爷名。"按《古文苑》卷九作"耶"。章樵注："耶，今作爷。俗呼父为爷。"②方言。祖父。明沈榜《宛署杂记》："祖曰爷。"按：今多叠用，称祖父或与祖父辈分相同、年龄相仿的男子为"爷爷"。③对长一辈或年长男子的尊称。徐珂《清稗类钞》："北人齐辈相呼辄曰爷，以其姓氏加于上，曰赵爷，曰钱爷；以其行列加于上，曰大爷，曰二爷。光绪朝，都人每称恭忠亲王为六爷，醇贤亲王为七爷。"④旧时对主人、上官或尊贵者的称呼。如：相爷；老爷。⑤信仰某些宗教和迷信的人对神佛的称呼。如：老天爷；土地爷。又指上帝。《汉语大词典》音 yé，意为：①父亲。②旧时对男性尊长的尊称。③对神灵的尊称。④自矜之称。⑤方言。祖父。《现代汉语词典》音 yé，意为：①〈方〉父亲；②祖父；③对长一辈或年长男子的尊称；④旧时对官僚、财主等的称呼；⑤迷信的人对神的称呼。可见，现代汉语"爷"完全承袭古义，"父亲"意义仅用于方言。云南方言有两音：㊀ye^{31}，如：①"你咋一老神的处在那点儿，像个老爷样呢。"（即你怎么一动不动坐在那儿什么也不干，像个老爷似的）"他整日样事呢不做，老实像个少爷呢。"（他整天什么事都不做，太像个少爷了）"他就是个坑人害人呢官老爷。"这类情况下多用于骂人或调侃时，已非尊称。②"老天爷看着呢。"（即上天看着的）"阎王爷会收他克呢。"（即阎王会来索他的命的）这类指称宗教、迷信里的神佛。㊁ye^{44}，多记作"耶"：①叔叔。"耶耶（ye^{44}ye^{44}）"，昆明、曲靖、文山、昭通方言是称呼叔叔，临沧称呼小叔叔①；昭通方言称小叔叔又为"毛耶耶"②"老耶"昆明、曲靖、澄江、宜良则指小叔叔，不同于旧时对主人、上官或尊贵者的称呼；在"耶"前加上排行，如"大耶""二耶""三耶"等，云南大部地区方言都指父亲的弟弟（可是亲弟弟，也可是家族弟弟），即大叔、二叔、三叔等，不同于《现代汉语词典》的"对长一辈或年长男子的尊称"。②祖父。曲靖、昭通方言称为"爷^{31}爷^{44}"③，文山称为"爷^{43}爷^{55}"，保山称为"爷^{33}爷^{33}"，大理称为"阿爷^{33}"，蒙自称为"阿爷^{55}"，思茅称为"阿爷^{31}"④。③云南称女婿为"姑爷"。可见：①云南方言保留了宗教迷信对神佛称呼的古词古义。②云南方言保留了部分旧时对主人、上官或尊贵者的称呼，但情感色彩发生变化，古义为尊重，云南方言多贬义、讽刺或调侃。③云南方言保留了指称"父亲""祖父"中古、近古词义，同时有所拓展——可称呼父亲的弟弟们、比父亲小的男子，及女婿等。

---

① 《云南省志·汉语方言志》，云南人民出版社1989年版，第293页。
② 同上。
③ 同上书，第290、293页。
④ 同上书，第290页。

搊（二十幽楼），音同"篘（chōu）"，扱衣。而"扱"即举、引。《汉语大字典》为多音字：㊀chōu，意为：①弹拨（弦乐器）。②拘；束紧。③用手将物掀起或将物翻倒。④方言。搀扶。⑤用同"诌"。编造（言辞）。㊁zǒu，意为：①执持；抓。《集韵》："搊，持也。"②一种扇子的名称，即折叠扇。㊂zhū，解。《广韵》："搊，解也。"《汉语大词典》为多音字：㊀chōu，意为：①用手指弹拨弦索乐器。②束紧。③撩，掀。④搀扶。⑤迎合，凑合。顾起元《客座赘语》："善迎人之意而助长之，曰搊。"㊁zǒu，意为：①抓，揪。②搊扇，即折叠扇。《现代汉语词典》音 chōu，"搊¹"指"弹奏（乐器）"。"搊²"用于方言，指"从下面向上用力扶起（人）或掀起（重物）"。云南方言音 cou⁴⁴，有三个意思：①"挨娃娃搊给我背着。"（即把孩子托举起来给我背）此"搊"指用手托着往上举。②"莫搊嘛，挨我搊了掼倒呢。"（即别推，小心把我推得摔倒了）此"搊"指从后面推撞。③"老张这回整好了，大家搊他一把，把他搊上去。"（即老张这回弄好了，大家抬举他一把，把他抬举上去）此"搊"指抬举，"人家当官儿了，得～着点儿，不是着他整着呢。"（即他当官了，得吹捧吹捧他，否则会被他弄得吃苦头的）类似词汇还有"搊抬"（流行于镇雄，指拍马屁、奉承）、"搊捧"（流行于玉溪、滇中，指奉承）、"搊和"（流行于澄江，表示同意、附和）。①可看到，"搊（chōu）"，现代汉语保留"弹拨乐器"（用于书面语）、"掀起"古义（仅用于方言），"从下面向上用力扶起（人）"是对"搀扶"引申，也仅用于方言。云南方言在继承中古、近古词义"搀扶""掀起"基础上，有自己更大的拓展："托举"

---

① 《云南省志·汉语方言志》，云南人民出版社 1989 年版，第 573 页。

"抬举"与兰书的"扱衣"联系紧密，但举的不一定是"衣"，可是实的人、其他物体，可是虚的地位、名声、话语、意见等。"从后面推撞"意义就与古义极难扯上联系了，可算是云南方言的创意。

熁（二十幽楼），音同"秋"，火熏。《汉语大字典》音 qiú，意为：①火貌。《玉篇》："熁，爎也。"《集韵》："熁，火貌。"②燥。《集韵》："熁，燥也。"《汉语大词典》《现代汉语词典》无此字。云南方言音 qiu⁴⁴，如"赶紧挨那坨烟～碳拿走，太～了，眼睛都要着～瞎了。"（即赶快把那块烟熏碳拿走，太熏了，眼睛都快被熏瞎了）"～蚊子"指熏蚊子。我们看到，现代汉语已无此词。中古记录的"火貌""燥"意义，"熁"为形容词；兰书的"火熏"（即火烟向上冒），为动词；云南方言则同时包含了中古、兰书意义，可用作动词，也可用作形容词。

以上 30 个古语词，在现代汉语中有 19 个（捅、操、堡、趣、摊、捋、咂、糁、焙、擂、扈、箍、臔、愺、潲、挝、爹、爷、搊）还有保存（多承古义），有 11 个（㑩、顿、頮、撺、馼、誦、爐、剗、㰍、耙、熁）已不存在，而在云南方言中，30 个词仍处于频繁使用中，且全都体现为在继承上古、中古意义（多为中古）基础上，词义有所扩大。兰书、云南方言与上古、中古词义比较，体现为：一是兰书时代词义完全继承上古、中古之意，在现代云南方言中表现出差异；一是在兰书时代就已表现出与上古、中古意义同中有异，现代云南方言与兰书所载完全相同；一是在兰书时代就已表现出与上古、中古意义同中有异，现代云南方言继续变化演进。

（2）词义缩小

这部分词汇的词义所反映的客观事物的外延缩小了，今义成为古义外延的一部分，即兰书所收古语词词义反映的客观事物的外延大于云南方言词汇意义的外延，云南方言词汇意义成为古语词意义外延的一部分。例如：

裞（一东洪）：音同"桶"，～裙夷服。《汉语大字典》为多音字：㊀lóng，同"襱"。《方言》："无裞袴谓之襣。"郭璞注："袴无踦者，即今犊鼻裈也。裞亦襱，字异耳。"　《玉篇》："裞"，同"襱"。㊁tǒng，意为：短袖衣。《集韵》："裞衣短袖。"《汉语大词典》无此字，《现代汉语词典》无此字，"tǒng裙"写作"筒裙"，指成筒状的裙子，上部和下部肥瘦略同，一般下摆长不过膝部，没有褶子。然兰书"筒"为阳平调，意为"竹管"，即兰书之"～"与"筒"是两个词。《汉语大字典》"筒"为多音字：㊀dòng，洞箫。《说文》：筒，"通箫也。从竹同声。徒弄切。"㊁tǒng（又音tóng），意为：①竹管；管。②钓筒。③管形器物。如：烟筒；火箭筒等。④衣服鞋袜的筒状部分。如：袜筒；长筒靴。⑤插入（筒状物种）。⑥杯属。⑦竹名。也称射筒竹。⑧量词。用于筒状物装的东西。如：一筒米；一筒旱烟等。《汉语大词典》"筒"为多音字：㊀tǒng，意为：①管；竹管。②泛指管筒状器物。③钓筒。④套上或纳入圆筒状物。亦指圈成圆筒形。⑤量词。㊁dòng，洞箫。云南方言音tong[53]，德宏、版纳等地的傣族男女所穿的长至脚踝、景颇族女子长及膝盖的民族特色裙子就叫"～裙"。可见，"裞"在上古、中古可指裤子（犊鼻裈）、裙子（襱），也指短袖衣。兰茂时已指称"夷服"为"裞裙"，云南方言指傣族、景颇族等少数民族的裙子。"筒"在上古、中古都与竹有关，或为洞箫，或为射筒，并无"裞裙夷服"之意，现代以"筒"字记录裙子，甚不如"裞"。襱（一东红），音同"笼"，襱裙。《汉语大字典》为多音字：㊀lóng，①裤

173

脚管。《說文》："襱，绔踦也。"朱骏声通训定声："襱者，苏俗曰裤脚管。"②裤裆。《玉篇》："襱，袴裆。"③裙。《集韵》："襱，裙也。"㈡lòng，襱緎，衣宽貌。《集韵》："襱緎衣宽貌。"《汉语大词典》音 lóng，裤脚。《现代汉语词典》无此字。云南方言音 long^{53}，版纳、德宏称傣族男女及景颇族女子等所穿裙子称为"～基"（傣语音 yong^{31}gi^{31}），也叫裪裙。可见，上古指"裤脚管"的"襱"，中古指裙子，兰书之襱裙，现代汉语已无此词，云南方言则专指傣族、景颇族等少数民族所穿的裙子，词义范围缩小了。

厖（二江阳），"忙"平声，厚也大也。《汉语大字典》音 máng，意为：①石大貌《说文》："厖，石大也。"②大。《尔雅》："厖，大也。"清段玉裁《说文解字注》："厖，引伸之为凡大之称。"③丰厚，厚重。《集韵》："厖，厚也。"④有，拥有。《尔雅》："厖，有也。"⑤杂，乱。⑥用同"龙"。长毛狗，也泛指犬。⑦用同"庞"。脸盘儿。⑧姓。《汉语大词典》为多音字：㈠máng，意为：①大。②厚。与"薄"相对。③纷乱。④通"龙"。一指多毛狗。亦泛指犬。二指杂色。⑤通"蒙"。"厖昧"即蒙昧。㈡páng，"厖儿"指脸盘儿。《现代汉语词典》同"庞"，音 páng，意为：①庞大。②多而杂乱。云南方言音 mang^{44}，如："他家每每长呢～了。"（即他家小宝宝长得很胖。玉溪旧俗，说小孩忌讳说胖，都说厖。①每每，读作阴平，意指小宝宝、小孩儿）"～嘟嘟""～呵儿""～呵儿呵儿"指胖乎乎，多指小孩儿。如保山一带会说："他哥哥长得～壮～壮呢。"（即她哥哥长得很壮实）此指壮实，限于青壮年男子。德宏一带不仅可说人"厖"，还可说植物，其他地方不这样说。

---

① 张甫主编：《玉溪市方言词典》，海南出版社 2006 年版，第 64 页。

如"他家这棵树结呢牛肚子果老实~呢。"（即他家这棵树上结的菠萝蜜特别大）此指大。可见，意指"大"的上古词汇"厖"，现代汉语已不再使用，而改用"páng（庞）"，且"厚、大"古义缩小至仅指"庞大"。云南方言"胖、壮实、巨大"意义，一路沿袭了"厚、大"，也新生出了一些限制：用于指人——地域上又稍有其别，有偏指小孩儿，也有偏指青壮年男子；不见用于其他动物；植物的巨大、壮实也可用"厖"。

　　龺（五端桓），音同"般"，等辈也。"等辈"即辈分、辈代，同龺辈，指同一代。《汉语大字典》为多音字：㊀bān，类；辈；部党。《广雅》："龺，辈也。"王念孙疏证："龺之言班也。"玄应《一切经音义》卷七引《字林》云："龺，部也，谓类也。又作般，假借也。"《广韵》："龺，部党。"㊁fān，同"番"。量词。次；回。《集韵》："番，更次也。或作龺。"《汉语大词典》《现代汉语词典》无此字，表"辈分"的近义词为"辈"或"班辈"（指行辈），而"班"不表示辈分，但可做量词：①用于人群。②用于定时开行的交通运输工具：下一班飞机；公共汽车没五分钟有一班。而兰书之"班"（四山寒）意为"行列也"，与"~"同音不同义。《汉语大字典》"班"意为：①分瑞玉。《说文》："班，分瑞玉。"②分开。《集韵》："班，别也。"③分给；赏赐。《尔雅》："班，赋也。"郭璞注："谓布与。"④铺开。《广雅》："铺……班，布也。"⑤颁布。后作"颁"。⑥次第；位次。《广雅》："班，序也。"⑦序列；排列等级。《方言》："班，列也。"⑧依行业组合的人群。后专用为旧戏曲艺人团体的通称。宋赵彦卫《云麓漫钞》："金虏官制有文班、武班，若医卜倡优，谓之杂班。"⑨为了工作或学习目的而编成的组织。如：班级；进修班。⑩现行军队的基层单位。在排以下。⑪一天之内按工作时间划分的段落。如：上班；值班。⑫量词。A. 用于人群。B. 用于定时开行的交通运输工具。⑬定时开行的（别于临时开行的）。⑭回去。⑮通"辩（斑）"。⑯通"般（pán）"。徘徊不进。⑰通"版（bǎn）"。⑱通"辨（bàn）"。⑲姓。据查"班"并无"辈分"之意，与"辈"不是一回事。云南方言音 ban⁴⁴ 云南德宏、保山、昭通一带都说"上～、下～、平～"即"长辈、晚辈、平辈"。① 其他各地会说："莫看他年纪小，～辈大着呢。"（即别看他年纪小，辈分可大着呢）"同～等辈"指同一辈分。可知，"辈"在中古有多个意义——辈、部、党，以及量词，兰书、云南方言保留了"辈分"意义，词义明显缩小了。

　　擩（十三居鱼），"如"去声，手进物也。《汉语大字典》为多音字：㊀rǔ，A.《广韵》儒佳切。意为：①染。《说文》："擩，染也。"《周礼》："辨九祭……六曰擩祭。"郑玄注："以肝肺菹擩盐醢中以祭也。"②按；拭。《集韵》："擩，揾也。"B.《广韵》而主切。意为：①取物。《广韵》："擩，取物也。"②方言。插；塞。如：一只脚擩到泥里去了；把棍子擩到草堆里；那本小说不知擩到哪里去了。㊁nǔ，拄。《集韵》："擩，拄也。"㊂rù，［擩莝］手进物。《广韵》："擩，擩莝，手进物也。"㊃nòu，［搙擩］不解事。《广韵》："擩，搙擩，不解事。"㊄ruán，［烦擩］同"烦捼"。摩挲。《集韵》："擩，捼也。"《汉语大词典》为多音字：㊀rǔ，意为：①染。②抓取。《隋书·南蛮传·真腊》："欲食之时，先取杂肉羹与饼相和，手擩而食。"③方言。塞。郭澄清《大刀记》："永生又擩给尤大哥几颗手榴弹。"④方言。伸。华山《鸡毛信》："［海娃

---

① 《云南省志·汉语方言志》，云南人民出版社 1989 年版，第 523 页。

抬胳膊抹把眼泪，数数那边；攮拳头擦下鼻子，数数这边。"
㊁ruán，［攮唭］研求玩味。《新唐书·文艺传序》："大历、贞元
间，美才辈出，攮唭道真，涵泳圣涯。"《现代汉语词典》音 rǔ，意
为"插；塞"。云南方言音 ru⁴⁴，如："他悄悄地攮十块钱给我。"
（即他悄悄地把十块钱塞给我）此为"塞"。"说倒说倒他就攮给我
两砣。"（即他说着说着就打了我两拳)① 此为"打"。"挨棍子攮过
克。"（即把棍子伸过去）此为"伸"。可见，上古至现代汉语、云
南方言一直沿用"攮"，但在历史进程中，读音有变化，意义也有变
迁；上古至兰书意指"手进物"的"攮"，现代汉语把"手进物"
的方式具体化为"插"和"塞"，云南方言除具体化为"塞"，也衍
生出了"打""伸"新义，即义项减少同时又词义具体化、词义缩
小了。

　　蟕（十八家麻），音同"杷"，蚜~虫。"蚜"兰书中音同"鰕"
（xiā）。《汉语大字典》"蟕"音 pá，虫名。《玉篇》："蟕，虫。"
《汉语大词典》《现代汉语词典》无"蟕"字。云南方言读作 ba⁴⁴，
如"蚜~虫"主要指蜻蜓的幼虫，有的地方也指虾（如峨山）。有
学者写作"虾巴虫"②。可见，"蟕"由中古"虫名"，到兰书
"蚜~虫"及云南方言"蜻蜓的幼虫"或"虾"，词义所指逐渐具
体、词义缩小了。

　　閕（十八家麻），音同"瞎"，门闭不合。《汉语大字典》为多
音字：㊀xiā，门闭。《玉篇》："门闭。"㊁xiǎ，同"閜"。"大开；
大裂。閕，开裂也。"《字汇》："閕，与閜同。"司马相如《上林
赋》："谽呀豁閕。"按：《史记·司马相如列传》"閕"作"閜"。

---

① 张弆主编：《永善方言志》，语文出版社 1989 年版，第 113 页。

② 张弆主编：《玉溪市方言词典》，海南出版社 2006 年版，第 113 页。

《现代汉语词典》无此字。云南方言音 xia^{44}，如："这个门老是～着点儿？"（即这个门总是关不严实，有一条缝隙）还可说"窗户～着点儿。""每每睡着了眼睛都还闭着点儿，是个看家睡①，将来老实巴家呢。"（即宝宝睡着了眼睛闭不严实，还露着一条缝，将来长大了会是个很顾家的人）云南方言的"閕"意指（门、窗、柜门、抽屉等）关不严实，留有缝隙。可见，中古表示"门闭"的"閕（xiā）"，到兰书、云南方言时限指"闭不合""闭不严实"状态；同时所指对象可是门，也可是窗、柜门、抽屉等物体。即中古义指"门闭"的"閕"在云南方言中的变化是：所指状态缩小、具体化，适用范围扩大。

以上 7 个古语词，现代汉语中仅保留了 1 个（擤），且词义与古义、云南方言有差异。而云南方言中 7 个词汇全都在频繁使用中，有 4 个（裲、襹、庀、擤）在兰书中较好保留了古义，在云南方言中词义缩小；有 3 个（齰、蟋、閕）在继承古义基础上，在兰书中词义已缩小，随着社会、历史的发展，在云南方言中进一步渐进地发生着变化，或承袭兰书已缩小的词义，或在兰书词义基础上进一步范围缩小、词义具体化。

（3）词义的感情色彩变化

这部分词汇，其词义不仅范围有差异，感情色彩上也有显著的差别，或者褒贬意义不同，或者词义轻重程度不同。即兰书所收古语词与云南方言词汇相较，词义不仅范围有差异，感情色彩也有显著的差别。例如：

誩（二江阳），"强"上声，竞言也。"竞言"即争辩、争辩。

---

① 原指看家狗睡着时眼睛都不闭严实，随时留有一条缝，尽忠职守看家护院。用到人身上，是比喻人很顾家。

《汉语大字典》音 jìng，争论。《說文》："誩，竞言也。"饶炯部首订："言之通义为直言。誩，犹二人直持其说，各不相让，盖争言也。"《汉语大词典》《现代汉语词典》无此字。云南方言音 qiang^{44}，云南昆明、保山等方言中称作"誩干"，如："事实摆在这点，莫誩干了。"（即事实摆在这儿，你不要狡辩了）并且把喜欢强词夺理的人称为"誩干白"。① 可见，"誩"在中古意指争论、争辩，兰书、云南方言较好保留了其意义，但也存在细微差别：中古、兰书词义色彩为中性，云南方言则明显趋向贬义。

噇（二江阳），音同"床"，吃食。《汉语大字典》音 chuáng，意为：①吃。《玉篇》："噇，吃貌。"②毫无节制地大吃大喝。《集韵》："鐘，食无廉也。或从口。"唐寒山《诗三百三首》之七十四："背后噇鱼肉，人前念佛陀。"《汉语大词典》音 chuáng，意为：①吃喝；没无节制地吃喝。②胡诌。宋罗烨《醉翁谈录·小说开辟》："噇发迹话，使寒门发奋；讲负心底，令奸汉包羞。"《现代汉语词典》音 chuáng，〈方〉无节制的狂吃狂喝。云南方言表示"无节制的吃喝"，音 zhong^{53}，如："活计么不做，噇么怪噇得。"（即不干活，却特能吃）"走，噇酒克！"（即走，喝酒去！）"噇不得么少噇些，醉成这种样。"（即不能喝就少喝点儿，醉成这个样子）根据王力先生《同源字典》第 355 页"阳东旁转"道理，以及形声字"鐘、鍾"可以互换，② 且古"喠"与"噇"同，都是"吃"的意思，而"喠"有两个读音："chuáng（吃）""zhǒng（不能说话）"。《汉语大字典》"喠"为多音字：㊀zhǒng，意为：①不能言。《玉篇》：

---

① 群一：《明代兰茂〈韵略易通〉中的云南方言词汇》，《玉溪师专学报》1991 年第 2 期。

② 同上。

"喠，不能言。"②［喠嗒］欲吐。《集韵》："喠，喠嗒，欲吐。"
㈡chǒng，意为：①急喘。《广韵》："喠，气急之貌。"《集韵》："喠，急喘也。"②用同"噇（chuáng）"。吃。《醉醒石》："昨日喠了几杯寡酒冲撞，今日特来赔礼。"《汉语大词典》"喠"音zhǒng，［喠嗒］欲吐。从读音可看出，云南方言中表吃饭的词"zhong^{53}"大概源于此。并且，云南方言"zhong^{53}"，不仅含有吃喝、吃饭喝酒、无节制地吃喝（中古、近古词义），更使古义中含蓄的贬义情感更明显、更直白，多用来骂人。"噇脖子"骂人的语气就更严重。

　　諹（二江阳），音同"枪"，以言拒人。《汉语大字典》音qiāng，语轻。《集韵》："諹，语轻也。"语轻，当理解为语言随便、不庄重。《汉语大词典》无此字。《现代汉语词典》无此字，意义相近词为"戗"，音qiāng，意为：①方向相对；逆。如：戗风。②（言语）冲突。如：两人说戗了。《汉语大字典》"戗"为多音字：㈠chuāng，同"创"。《玉篇》："戗，古创字。"㈡qiāng，意为：①逆；方向相反。清郁永河《海上纪略》："故遇红毛追袭，即当转舵，随风顺行，可以脱祸，若仍行戗风，鲜不败者。"②（言语）冲突。《儒林外史》："几句就同雷太守说戗了。"㈢qiàng，意为：①撑；支持。《水浒全传》："墙里望见两间小巧楼屋，侧首却是一根戗柱。"②大堤外围对大堤起加固和保护作用的小堤。《农政全书》："盖大围如城垣，小戗如院落，二者不可缺一。万一水溃外围，才及一戗，可以力扞。即多及数戗，亦可以众力扞。"③在器物的图案上填嵌金银等作为装饰。元张小山《寿阳曲·月明归兴》："戗金船玉人低唱。"④浸渍。元佚名《延安府》："我如今就拿你去着酒戗着，众大人蘸姜醋吃一顿拼醢。"《汉语大词典》"戗"为多音字：㈠chuāng，"创"的古字。㈡qiāng，意为：①逆；不顺。②倒竖。

③决裂。《儒林外史》："几句就同雷太守说戗了。"㈢qiàng，意为：①撑；支持。②大堤外围对大堤起加固和保护作用的小堤。③在器物的图案上填嵌金银等作为装饰。④浸渍。兰书"戗"音"墙"去声，意为"戗金"。与语言有关为"譆"，"戗"之"（言语）冲突"倾向于"决裂"。云南方言音 qiang⁴⁴，如："他说话老爱～人，讨人嫌。"（即他说话总喜欢打击、刺激别人，和别人对着说，让人觉得很讨厌）此指用语言打击、刺激别人，和别人针对着说。"～白"意指：①说出和别人的意见不同的见解。②揭穿别人的谎话。以上云南方言对应的当是古"譆"字。云南方言还会说"～风"（即逆风）、"qiāng 阳"（即当阳），此处对应的当是古"戗"字。可见，"譆"字从中古"语轻"到兰书"以言拒人"，发展到云南方言"用语言打击、刺激别人""和别人针对着说"等意义，所含词义轻重不同，显现为越来越重趋势：语言状貌—语言作为沟通工具—语言作为武器。

以上 3 个古语词，现代汉语仅保留 1 个（噇），在云南方言里则全在使用中，且其中"詪""噇"二词在兰书中较好保留了古义，在云南方言中词义轻重色彩发生了一定改变——情感倾向明显、突出、强烈，体现着云南方言的独特性，即词语所指意义较为具体、直率、不含糊，恰似云南人所具有的直率、耿直特性；"譆"一词词义在兰书中已发生改变，在云南方言中，进一步发生变化，词义轻重色彩改变。

（4）词义转移

这部分词汇的词义由甲范围转移到了乙范围，并且新旧词义间存在着某种联系。即兰书所收古语词词义与云南方言词汇义相比较，意义已发生转移，但二者间仍可寻到千丝万缕的联系。例如：

　　𤲂（二江阳），音同"商"，菜畦。据《汉语大字典》，"𤲂"同"塲"。《集韵》："塲，《方言》：'蚍蜉犁鼠之塲谓之坻塲。'一曰浮壤。或作𤲂。"而"塲"为多音字：㊀shāng，意为：①蚂蚁、蚡鼠所起的小土堆。《方言》："两宋之间蚍蜉、犁鼠之塲谓之坻塲。"郭璞注："犁鼠，蚡鼠也。"钱绎笺疏："此鼠田鼠之类…于田中穴地而行，起土成封，若蚍蜉坻然，古同名为坻。"②耕过的疏松土壤。《玉篇》："塲，耕壤。"《集韵》："塲，浮壤。"㊁cháng，同"场"。《字汇》："塲，同场。"《字汇补》："与场字通者，如《王褒颂》'恬淡无为之塲'，乃其假借之音也。"《汉语大词典》无"𤲂"字，收录"塲³"音 shāng，意为：①蚂蚁、田鼠、蚯蚓等翻起的松散泥土或堆在穴口的小土堆。《方言》："坻、坦，场也。两宋之间，蚍蜉、犁鼠之场谓之坻，蟓场谓之坦。"郭璞注："场音伤。"《文选》潘岳《藉田赋》："坻场染屦，洪糜在手。"李善注："场，浮壤之名也，音伤。"②"墒"的古字。贾思勰《齐民要术》："燥湿候黄场，种讫不曳挞。"石声汉注："'场'，原写作'𤲂'，现在写作'墒'，即保有一定水分一定结构的土壤。'黄场'，是显黄色的湿润土壤。"《现代汉语词典》写作"墒"，音 shāng，意为"土壤适合种子发芽和作物生长的湿度"。云南方言音 shang⁴⁴，常做菜畦的量词，相当于现代汉语量词"畦"。如："我家种了两~茄子，三~辣子。"（即我家种了两畦茄子，三畦辣椒）可见，"𤲂"在上古、中古意为"坻场"或"浮壤"，名词；现代汉语指含特定水分、结构的土壤，名词；兰书转指"菜畦"（有土埂围着的一块块排列整齐的种蔬菜的田），名词；云南方言进一步转指菜畦的量词。

　　奯（九缄咸），"聃"入声，与"答"同音，耳大垂貌。《汉语大字典》为多音字：㊀音 dā，意为：①大耳。《玉篇·耳部》："奯，大耳也。"②下垂。如：奊拉着脑袋。梁斌《播火记》五："春兰一下子~下脸来。"㊁zhé 同"耴"。耳下垂。《正字通·耳部》："奊，《总要》：'耴，俗作奊。'"《汉语大词典》音 dā，意为：①大耳朵。②见"奊拉"。[奊拉] 方言。《现代汉语词典》音 dā，意为"大耳朵"。[奊拉] 指下垂。也作搭拉。云南方言音"ta^{44}"，指垂、拖，如："这条裙子太长了，穿着~克地上了。"（即这条裙子太长了，穿着拖到地上了）"~着"读为"ta^{44} zho^{44}"指下垂，如："挨手甩起来，莫~着。"（即把手甩起来，别奊拉着）句子"莫只认得~着耳朵呢听，多动动脑子想办法。"（即不要只知道乖乖听着，多动脑筋想办法）这里的"~着"，表面意指垂着耳朵，实指"低眉顺眼、乖乖听话的样子"。可见，中古指"大耳朵"、近古指"下垂"的"奊"，现代汉语有保留，而兰书变成了形容词，意指"耳大下垂的样子"，云南方言除"垂"意义，在兰书基础上辗转变为"低眉顺眼、乖乖听话的样子"以及"拖"（动词）。

拈（十廉纤）音同"鲇"，指取物。《汉语大字典》为多音字：㊀niān，意为：①用手指夹、捏取物。《说文》："拈，揶也。"《释名》："拈，黏也，两指翕之，黏著不放也。"《广韵》："拈，指取物也。"②持，拿。《广雅》："拈，持也。"㊁niǎn，搓揉；搓捻。《水浒全传》第七十三回："拈指间散了残肉。"㊂diān，掂，用手估量轻重。《汉语大词典》为多音字：㊀niān，意为：①用两三个手指头夹、捏取物。②拿；持；提。③习弄，摆弄。④黏，㊁niǎn，捻，用手指搓转。㊂diān，意为：①掂，用手估量轻重。②算计。《现代汉语词典》音 niān，用两三个手指头夹取（东西），捏。云南方言音 nian^{44}，意义有所转移，如"~菜"指用筷子夹菜。"拈"，现代汉语还保留上古、中古、近古"指取物"意义，云南方言则不再用手指

183

取物，而是用筷子等工具取物。

瘱（十二西微）音"虽"，瘘~病貌。《汉语大字典》音 shuāi，意为：①疾病减轻。《说文》："瘱，减也。"段玉裁注："减，亦谓病减于常也。"②衰老。也作"衰"。《说文》："瘱，耗也。"唐玄应《一切经音义》："《礼记》：'年五十始瘱。'瘱，解也。今皆作衰。"③疾病。《广韵》："瘱，病也。"《篇海类编》："瘱，疾也。"《汉语大词典》音 shuāi，意为：减损；衰退。《现代汉语词典》无此字。云南方言音 sui^{44}，如："人家说他两句，他就~了，搞哪样改革。"此指胆小怕事，临阵退缩。[①] 再如："平时么吹自己多侯，要他出头呢时候么，他就~了。"（即平时自吹有多能耐，需要他带头出面办事的时候，他就退缩了）"~灰脸"指粉脸，指演曹操、董卓一类奸臣的白净。[②] 可见，"瘱"在上古、中古意指病、疾病减轻，至兰书变为生病的样子，云南方言与病有关，也离不了生病时萎靡不振、面色晦暗不明的样子，即指胆小怕事、临阵退缩，以及"~灰脸"的坏人面孔。

燌（十四呼模），音同"呼"，炰肉。《汉语大字典》：同"模"。唐慧琳《一切经音义》卷五《大般若波罗密多经》第四百四十卷音义："搂模，模，或作燌。燌盖古字也。"《康熙字典·备考·巳集·火部》："燌，《搜真玉镜》同无。"《字汇补·火部》："燌，音无，义同无。"《汉语大词典》无此字。《现代汉语词典》无此字，同义词为"烀（hū）"，意为"用少量的水，盖紧锅盖，加热，半蒸半煮，把食物弄熟。"如"~白薯"。《汉语大字典》"烀"意为"半蒸

---

① 张弗主编：《玉溪市方言词典》，海南出版社 2006 年版，第 65 页。
② 同上书，第 53 页。

半煮，把食物弄熟。"《汉语大词典》"烀"为方言，指一种烹饪方法。用少量的水，盖紧锅盖，半蒸半煮，把食物弄熟。德宏、版纳等地读为 hu^{44}，玉溪、大理、普洱等地又读 fu^{44}，意为"煮"，且是放大量水长时间地煮，如"～猪脚"。云南有一道特色菜就叫"牛炃～"或"烂～"，就是指煮得很软、很烂的块状牛肉，而峨山一带专指煮炃了的牛头、牛蹄、牛筋。可见，"燀"字历史记载较少，也较为简略。中古记载中，认识不一，或认为"同'模'"，或认为"同'无'"。近古时，《字汇补》认为"燀"音无，义同无；而兰书认为当音"呼"，意为烝肉。"燀"作为烹饪方法——蒸，兰书之前鲜有记载；云南方言"hu^{44}"或"fu^{44}"，词义有变异，可是动词——放大量水长时间地煮，也可是名词——煮得很软、很烂的块状牛肉。

躁（十六萧豪），音同"皁"，意为"践踏"。《汉语大字典》音 zào，意为：①性情急，不冷静。②浮躁，不专一。③动。④疾，中医指脉盛急速。⑤骄狂。⑥狡猾，狡诈。⑦干燥。《汉语大词典》音 zào，意为：①急疾；迅速。②急躁；浮躁。③急切；汲汲。④扰动；跳动。⑤动乱；不安定。⑥通"剿"。狡猾，狡诈。⑦通"燥"。干燥。⑧通"懆"。贪。⑨通"操"。［躁切］指胁迫；胁制。躁，通"操"。⑩用同"臊"。《现代汉语词典》音 zào，意为"性急；不冷静"。云南方言音 zao^{212}，意为"踩"。如"～他两脚"（即踩他两脚）。可见，"躁"在现代汉语中的意义与上古、中古意义极为接近，兰书、云南方言意义与其大相径庭，兰书、云南方言之"躁"与上古、中古之"躁"仅是读音、字形相同罢了。

譟（十六萧豪），"骚"去声，音同"燥""氉（sào）"，群声喧闹也。《汉语大字典》音 zào，意为：①同"噪"。喧哗。《广韵》：

"噪"，同"譟"。②欢呼。《周礼·夏官·大司马》："车徒皆譟。"郑玄注："譟，讙也…亦谓喜也。"《汉语大词典》音 zào，意为：①欢呼。②叫嚷；喧闹。③众口盛传。蒲松龄《聊斋志异·瑞云》："瑞云名譟已久，自此富商贵介，日接于门。"④通"躁"。急躁，浮躁。"譟险"即浮躁尖刻，"譟"通"躁"。⑤通"剿"（jiǎo）。狡猾。"譟诈"即狡猾奸诈，"譟"通"剿"。《现代汉语词典》同"噪"，音 zào，意为：虫或鸟叫；大声叫嚷；广为传扬。云南方言音 cao^{212}，如："再不听话么，我要～人了嘎。"（即再不听话，我要骂人了）"譟"指骂（人）。可见，上古、中古、兰书之"譟"有"欢呼""喧哗""叫嚷""喧闹"意义，并无"骂（人）"意义，云南方言由"大声"意义，引申为"骂人"，词义发生了转移。

眿（十八家麻）音同"麻"，眼昏花也。《汉语大字典》音 má，缓视貌。《类篇》："眿，缓视貌。"《汉语大词典》《现代汉语词典》无此字。云南方言音 ma^{31}，如："书上呢字密密麻麻呢，又小，眼睛都看～了。"（即书上的字又小又密，眼睛都看花了）今写作"麻"。但《汉语大字典》"麻"为多音字：㈠má，意为：①古代专指大麻，俗称"火麻"。②麻的茎皮纤维。③芝麻。④丧服，用麻布制成。⑤古代丧礼用的麻布带子。⑥唐宋时用黄柏麻纸颁诏，故称诏书为麻。⑦表面不平，不光滑。⑧面部痘瘢，俗称麻子。⑨带细碎斑点的。⑩麻木，感觉不灵或全部丧失。⑪麻味。⑫不堪入耳目的言行，使人感到肉麻。⑬古乐器。⑭方言。大（胆），壮（胆）。⑮同"痲"。《正字通》："痲，痲风热病。本作麻。"⑯古地名。⑰姓。㈡mā，方言。意为："差不多或刚刚"。常叠用在形容词"黑"或"亮"前。如：麻麻黑。可看出，上古、中古、兰书，"麻"并无"眼昏花也"之意，与"眿"仅是同音词。"眿"，中古为"缓视"，而兰书、云南方言为"眼昏花"，意义发生了转移。

谺（十八家麻），音同"瞎"，裂开。《汉语大字典》音 xiā，"谺谺"（hān xiā）也作"谽谺"。意为：①山谷空大貌。《广韵》："谺谺，谷空貌。"《集韵》："谽，谽谺，谷空貌。或作谺。"②涧谷。《玉篇》："谺谺，涧谷也。"《汉语大词典》音 xiā，意为：①山谷空旷貌。②指山谷。"谽谺"意为：①山谷空旷貌。②山石险峻貌。③犹闪烁。④中空貌。《现代汉语词典》无此字。云南方言音 xia[44]，如"墙上～着一条缝了。"（即墙壁裂开了一条缝隙了。"谺"即"裂开、破裂"）看来，"谺"于中古时是形容词或名词，似乎与兰书"裂开"义、动词性的"谺"相距太远，兰书、云南方言表"裂开"意义的"xia[44]"记作"閕"更为合适。

剄（十八家麻），音同"鸦"，刀刔。"刀刔"即用刀切。《汉语大字典》音 yā，用刀割颈。《广雅》："剄，刔也。"王念孙疏证："《吴语》：'自剄于客前。'贾逵注云：'剄，刔也。'"柳宗元《同刘二十八院长述旧言怀感时事》："守道甘长绝，明心欲自剄。"《汉语大词典》音 yā，刔颈。《国语·吴语》："乃皆进，自剄于客前以酬客。"韦昭注："贾（贾逵）、唐（唐固）二君云：'剄，刔也。酬，报也。将报客，使死士自刔。'"《现代汉语词典》无此字。云南方言音 ya[44]，如："挨那个苹果～成四～。"（即把那个苹果切成四瓣）可做动词和量词用，做动词时意为用刀切，做量词意思是"瓣"。上古、中古、兰书为刔颈自杀意义，云南方言则不再用刀割脖子，而是用刀切水果等，意义有所转移。

以上 10 个词汇，现代汉语中有 4 个已不存在（瘕、瞻、谺、剄），6 个仍有保留（奄；拈；躁；譟——现代汉语写作"噪"；矱——现代汉语写作"墒"；燗——现代汉语无此字，同义词为

"烀"），而在云南方言中仍在频繁使用中。在兰书以前的古籍中有较好保存，发展脉络很清晰。这部分词汇，对于现代汉语来说，或几近完全相同，较好保留了古义；或已不再使用而成为历史词，即这部分词只保留在古籍文献中，生活中已不再使用。而对于云南方言来讲，这部分词正充满着勃勃生命力，但意义均已发生转移，既不同于古义，也不同于现代汉语意义，但能找到古义的蛛丝马迹。

（5）所录词现已不存在，且无从查源

兰书收录的这部分词汇，现代汉语中现已不存在，在作者现有资料中也无从查源，然而在云南方言中却以与兰书所录词汇音义相同方式仍在频频使用，可说云南方言较好地保留了兰书词汇意义。这类词汇现发现两个。

剞（二江阳）："仓"去声，擦破。《汉语大字典》《汉语大词典》《康熙字典》均无此字。《现代汉语词典》无此字，同义词为"创（chuāng）"，意为"使受损伤"。但兰书中"创"与"怆"同音，意为"始造也"，"剞"与"创"是音义不同的两个字。云南方言音cang^{212}，如："我掼了一跤，把手～破了。"（即我摔了一跤，把手擦破了）指擦破。"～塌皮"指蹭破皮。[1] 音义与兰书之"剞"完全一致。此字目前虽暂时无从查源，但其作为一个形声字（从刀，窄声），我们可知它是一个后起字，意义多与刀、刀割或割破等义有关。

殙（十六萧豪），音同"闹"，药毒死。《汉语大字典》《汉语大词典》《康熙字典》《现代汉语词典》均无此字。云南方言音nao^{212}，人们常说："他着菌儿～着了。"指吃菌中毒了，此处的"殙"指"中毒"。也可以说："买点儿药来～耗子。"指"买药来毒杀老鼠。"

---

① 张弗主编：《玉溪市方言词典》，海南出版社 2006 年版，第 18 页。

这里的"殟"则指"毒杀"。此字目前虽然暂时无从查源，但其作为一个形声字（从歹，声），我们可知此字是一个后起字，意义多与死亡、坏或不吉祥等义有关。

这部分词汇在作者现有古籍文献资料中暂无踪影，无法查询其渊源，现代汉语中也无半点儿痕迹，但对于云南人来说，无不渗透着浓厚的乡土气息、家乡韵味，正如邻里交谈，亲切可感。

综上所述，兰茂的《韵略易通》所收古语词在云南方言中，其词义与云南方言或基本相同，或同中有异，或迥异。演变情况可统计为表2-29：

表2-29　　　　《韵略易通》所收古语词的古今对比

兰书收字	8308个						
云南方言	云南方言词汇78个						与现代汉语同（个）：8230
	遗存古义（个）	词义发生演变（个）					
		扩大	缩小	轻重色彩变化	转移	暂无从查源	
	26	30	7	3	10	2	
现代汉语 已不存	16	11	6	2	4	2	
现代汉语 已变义	10	19	1	1	6		

通过以上分析，我们可以得出结论：

第一，兰茂的《韵略易通》所收的8308个词中，8230个词与现代汉语相同，78个词与现代汉语存在较大差异性，但体现为较强的云南方言特点。8230与78的比例，让我们看到：兰茂的《韵略易通》记录的主要是明代中原汉语系统、明代官话的发展变化以及中古音向现代汉语语音发展的一般规律；同时，78 个具有云南方言特点的词汇，也揭示云南方言词汇已然形成。

第二，这 78 个词，在现代汉语中 41 个词已不存在，37 个词的词义发生变化或已不常用；这 78 个词在云南方言中使用较为频繁，仍具有较强生命力，词义体现为：26 个词遗存古义，30 个词的词义扩大，7 个词义缩小，3 个词的词义轻重色彩不同，10 个词的词义发生转移，2 个词仅为兰书和云南方言所特有。这些数据让我们看到：

（1）这 78 个方言词汇，26 个完全承袭古义，40 个虽已变化（词义扩大、缩小、轻重色彩不同），但承袭古义痕迹明显，即 66 个词系源于中原汉语；10 个词义转移词，虽其意义既不同于古义，也不同于现代汉语意义，但仍能找到与古义的某个联系点，即这 10 个云南方言词汇仍是源于中原汉语；仅两个词为兰书、云南方言独有。

（2）这 78 个虽在现代汉语里已不存在或有异于现代汉语，但仍在云南方言中频频被人们使用着的特色词汇，有 76 个源于中原汉语，这揭示了一个不可否认的事实是：云南方言虽与现代汉语、普通话存在诸多差异，但源出中原汉语，隶属官话；云南方言词汇重要源头是古语词。

（3）这 78 个方言词汇，50 个词汇其词义在继承的基础上有了发展、变化（词义扩大、缩小、轻重色彩不同、词义转移）。可知，云南这个多民族聚居地，随着汉、明两代汉族大量移民入滇，官话传入云南，汉族移民与土著民族相互融合的同时，汉族移民的语言与土著民族的语言也相互融合，不可避免地发生了变化；反映出云南社会生活、物质文化的丰富、发展，同样体现了云南社会文化生活的时代性、地域性、独特性，以及多语言的接触对边疆少数民族地区汉语方言的影响。随着社会、历史的发展，在云南方言中渐进地发生着变化。张玉来先生认为"这个官话音系中带有很浓的个人审定成分，兰茂做到了既不违于古，又无碍于时，所以这个系统不是一个单纯的北方官话音系"①。这种说法甚为贴切。

（4）78 个云南方言词汇中，两个仅为兰书、云南方言所独有，现有古籍、现代汉语资料中都没有记录。这类词虽少，但吉光片影，弥足珍贵！或可说这正是多民族接触地区特色语言创造的体现、结果——带有浓郁的方言地域特点，或是土生土长动植物，或是云南地域生活方式等，约定俗成地造出了地道的方言词汇。这两个词，或可说是云南方言新造词、自源词。

总之，兰茂的《韵略易通》既记录了中原汉语，也记录了时音；在时音与中原汉语的异同间、在语言细节的演变中，揭示了汉语继《中原音韵》之后的发展规律、渐变的过程，以及现代汉语与云南方言的分合源流的历史关系；昭示着明代云南方言词汇的现状、来龙去脉。兰书在北方话系统的发展形成过程中起着承前启后的桥梁作用，是研究云南明代方言词汇的最早最完整的珍贵史料，不仅有助于宏观把握明代汉语状况，也可让我们看到云南方言的逐步形成及独立发展。

3. 兰茂的《韵略易通》所收古语词在云南方言中的语音演变

（1）在云南方言中词义得以保留的古语词的语音变化情况（26 个）

---

① 张玉来：《〈韵略易通〉的音系性质问题》，《徐州师范大学学报》1997 年第 2 期。

表2-30　　　　　《韵略易通》所收古语词的读音演变

序号	兰书中云南方言词汇	上古音①	中古音②	《韵略易通》读音	现代汉语	云南方音③
1	？	无	sù《广韵》相玉切，入烛心④	雪母东洪韵入声，音同俗	无	su²¹²
2	沰	①端母宅铎开一入声。②透母宅铎开一入声。	①tuō《广韵》他各切，入铎透。②duò《集韵》当各切，入铎端⑤	东母江阳韵入声，音同铎	无	duo³¹
3	攮	娘母江江开二上声	nǎng《集韵》匿讲切，上讲娘⑥	暖母江阳韵上声，音同曩（nǎng）	近义词为"攘"	nang⁵³
4	？	无	①lǎng《集韵》里党切，上荡来。②làng（《集韵》郎宕切，去荡来⑦）	来母江阳韵去声，音同浪	近义词为"晾"	lang²¹²
5	？	无	lín《集韵》离珍切，平真来⑧	来母真文韵平声，音同邻	无	lin³¹
6	灒	《说文》从水，赞声⑨	①zàn《广韵》则旰切，去翰精。②cuán《集韵》徂丸切，平桓从。③qián《集韵》财仙切，平仙从。④zá《集韵》子末切，入曷精⑩	早母山寒韵去声，音同赞	zàn	zan²¹²

---

① 上古音信息主要源于上海师范大学"东方语言学网"上古音查询系统，以下各表同。

② 中古音信息源自《汉语大字典》（四川辞书出版社2010年版），以下各表同。

③ 云南方言调值情况是：阴平44、阳平31、上声53、去声212。以下各表同。

④ 《汉语大字典》，四川辞书出版社2010年版，第387页。

⑤ 同上书，第1696页。

⑥ 同上书，第2086页。

⑦ 同上书，第1624页。

⑧ 同上书，第388页。

⑨ 同上书，第1924页。

⑩ 同上。

续　表

序号	兰书中云南方言词汇	上古音	中古音	《韵略易通》读音	现代汉语	云南方音
7	蚻	庄母山黠开二入声	zhá《广韵》侧八切，入黠庄①	枝母山寒韵入声，"盏"入声，音同札	无	zha⁴⁴
8	趏	①见母山辖合二入声 ②溪母山辖开二入声	①guā《广韵》古頒切，入辖见。又枯辖切。②huò《广韵》户括切，入末匣②	见母山寒韵入声，音同刮	无	gua³¹
9	?	无	① chuā《广韵》初刮切，入辖初。又厕列切。②zhá 明《蜀语》音札③	春母山寒韵入声，音同籖（chuā）	无	chua³¹
10	?	无	piān《集韵》纰延切，平仙滂④	破母先全韵上声，音同谝	近义词为"片"	pian⁵³
11	跈	①泥母山先开四上声 ②定母山先开四上声	①niǎn《广韵》乃殄切，上铣泥。又徒典切。②jiàn《集韵》在演切，上狝从。③ chén《集韵》池邻切，平真澄。④tiàn《广韵》徒典切，上铣定⑤	暖母先全韵上声，音同碾	近义词为"蹍"	nian⁵³
12	墼	见母梗锡开四入声《说文》从土，毄声⑥	jī《广韵》古历切，入锡见⑦	见母庚晴韵入声，音同"击"	jī	ji⁴⁴

---

① 《汉语大字典》，四川辞书出版社 2010 年版，第 3717 页。
② 同上书，第 3035 页。
③ 同上书，第 393 页。
④ 同上书，第 381 页。
⑤ 同上书，第 3941 页。
⑥ 同上书，第 527 页。
⑦ 同上。

续 表

序号	兰书中云南方言词汇	上古音	中古音	《韵略易通》读音	现代汉语	云南方音
13	伩	禅母深侵开三去声	shèn《广韵》时鸩切，去沁禅①	从母侵寻韵去声，音同沁	近义词为"沁"	qin²¹²
14	？	无	dā《广韵》都盍切，入盍端②	东母缄咸韵入声，音同答、踏	无	ta³¹
15	腤	影母咸覃开一平声	ān《广韵》乌含切，平覃影③	一母缄咸韵平声，音同庵	ān	an⁴⁴
16	煠	①崇母咸洽开二入声。②彻母咸叶开三入声。③以母咸叶开三入声	①yè《广韵》与涉切，入叶以。又丑辄切。②zhá《广韵》士洽切，入洽崇④	枝母缄咸韵入声，音同闸	zhá	zha³¹
17	靸	①心母咸合开一入声。②心母咸盍开一入声。《说文》从革，及声。⑤	sǎ《广韵》苏合切，入合心。又私盍切⑥	雪母缄咸韵入声，音同飒	sǎ	sa³¹
18	探	《说文》从手，罙声⑦	①tàn《广韵》他含切，平覃透。《集韵》又他绀切。②xián《集韵》时占切，平盐禅⑧	天母缄咸韵平声（阴平），音同贪	tàn	tan⁴⁴

---

① 《汉语大字典》，四川辞书出版社 2010 年版，第 197 页。
② 同上书，第 2948 页。
③ 同上书，第 2250 页。
④ 同上书，第 2374 页。
⑤ 同上书，第 4611 页。
⑥ 同上书，第 4611 页。
⑦ 同上书，第 2019 页。罙，音 shēn、shèn。
⑧ 同上书，第 2019—2020 页。

续　表

序号	兰书中云南方言词汇	上古音	中古音	《韵略易通》读音	现代汉语	云南方音
19	嚧	来母遇模合一平声	lú《广韵》落胡切，平模来①	来母呼模韵平声，音同卢	无	lu⁴⁴ lu⁵³
20	胖	《说文》从肉，孚声②	pāo《广韵》匹交切，平肴滂③	破母萧豪韵平声（阴平），音同抛	pāo	pao⁴⁴
21	幺	影母效萧开四平声	①yāo《广韵》于尧切，平萧影。②mì《集韵》莫狄切，入锡明④	一母萧豪韵平声，音同腰	yāo	yao⁴⁴
22	翘	①群母效宵开重钮四等平声。②群母效宵开重钮四等去声。《说文》从羽，尧声⑤	①qiáo《广韵》渠遥切，平宵群。②qiào《广韵》巨要切，去笑群⑥	开母萧豪韵平声（阳平），音同乔	qiáo、qiào	qiao²¹²
23	睉	无	suō《广韵》素何切，平歌心⑦	雪母戈何韵平声，音同蓑	同义词为"睃"	suo⁴⁴
24	搲	影母假麻合二去声	①wā《集韵》乌瓜切，平麻影。②wǎ《类篇》乌瓦切，上马影。③wà《集韵》乌化切，去祃影⑧	一母家麻韵上声，音同瓦	无	wa⁵³

① 《汉语大字典》，四川辞书出版社 2010 年版，第 756 页。
② 同上书，第 2229 页。
③ 同上。
④ 同上书，第 1168 页。
⑤ 同上书，第 3578 页。
⑥ 同上书，第 3578—3579 页。
⑦ 同上书，第 2668 页。
⑧ 同上书，第 2052 页。

续　表

序号	兰书中云南方言词汇	上古音	中古音	《韵略易通》读音	现代汉语	云南方音
25	奓	①知母假麻开二平声。②知母假麻开二去声	①shē《集韵》诗车切，平麻书。②chǐ《集韵》敞尒切，上纸昌。③zhà《广韵》陟驾切，去祃知。又陟加切。《集韵》充夜切，去祃昌①	枝母家麻韵平声，音同咤	zhā、zhà	zha⁴⁴
26	啾	精母流尤开三平声。《说文》从口，秋声②	jiū《广韵》即由切，平尤精③	早母幽楼韵平声，音同湫（qiū）	jiū	qiu⁴⁴

表格中 26 个古语词，其语音从上古、中古、兰书到云南方言的变化情况可归纳如下：

①以上 26 个古语词，有 5 个词（剚、攃、臆、胕、畓）古今语音基本一致；有 21 个词汇读音在云南方言中有了变化：

A. 古代多音词在云南方言中变为单音词（11 个）。此类变化又有两种情况：第一，多音变单音后，云南方言保留了古音多音中的一种读音（10 个），如"眼" lǎng/làng→去声 lang²¹²、"灒" zàn/cuán/ qián/ zá→去声 zan²¹²、"趁" niǎn/jiàn/chén/tiàn→上声 nian⁵³、"探" tàn/xián→去声 tan²¹²、"幺" yāo/ mì→阴平 yao⁴⁴、"翘" qiáo/qiào→去声 qiao²¹²、"搲" wā/wǎ/wà→上声 wa⁵³、"奓" shē/chǐ/zhà/

① 《汉语大字典》，四川辞书出版社 2010 年版，第 583 页。
② 同上书，第 707 页。
③ 同上。

zhā→阴平 zha^{44}、入声字"洝"tuō/ duó→阳平 duo^{31}、入声字"煠"yè/zhá→阳平 zha^{31}；第二，多音变单音后，在云南方言中语音发生改变（有 1 个词），如入声字"趏"guā/huó→阳平 gua^{31}。

B. 古代单音词，读音在云南方言中发生改变（10 个）。1 个词声母不同（啾 jiū→qiu^{44}），7 个词声调不同（嚧 lú→阴平 lu^{44}/上声 lu^{53}、"翩"piān→上声 pian^{53}、入声字"觫"sù→去声 su^{212}、入声字"剶"chuā→阳平 chua^{31}、入声字"墼"jī→阴平 ji^{44}、入声字"蚻"zhá→阴平 zha^{44}、入声字"靸"sǎ→阳平 sa^{31}），1 个词声母与韵母不同（伣 shèn→去声 qin^{212}），1 个词声母与声调都不同（入声字"鞑"dā→阳平 ta^{31}）。

②古入声字在云南方言中的变化。以上 26 个古语词，有 9 个入声字（墼、蚻、洝、煠、趏、剶、靸、鞑、觫），其中 2 个词变阴平（墼、蚻），6 个词变阳平（洝、煠、趏、剶、靸、鞑），1 个词归去声（觫）。

③以上 26 个古语词，5 个词古今语音几无变化，21 个词在云南方言中读音发生变化的时段大体为：

A. 12 个词在兰茂时期已经发生语音变化。其中 10 个词在兰茂时期的读音与云南方音几近一致——眼、瀽、跈、探、幺、翘、掫、爹、翩、啾、伣；两个词既不同于古音，也不同于云南方音——"煠"，上古、中古为入声字、多音字，音 yè/zhá；兰茂时为入声、单音字，音同闸；云南方言为单音字，音 zha^{31}。"翘"，上古、中古为多音字，音 qiáo/qiào，兰茂时语音、云南方音只有一个读音，前者承袭了平声，而云南方音承袭了去声。

B. 9 个词在现代云南方言中发生了语音变化——"嚧"及 8 个

入声字"剌、沰、蛋、趏、剩、墼、皴、靫"。

（2）在云南方言中词义发生变化的古语词的语音变化情况
（52个）

表2-31　在云南方言中词义扩大的古语词的语音变化情况（30个）

序号	兰书中云南方言词汇	上古音	中古音	《韵略易通》读音	现代汉语	云南方音
1	傯	无	zòng《广韵》徂送切，去送从①	早母东洪韵平声，音同宗	无	zong⁴⁴
2	顿	无。近义词为"拱"。《说文》拱，从手，共声②	无。近义词为"拱"（gǒng《广韵》居悚切，上腫见③）	见母东洪韵上声，音同巩	近义词为"拱²"	gong⁵³
3	捅	透母通东合一上声	tǒng《广韵》他孔切，上董透④	天母东洪韵上声，音同桶	tǒng	tong⁵³
4	操	心母宕唐开一上声	sǎng《集韵》写朗切，上荡心。又四浪切，去宕心⑤	雪母江阳韵上声，音同嗓	sǎng	sang⁵³
5	垡	奉母山月合三入声	fá《广韵》房越切，入月奉⑥	风母山寒韵入声，音同阀	fá	fa³¹

---

① 《汉语大字典》，四川辞书出版社2010年版，第270页。
② 同上书，第1974页。
③ 同上。
④ 同上书，第1997页。
⑤ 同上书，第2054页。
⑥ 同上书，第471页。

序号	兰书中云南方言词汇	上古音	中古音	《韵略易通》读音	现代汉语	云南方音
6	趲	①精母山寒开一去声。②从母山寒开一上声	①zǎn《广韵》藏旱切，上旱从。又则旰切，《集韵》祖管切。②zū《集韵》宗苏切，平模精①	早母山寒韵上声，音同攒	zǎn	zǎn chuàn
7	摊	（宋）《说文新附》从手，难声②	①tān《广韵》他干切，平寒透。②nàn《广韵》奴案切，去翰泥③	①暖母山寒韵去声，音同难（nàn）。②天母山寒韵平声（阴平），音同滩	tān	tan⁴⁴ nàn
8	捋	《说文》从手，寽声④	luō《广韵》郎括切，入末来	来母端桓韵入声	luō、lǚ	luo⁵³
9	預	无	①zhèn《集韵》士瘁切，上寝崇。②cén《集韵》锄簪切，平侵崇⑤	春母侵寻韵上声，音同碜	近义词为"碜²"，音"chěn"	cen⁵³
10	撍	无	zǎn《集韵》子感切，上感精⑥	早母九缄咸韵上声，音同昝	无	zan⁵³
11	咂	精母咸合开一入声	zā《龙龛手鉴》子荅反⑦	早母缄咸韵入声，音同匝	zā	za³¹

---

①　《汉语大字典》，四川辞书出版社 2010 年版，第 3738 页。
②　同上书，第 2018 页。
③　同上。
④　同上书，第 1994 页。
⑤　同上书，第 4662 页。
⑥　同上书，第 2035 页。
⑦　同上书，第 647 页。

续 表

序号	兰书中云南方言词汇	上古音	中古音	《韵略易通》读音	现代汉语	云南方音
12	譗	无	①zhǎ《广韵》侧洽切,入洽庄。②chā《集韵》测洽切,入洽初。③shà《集韵》实洽切,入洽船①	枝母缄咸韵入声,音同札	无	zha⁴⁴
13	糁	心母咸覃开一上声《说文》从米,甚声②	①sǎn《广韵》桑感切,上感心。②sān《集韵》苏含切,平覃心③	雪母缄咸韵上声,"三"上声	sǎn、shēn	sen⁴⁴
14	馻	心母咸合开一入声《说文》从马,及声④	sà《广韵》苏合切,入合心⑤	雪母缄咸韵入声,音同飒	无	sa³¹
15	爁	①来母咸谈开一上声。②来母咸谈开一去声。③来母咸盐开三去声	làn《广韵》卢瞰切,去阚来。又卢敢切,力验切⑥	来母缄咸韵上声,音同览	无	lan⁵³
16	剕	无	pī《广韵》匹迷切,平齐滂⑦	破母西微韵平声(阴平),音同披	无	pi⁴⁴

---

① 《汉语大字典》,四川辞书出版社 2010 年版,第 4261 页。
② 同上书,第 3368 页。
③ 同上。
④ 同上书,第 4833 页。
⑤ 同上。
⑥ 同上书,第 2404 页。
⑦ 同上书,第 377 页。

续　表

序号	兰书中云南方言词汇	上古音	中古音	《韵略易通》读音	现代汉语	云南方音
17	檕	疑母蟹祭开重钮四去声。《说文》从木，埶声①	yì《广韵》鱼祭切，去祭疑②	一母西微韵去声，音同易	无	yi²¹²
18	焙	并母蟹灰合一去声	bèi《集韵》蒲昧切，去队并③	冰母西微韵去声，音同倍	bèi	bei²¹²
19	擂	①来母蟹灰合一平声。②来母蟹灰合一去声	①léi《玉篇》力堆切。②lèi《古今韵会举要》卢对切④	来母西微韵平声，音同雷	léi、lèi	lui³¹
20	尾（㞑之注释）	微母止微合三上声	①wěi《广韵》无匪切，上尾微。②yǐ⑤	无母西微韵上声	wěi、yǐ	wei⁵³
21	箍	见母遇模合一平声	gū《广韵》古胡切，平模见⑥	见母呼模韵平声，音同孤	gū	gu⁴⁴
22	膪	①知母假麻开二去声。②知母蟹佳合二去声	①zhà《广韵》陟驾切，去祃知。②zhài《广韵》竹卖切，去卦知⑦	春母皆来韵去声，"揣"去声	chuài	chuai²¹²
23	慥	清母效豪开一去声	zào（旧读 cào）《广韵》七到切，去号清⑧	从母萧豪韵去声，音同糙	zào	cao²¹²

① 《汉语大字典》，四川辞书出版社 2010 年版，第 1364 页。
② 同上书，第 1364 页。
③ 同上书，第 2369 页。
④ 同上书，第 2084 页。
⑤ 同上书，第 1036 页。
⑥ 同上书，第 3177 页。
⑦ 同上书，第 2266 页。
⑧ 同上书，第 2503 页。

续 表

序号	兰书中云南方言词汇	上古音	中古音	《韵略易通》读音	现代汉语	云南方音
24	潲	生母效肴开二去声	shào《广韵》所教切，去效生①	上母萧豪韵去声，音同哨	shào	shao212
25	挝	无	① zhuā《集韵》张瓜切，平麻知。②wō②	枝母家麻韵平声，音同檛（zhuā）	zhuā、wō	zhua31、wo44
26	耙	无	bā《集韵》邦加切，平麻帮③	冰母家麻韵平声，音同巴	无	ba44
27	爹	①定母果歌开一上声。②知母假麻开三平声	diē《广韵》陟邪切，平麻知。又徒可切④	东母遮蛇韵平声	diē	die44
28	爷	以母假麻开三平声	yé《玉篇》以遮切⑤	一母遮蛇韵平声，音同耶（yé）	yé	ye31、ye44
29	搊	①庄母流尤开三上声。②初母流尤开三平声。③庄母遇虞合三平声	① chōu《广韵》楚鸠切，平尤初。②zǒu《广韵》侧九切，上有庄。③zhū《广韵》庄俱切，平虞庄⑥	春母幽楼韵平声（阴平），音同篘（chōu）	chōu	cou44
30	煪	从母流尤开三平声	qiú《广韵》自秋切，平尤从⑦	从母幽楼韵平声，音同秋	无	qiu44

① 《汉语大字典》，四川辞书出版社 2010 年版，第 1869 页。
② 同上书，第 2061—2062 页。
③ 同上书，第 3334 页。
④ 同上书，第 2187 页。
⑤ 同上书，第 2188 页。
⑥ 同上书，第 2050 页。
⑦ 同上书，第 2378 页。

表格中 30 个古语词，其语音从上古、中古、兰书到云南方言的变化情况可归纳如下。

①以上 30 个古语词，有 1 个词上古、中古无——"顿"，12 个词（捅、操、摊、撍、剃、樴、焙、尾、箍、溂、憷、耙）古今语音基本一致；17 个词读音在云南方言中有了变化：

A. 古代多音词在云南方言中变为单音词（9 个）。此类又有两种情况：第一，多音变单音后，云南方言保留了古音多音中的一种读音（有 2 个词），如：爁 làn/lǎn→上声 lan^{53}、"爹" 上声/平声→阴平 die^{44}；第二，多音变单音后，在云南方言中语音发生改变（有 7 个词），如：入声字 "捋" lūo/lǔ→上声 luo^{53}、入声字 "譗" zhǎ/chā/shà→阴平 zha^{44}、牏 zhèn/ cén→上声 cen^{53}、"糁" sǎn/sān→阴平 sen^{44}、擂 léi/ lèi→阳平 lui^{31}、腊 zhà/ zhài→去声 chuai^{212}、搊 chōu/zǒu/zhū→阴平 cou^{44}。

B. 古代单音词在云南方言中变为多音词（1 个）。如："爷" yé →阳平 ye^{31}、阴平 ye^{44}。

C. 古代多音词，在云南方言中仍为多音词，但读音有变化（1 个）。如："趱" zǎn/zū→上声 zan^{53}/去声 chuan^{212}，变化前后语音同中有异。

D. 古代单音词，在云南方言中仍为单音词，但读音有变化（6 个）。6 个词皆声调不同："傱" zòng→阴平 zong^{44}，"挝" zhuā→阳平 zhua^{31}，"酋" qiú→阴平 qiu^{44}，入声字 "垡" →阳平 fa^{31}，入声字 "咂" zā→阳平 za^{31}，入声字 "馺" sà→阳平 sa^{31}。

②古入声字在云南方言中的变化。5 个入声字（垡、捋、咂、馺、譗），1 个归在阴平（譗），3 个归在阳平（垡、咂、馺），1 个归在上声（捋）。

③以上 30 个古语词，其中 12 个词古今语音几无变化，"顿"和 17 个词在云南方言中读音发生变化的时段大体为：

A. 8 个词在兰茂时期已经发生语音变化。其中 6 个词在兰茂时期的语音与云南方音几近一致——傈、顿、爥、臘、熖、爹；2 个词既不同于古音，也不同于云南方音——趱（上古、中古为多音字 zǎn/ zū；兰书变为单音字 zǎn；云南方言又为多音字 zǎn/chuàn，但与前音又有不同）、顪（中古时为多音字 zhèn/ cén；兰书变为单音字，音同"碜"chěn；云南方言为单音字，上声 cen^{53}）。

B. 10 个词在现代云南方言中才发生语音变化——垡、捋、啊、誦、椮、駁、擂、挞、爷、搊。

表 2 - 32　　在云南方言中词义缩小的古语词的语音变化情况（7 个）

序号	兰书中云南方言词汇	上古音	中古音	《韵略易通》读音	现代汉语	云南方音
1	裯	无	①lòng《广韵》卢红切，平东来。②tǒng《集韵》吐孔切，上董透①	天母东洪韵上声，音同桶	作"筒"tǒng	tong^{53}
2	襱	①来母通东合一平声。②来母通东合一上声。③澄母通锺合三上声《说文》从衣，龙声②	①lóng《广韵》卢红切，平东来。又力董切。②lòng《集韵》良用切，去用来③	来母东洪韵平声，音同珑		long^{53}

---

①　《汉语大字典》，四川辞书出版社 2010 年版，第 3292 页。
②　同上书，第 3327 页。
③　同上。

续　表

序号	兰书中云南方言词汇	上古音	中古音	《韵略易通》读音	现代汉语	云南方音
3	厖	明母江江开二平声《说文》从厂，龙声①	máng《广韵》莫江切，平江明②	梅母江阳韵平声，音同邙（máng）	páng	mang⁴⁴
4	魬	无	①bān《广韵》北潘切，平桓帮。②fān《集韵》孚万切，去愿敷③	冰母端桓韵平声，音同般	无	ban⁴⁴
5	擩	①泥母流侯开一去声。②日母遇虞合三上声。③日母遇虞合三去声。④日母止脂合三平声。⑤日母山薛合三入声《说文》从手，需声④	①rǔ《广韵》儒佳切，平脂日；而主切，上麌日。②nǔ《集韵》尼主切，上麌娘。③rù《广韵》而遇切，去遇日。④nóu《广韵》奴豆切，去候泥。⑤ruán《集韵》而宣切，平仙日⑤	人母居鱼韵去声，音同洳（rù）	rǔ	ru⁴⁴
6	S	无	pá《玉篇》步加切⑥	破母家麻韵平声（阳平），音同爬	无	ba⁴⁴
7	閛	无	①xiā《集韵》虚加切，平麻晓。②xiǎ《集韵》鱼驾切，去祃疑⑦	向母家麻韵平声（阴平），音同瞎	无	xia⁴⁴

---

① 《汉语大字典》，四川辞书出版社2010年版，第82页。龙，音lóng，máng，méng，páng。

② 同上书，第82页。元代开始用同"庞（páng）"。

③ 同上书，第2733页。

④ 同上书，第2092页。

⑤ 同上。

⑥ 同上书，第3085页。

⑦ 同上书，第4364页。

表格中 7 个古语词，其语音从上古、中古、兰书到云南方言的变化可归纳如下：

①以上 7 个古语词，在云南方言中读音都发生了变化：

A. 古代多音词在云南方言中变为单音词（5 个）。此类又有两种情况：第一，多音变单音后，云南方言保留了古音多音中的一种读音（3 个），如："裪" lóng/ tǒng→上声 tong^{53}、齭 bān/fān→阴平 ban^{44}、閜 xiā/xiǎ→阴平 xia^{44}。第二，多音变单音后，在云南方言中语音发生改变（2 个），如："襱" lóng/ lòng→上声 long^{53}、擩 rǔ/ nǔ/ rù/ nòu/ ruán→阴平 ru^{44}。

B. 古代单音字在云南方言中的变化（2 个）。1 个声调不同（厖 máng→阴平 mang^{44}）；1 个声母和声调不同（蟺 pá→阴平 ba^{44}）。

②以上 7 个古语词，在云南方言中读音发生变化的时间大体为：

A. 5 个词在兰茂时期已经发生语音变化。其中 3 个古语词在兰茂时期的语音与云南方音几近一致——裪、齭、閜；两个词既不同于古音，也不同于云南方音——襱（上古、中古为多音字 lóng/ lòng；兰书变为单音字 lóng；云南方言为单音字 long^{53}）、擩（上古、中古为多音字 rǔ/nǔ/rù/nóu/ruán；兰书变为单音字 rù；云南方言为单音字，阴平 ru^{44}）。

B. 2 个词在现代云南方言中才发生语音变化——厖、蟺。

表2–33　　　　在云南方言中词义的感情色彩发生变化的古语词的语音变化情况（3个）

序号	兰书中云南方言词汇	上古音	中古音	《韵略易通》读音	现代汉语	云南方音
1	詻	①群母宕阳开三上声，其两切。②群母梗庚开重钮三去声，渠敬切。③透母咸覃开一去声，他绀切《说文》读若竞①	jìng《广韵》渠敬切，去映群。又其两切，他绀切②	开母江阳韵上声，音同强（qiǎng）	无	qiang⁴⁴
2	噇	澄母江江开二平声	chuáng《广韵》宅将切，平江澄③	春母江阳韵平声（阳平），音同床	chuáng	zhong⁵³
3	譧	无	qiāng《集韵》千羊切，平阳清④	从母江阳韵平声（阴平），音同枪	近义词为"戗"（qiāng）	qiang⁴⁴

表2–33中3个古语词，其语音从上古、中古、兰书到云南方言的变化情况可归纳如下：

①以上3个古语词，有1个词（譧）语音古今基本一致；有两个词在云南方言中读音都发生了变化：

A. 古代多音词在云南方言中变为单音词（1个）。"詻"渠敬切

---

① 《汉语大字典》，四川辞书出版社2010年版，第4239页。
② 同上。
③ 同上书，第739页。
④ 同上书，第4271页。

（jìng）、其两切（qiǎng）、他绀切（tàn）→阴平 qiang^{44}，即多音变单音后，在云南方言中语音发生改变。

B. 古代单音字变化（1 个）。"噇"古今声韵调皆不同。

②以上 3 个古语词，其中 1 个词古今语音几无变化，两个词在云南方言中读音发生变化的时段大体为：

A. 1 个词在兰茂时期已发生语音变化——誩（上古、中古为多音字 jìng/qiǎng/tàn；兰书为单音字 qiǎng；云南方言为单音字，阴平 qiang^{44}）。

B. 1 个词在现代云南方言中才发生语音变化——噇。

表 2-34　在云南方言中词义发生转移的古语词的语音变化情况（10 个）

序号	兰书中云南方言词汇	上古音	中古音	《韵略易通》读音	现代汉语	云南方音
1	暘	无	同"塲"。① 塲：① shāng《广韵》式羊切，平阳书。② ② cháng《篇海类编》仲良切	上母江阳韵平声（阴平），音同商	shāng	shang^{44}
2	奋	端母咸盍开一入声	① dā《广韵》都榼切，入盍端。② zhé 同"?"。（《广韵》陟叶切，入叶知。又《类篇》昵辄切)③	东母缄咸韵入声	dā	ta^{44}

---

① 《汉语大字典》，四川辞书出版社 2010 年版，第 2732 页。
② 同上书，第 516 页。
③ 同上书，第 2975 页。

续　表

序号	兰书中云南方言词汇	上古音	中古音	《韵略易通》读音	现代汉语	云南方音
3	拈	泥母咸添开四平声《说文》从手，占声①	①niān《广韵》奴兼切，平添泥。② diān（北宋）《景德传灯录》②	暖母廉纤韵平声，音同鲇	niān	nian⁴⁴
4	瘪	《说文》从疒，衰声③	shuāi《广韵》所追切，平脂生④	雪母西微韵平声（阴平），音同虽	无	suiˑ⁴⁴
5	燷	无	同"模"。⑤《搜真玉镜》同无⑥	向母呼模韵平声（阴平），音同呼	近义词为"烀"（hū）	hu⁴⁴或fu⁴⁴
6	躁	精母效豪开一去声	zào《广韵》则到切，去号精⑦	早母萧豪韵去声，音同皁	zào	zao²¹²
7	譟	《说文》从言，枭声。⑧心母效豪开一去声，苏到切	zào《广韵》苏到切，去号心⑨	雪母萧豪韵去声，音同扫（sào）	zào	cao²¹²
8	瘖	无	má《类篇》谟加切，平麻明⑩	梅母家麻韵平声，音同麻	无	ma³¹

---

① 《汉语大字典》，四川辞书出版社2010年版，第1957页。
② 同上。
③ 同上书，第2879页。
④ 同上。
⑤ 同上书，第2395页。
⑥ 采用"汉典网"《康熙字典》信息。
⑦ 《汉语大字典》，四川辞书出版社2010年版，第3990页。
⑧ 同上书，第4288页。
⑨ 同上。
⑩ 同上书，第2688页。

续　表

序号	兰书中云南方言词汇	上古音	中古音	《韵略易通》读音	现代汉语	云南方音
9	谺	晓母假麻开二平声	xiā《广韵》许加切，平麻晓①	向母家麻韵平声（阴平），音同瞎	无	xia⁴⁴
10	岈	无	yā《广韵》于加切，平麻影②	一母家麻韵平声（阴平），音同鸦	无	ya⁴⁴

表格中 10 个古语词，其语音从上古、中古、兰书到云南方言的变化情况可归纳如下：

①以上 10 个古语词，有 5 个词（噶、躁、曆、谺、岈）古今语音基本一致；5 个词（耷、拈、瘪、㷇、譟）读音在云南方言中有了变化：

A. 古代多音词在云南方言中变为单音词（2 个）。此类变化又有两种情况：第一，多音变单音后，云南方言保留了古音多音中的一种读音（有 1 个词），如"拈" niān/diān→阴平 nian⁴⁴；第二，多音变单音后，在云南方言中语音发生改变（有 1 个词），如入声字"耷" dā/zhé→阴平 ta⁴⁴。

B. 古代单音词，读音在云南方言中发生改变（有 3 个词）。1 个词声母不同（譟 zào→去声 cao²¹²），1 个词声母与韵母不同（瘪 shuāi→平声 sui⁴⁴），1 个词声母与声调都不同（㷇 mú 或 wú→阴平 hu⁴⁴或 fu⁴⁴）。

---

① 《汉语大字典》，四川辞书出版社 2010 年版，第 4159 页。
② 同上书，第 375 页。

②古入声字在云南方言中的变化。以上 10 个古语词，有 1 个入声字（奤）在云南方言中变为阴平字（ta⁴⁴）。

③以上 10 个古语词，5 个词古今语音几无变化，5 个词在云南方言中读音发生变化的时间大体为：

A. 4 个词在兰茂时已发生语音变化。其中 3 个词兰茂时语音与云南方音几近一致——拈、痕、燺；1 个词既不同于古音，也不同于云南方音——"譟"，上古、中古音 zào，兰茂时期音 sào，云南方音为 cao²¹²（声调仍为去声，但声母变为 c）。

B. 1 个词在现代云南方言中发生了语音变化——入声字"奤"。

表 2 – 35　兰书两个疑似无从查源古语词在云南方言中语音变化情况（2 个）

序号	兰书中云南方言词汇	上古音	中古音	《韵略易通》读音	现代汉语	云南方音
序号	兰书中云南方言词汇	上古音	中古音	《韵略易通》读音	现代汉语	云南方音
1	剒	无	无	从母江阳韵去声，"仓"去声	无	cang²¹²
2	殙	无	无	暖母萧豪韵去声，音同闹	无	nao²¹²

表格中 2 个古语词，《汉语大字典》《汉语大词典》《康熙字典》《现代汉语词典》等均无此字，难寻其源，难以知晓其上古、中古语音情况，但可看出两字在兰茂时、云南方言中语音几乎一致。

小 结

兰茂的《韵略易通》所收古语词读音在云南方言中，或古今基本一致，或承袭古音部分语音要素，或古今完全不同，其演变情况如表2－36所示。

表2－36　　　　　　《韵略易通》所收古语词读音的演变

兰书收字				8308						合计
云南方言				遗存古义(26个)	词义发生演变(52个)					78个
					扩大(30个)	缩小(7个)	轻重色彩变化(3个)	转移(10个)	无从查源(2个)	
古今同				5	13	0	1	5	2	26
语音变化情况	多音与单音变化	单音词变多音词			1(阳→阴、上)	1(阳→阳、阴)				2
		多音词变单音词	云南方音保留其一	10	2	3		1		16
			云南方言改变 声		1(ch→c)					1
			韵		2(an→en, ei→ui)					2
			调	1(阴→阳)	3(1阴→上,1阳→上,1上→阴)	2(1阳、去→上,1上、去→阴)	1(上→阴)			7
			声韵		1(zh→ch,ai→uai)					1
			声和调				1(d→t,入→阴)			1
		多音词变多音词			1zū→去声 chuan212					1

续　表

兰书收字			8308						合计
云南方言			遗存古义(26个)	词义发生演变(52个)					78个
				扩大(30个)	缩小(7个)	轻重色彩变化(3个)	转移(10个)	无从查源(2个)	
古今同			5	13	0	1	5	2	26
语音变化情况	单音词变化	声母	1(j→q)				1(z→c)		2
		声调	6(1阴→上,1入→去,2入→阴,2入→阳)	6(1阴→阳,1去→阴,1阳→阴,3入→阳)	1(阳→阴)				13
		声母、韵母	1(sh→q,en→in)				1(sh→s uai→uei)		2
		声母、声调	1(b→t,阴→阳)		1(p→b,阳→阴)		1(m或w→h或f,阳→阴)		3
		声韵调				1			1
入声字变化	阴平		2	1			1		4
	阳平		6	3					9
	上声			1					1
	去声		1						1
语音变化时间	兰茂时	音同	10	6	3	0	3	2	24
		音异	2	2	2	1	1	0	8
	云南方言中		9	10	2	1	1	0	23

通过以上分析，我们可以得出结论：

（1）兰茂的《韵略易通》所收 78 个古语词在云南方言中，其读音古今一致的有 26 个，发生语音变化的有 52 个。

（2）52 个古语词在云南方言中的音变，大体反映为：

①古代单音词在云南方言中变为多音词，有两个词（嚧、爷）。即这两个词在兰书或上古、中古时为单音词，发展到云南方言时为多音词。

②古代多音词在云南方言中变为单音词，有 28 个词（眼、潸、趻、探、幺、翘、掫、夽、沰、煠、趆、颣、爧、爹、捋、譆、糁、擂、膌、搊、祠、黬、閒、襹、擩、詯、拈、夻）。即这 28 个词在兰书或上古、中古时为多音词，发展到云南方言时为单音词；同时，这 28 个词中，16 个词选择性地保留了多音中的一个读音（眼、潸、趻、探、幺、翘、掫、夽、沰、煠、爧、爹、祠、黬、閒、拈），其余 12 个词在声韵调方面总存在一定的变化（趆、颣、捋、譆、糁、擂、膌、搊、襹、擩、詯、夻）——声母变化有 1 个词语（搊），韵母变化有两个词语（糁、擂），声调变化有 7 个词语（趆、捋、譆、颣、襹、擩、詯），声母和韵母同时有变化的有 1 个词语（膌）声母和声调同时变化的有 1 个词语（夻）；语音变化多体现在声调方面。

③古代多音词在云南方言中变为多音词，有 1 个词（"趱"zǎn/zū→上声 zan^{53}/去声 chuan^{212}）。变化前后语音有相同之处，如 zǎn→上声 zan^{53}，二者声韵相同，仅是声调变化；也有完全不同之处，如 zū→去声 chuan^{212}，二者差距一目了然。

④古代单音词，在云南方言中仍为单音词，但读音发生改变的，有 21 个词（啾、譟、挞、刷、熖、庬、像、壐、蚗、劗、靫、垜、喕、馭、剩、傛、痕、敏、蟋、燕、噇）。其具体变化情况为：

A. 声母不同的词语有两个（啾 j→q、諜 z→c）。

B. 声调不同的词语有 13 个（1 个阴→阳：挝；1 个阴→上声：刷；2 个阳→阴：熖、厐；1 个去→阴：傸；2 个入→阴：墼、蛰；5 个入→阳：剟、鞁、堡、咂、駁；1 个入→去：剥）。

C. 声母、韵母不同的词语有两个（傪 shèn→去声 qin^{212}、痪 shuāi→平声 sui^{44}）。

D. 声母、声调不同的词语有 3 个（"皷"入声 dā→阳平 ta^{31}、"蟭"阳平 pá→阴平 ba^{44}、"痪"阳平 mú 或 wú→阴平 hu^{44}或 fu^{44}）。

E. 声韵调皆不同的词语有 1 个（噇）。

⑤古代入声字有 15 个（墼、蛰、洦、爍、趏、剟、鞁、皷、剥、堡、捋、咂、駁、誧、奞），其在云南方言中的变化情况为：

A. 入→阴，有 4 个词（墼、蛰、誧、奞）。

B. 入→阳，有 9 个词（洦、爍、趏、剟、鞁、皷、堡、咂、駁）。

C. 入→上，有 1 个词（捋）。

D. 入→去，有 1 个词（剥）。

可看到古入声字发展到云南方言，有一条与中原语音发展相似的规律：入派三声。同时也有细微差别，即入声字在云南方言中多变为阳平字，这或可说是在云南这个多民族接触特殊环境中的特殊产物，多民族语言对云南方言的影响体现。

⑥78 个古语词的语音变化，在声、韵、调三个方面的变化还可总结出：

A. 古今读音相同或云南方音保留古代多音词的其中一个读音，如果都视为承袭古音，我们可说有 42 个词语承袭了古音，36 个词语在历史发展进程中读音发生不同程度的变化。

B. 声母变化有12个词（3个仅仅声母变化，3个声母和韵母都有变化，4个声母和声调都有变化，2个声韵调都有变化）；韵母变化有7个词（2个仅仅韵母有变化，3个声母和韵母都有变化，2个声韵调都有变化）；声调变化有26个（20个仅仅声调变化，4个声母和声调都有变化，2个声韵调都有变化；13个变为阴平，9个变为阳平，5个变为上声，1个变为去声）。

可见，78个古语词的语音，在云南方言中多被承袭（42个），语音发生变化时（36个），多体现为声调变化（28个），四声中，多变为阴平（13个）和阳平（9个），次之为上声（5个）和去声（1个）。

⑦52个古语词的语音变化时间为：

A. 32个词在兰茂时已发生语音变化（眼、濽、刷、跉、佟、探、幺、搲、奓、啾、像、蝜、爁、膪、煪、爹、裥、黏、閒、拈、瘣、熓、割、殭、煠、翘、趲、頫、襱、擩、詰、譟）。即这些词汇在兰茂时的读音已经和之前的古音不一致，古音发展到兰茂时期已发生改变。同时，其中24个词兰茂时期语音与云南方音几近一致——眼、濽、刷、跉、佟、探、幺、搲、奓、啾、像、蝜、爁、膪、煪、爹、裥、黏、閒、拈、瘣、熓、割、殭；有8个词既不同于古音，也不同于云南方音——煠、翘、趲、頫、襱、擩、詰、譟。

B. 23个词在现代云南方言中发生了语音变化（嚧、剩、沰、蛰、趏、剸、墼、皱、鞁、垈、捋、哑、誦、糁、馺、擂、挝、爷、搊、厖、蟢、噇、奄）。这些词在兰茂时期的读音仍与之前的古音一致，到现代云南方言时语音才发生改变。

综上所述，兰茂的《韵略易通》所收78个古语词，有26个在云南方言中古今读音一致，有52个在云南方言中发生音变，这52

个词汇中仍有 16 个承袭了古音（古为多音词，在云南方言中变为单音词），即这 78 个云南方音中有 42 个承袭了古音，36 个发生了细微的语音变化；36 个古语词的语音细微变化，主要体现在声调方面（28 个），多变为平声（阴平 13 个，阳平 9 个，上声 5 个，去声 1 个）；音变形式，有多音词变单音词、单音词变多音词、多音词变为与前音不同的多音词，以及单音词在声韵调的某方面或诸多音素发生改变等；音变时间，音变多发生在兰茂时期（32 个），并且在兰茂时发生音变的 32 个古语词，有 24 个语音由此一直未变。即 26 个云南方音在上古或中古即已成型，古今未变；24 个云南方音在兰茂时期已然固型，23 个云南方音在现代形成，这些例子和数据是云南方音形成与演变的最好例证与证据。

二 释本悟的《韵略易通》与云南方言

（一）本悟的《韵略易通》声母系统与云南方音

1. 本悟的《韵略易通》"东洪"韵"影喻十八"收录了"勇庸用雍佣慵镛墉邕悥"等字，同时将"容溶蓉榕镕融"等字也混入了其中，"庚晴"韵中的"影喻十八"收录了也将"荣"字归入其中，这样看来，"影喻"韵中都是"y"声母的字下出现了 $[z]$ 声母的字，可见，当时云南方音中有些普通话 $[z]$ 声母的字读成了"y"声母，现在云南方言中保留了这种现象，如：容易（yong^{35} yi^{51}），光荣（guang^{55} yong^{35}），荣华富贵（yong^{35} hua^{35} fu^{51} gui^{51}）。这些字在云南方音中属于零声母的字，即由普通话的 $[z]$ 声母变为零声母，读作"yong"，这说明了普通话中的 $[z]$ 声母在明代就产生了音变。云南保山、玉溪、昆明，楚雄，大理等地都有这样的方音现象①。说明了普通话中的〔ʐ〕声母是在明代以后产生的音变。

2. "真文"韵"清从十五"中声母是"q"和"c",同时收录了"村存皴寸忖蹲刌踆黢焌秦蓁亲七漆"等字,都有"q"和"c"声母的字;"庚晴"韵的"清从十五"同时收录了"情清青鲭请倩戚刺曾蹭"等字,同样都是"q"和"c"声母的字混在了一起。由此现象在现在看来,云南少数地区的方言中"q"和"c"与韵母"un"相拼时是区分不了的,一般会把"c"声母的字读作"q"声母的字,如"存(cun³⁵)",云南保山施甸的方言就读作"q"声母,如"存钱(qun³⁵qian³⁵)"。这一方言现象不是很普遍,只有在少数地区才有,最明显的就是云南保山施甸县。

3. "山寒"韵中"穿床十二"除了收录了"产铲潺划察"等"ch"声母的字以外,还将"篡(cuan⁵¹)"这个字收了进去;"心邪十六"同时收录了"珊散伞徽撒萨"等字;"呼模"韵中"穿床十二"收录了"锄初楚刍雏"等字,却将"俎姐"这两个字也归入了其中;"审禅"韵中同时收录了"所数疏梳",但"所"字在普通话中并不能归入其中;"支辞"韵中"穿床"把"差""翅""蚩"归在了一起,"审禅"把"蛳""寺"和"师""狮""尸"等字归在了一起;"庚晴"韵中"支照十一"中的入声字同时收录了"窄""责""摘""泽"等字;"幽楼"韵"审禅"中将"搜"与"瘦收首手守兽受售"等"sh"声母字归在了一起。这些将平翘舌音韵字交混归在一起的现象充分说明了本悟时代云南方音中声母平翘舌音不分。在现在云南方言中,"z、c、s"与"zh、ch、sh"相混同样

---

① 吴积才、颜晓云:《云南方音概括》(一),《玉溪师专学报》1986 年第 4 期。吴积才、颜晓云:《云南方音概况》(二),《玉溪师专学报》1986 年第 5 期。

是一种普遍现象。普通话中读作"zh、ch、sh"声母的字，云南方言读作"z、c、s"声母，普通话读作"z、c、s"声母的字，云南方言读作"zh、ch、sh"声母，不过总体看来，翘舌音读为平舌音的现象比较突出。这种现象出现的最具代表性的地方就是云南红河建水，普通话应读翘舌音的字，当地方言几乎都读成了平舌音。除此之外，云南大理白族的汉话方言同样有这种现象，如："数"读作"su^{51}"，"翅"读作"ci^{51}"，"师"读作"si^{55}"，"初"读作"cu^{55}"，"瘦"读作（sou^{51}）等。这些方言点主要分布在滇东北片、滇西片及滇南片的部分地区。而滇中一带的昆明市及各郊县、曲靖地区、玉溪地区、楚雄州、临沧地区、思茅地区的各地方言，一般都有"z、c、s"与"zh、ch、sh"两组声母，只是"zh"组声母较普通话"zh"组声母的发音，舌尖稍靠前一些，但与"z"组声母绝不相混。[①]

4. 本悟《韵略易通》"真文"韵中"审禅"有声母"ch"和"sh"，同时收录了"纯唇醇鹑蕈顺舜瞬楯"等"sh"声母和"ch"声母的字；"廉纤"韵的"审禅"中"弛""啻"等字也被收在了"sh"声母字中；"十三居鱼"韵的"穿床"和"审禅"中都有"ch"和"sh"两个声母的字，同时收录了"鼠殊署恕戍殳蒢"等字。从这些现象来看，当时云南方音"ch、sh"相混，现在云南方言中也充分体现了这一点，云南保山、玉溪、昆明等地多出现这种情况，如其中收录的"纯（chun^{35}）"读作"sh"声母，即"shun^{35}"，最有代表性的"鼠""暑"等字在云南方言中都读作"ch"声母，即"老鼠（lao^{35}chu^{214}）""暑假（chu^{214}jia^{51}）"。

5. 本悟的《韵略易通》在"泥娘"韵和"来在"韵中几乎都区

----

① 群一：《云南汉语方音史稿》（一），《昆明师专学报》1997 年第 3 期。

分出了"n"和"l"，只有在"先全"韵中的"来在十九"把"辇（nian^{214}）"这个字归入了"联连练莲襟"等"l"声母字中，除此之外，并未发现有"n""l"相混的地方，这说明本悟本已基本区分开了"n""l"这两个声母，只有在少数地方还存在难以区分的现象，不过这足以说明云南方音存在"n、l"不分的情况。在现在的昭通、曲靖等地的方言来看多存在这一现象，如："宁、咛、泞、柠、努、弄、馁、暖"等字一般读作"l"声母，"略、掠、类"读作"n"声母，有时"业、疑"也会读作"n"声母。有些方言，如鲁甸、富源方言，"n"声母只拼齐齿呼韵母，"l"声母拼开口呼、合口呼韵母。

6. 本悟的《韵略易通》"东洪"韵的"精母十四"同时收录了"z""c"声母的字，"萧豪"韵"清从十五"中也将"z""c"两个声母的字收在了一起，这种现象说明了云南方音存在"z"和"c"相混的现象，现在云南方言中也有此现象。其中最典型的"族（zu^{35}）"字在云南方言中读作"c"声母，如：汉族（han^{51}cu^{35}）；"造（zao^{51}）"在云南方言中读作"cao^{51}"，如：造（cao^{51}）纸厂。一般情况下，都是把"z"声母读作"c"声母。这样的方音特点在云南保山隆阳区、腾冲县尤为突出，玉溪、昆明、楚雄等地也有此现象出现。

7. 本悟的《韵略易通》"江阳"韵中"清从十五""心邪十六""晓匣十七"收录了"q"声母和"x"声母的字，在现在云南方言中，保山、昆明、玉溪等地区往往把"x"声母读成"q"声母，典型的"详（xiang^{35}）"就读作"qiang^{35}"，详（qiang^{35}xi^{51}），又如大理州的一个县"祥云"就读作"qiang^{35}yun^{35}"。这个现象不普遍，一般是把"x"声母读作"q"声母，但并不是所有"x"声母读作"q"声母，最典型的是"xiang"这个音节会出现这种情况。

8. 本悟的《韵略易通》"江阳"韵中"心邪十六"，"真文"韵中的"心邪十六"，"庚晴"韵中的"心邪十六"，"西微"韵的"心邪十六"，以及"幽楼"韵的"心邪十六"，都将"x"声母和"s"声母归入了同一个韵部，本来是"心邪"组的字，却出现了"s"声母的字，这说明云南方音中有些"x"声母的字会读成"s"声母。在这几个韵部中出现的一部分"x"声母的字在现在的云南保山、玉溪、楚雄、昆明等地的方言中都读作"s"声母，如：羞、修、秀、绣、锈、锈、袖、西、洗、星、腥、醒、性、姓、信、新、箱。

9. 本悟的《韵略易通》"江阳"韵、"真文"韵、"庚晴"韵、"西微"韵、"萧豪"韵、"幽楼"韵中的"精母十四"都同时收录了"j"和"z"声母，同时收录了"葬藏臧驵将奖蒋浆酱"等字，本来是"精母"组的字，一般只有"j"声母，却出现了"z"声母的字，由此可见当时云南方言就已经存在将"j"声母的字读成"z"声母的现象，即舌尖音比较重。一直到现在，保山市（腾冲县较突出）、昆明宜良、玉溪市、楚雄市等地区的方言中仍存在这种现象，如："将、奖、蒋、酱、匠、进、集、积、挤、精、晶、静、井、焦、蕉、椒、就、酒"等字，它们在云南部分地区方言中就读作"z"声母。

（二）本悟的《韵略易通》韵母系统与云南方音

1. 释本悟的《韵略易通》"重韵"现象中的云南方音特点

（1）云南方音齐撮不分现象在本悟重韵中的体现

释本悟（包括兰茂）将《中原音韵》的第六部"先天"改成"先全"，说明明代人已经意识到 ian［iɛn］和 üan［yɛn］的区别了。但是，本悟在将"先天"改成"先全"的同时，在"先全"韵"见初第一"下的"娟，鹃，涓"等字下注"重四（山寒）九（缄咸）十（廉，织）韵，这说明本悟时代，虽然已经意识到了［i］

和［y］的区别，但二者的界限依旧不明确、很混乱。这也是记载云南方音齐、撮不分现象的最早史料之一。这也是云南方言区别于普通话的重要特点之一，云南方言不分 i（衣）y（鱼）。根据调查，全省有撮口呼的县共有 46 县，这些县有鱼（y）、月（ye）、冤（yan）、云（yn）韵，而有 82 县没有这四类韵，即没有撮口呼韵母，把普通话撮口呼韵都念成齐齿呼 i、ie、ian、in 韵。①

（2）云南方音中普遍存在的前、后鼻不分（［−n］韵尾和［−ŋ］韵尾相混）现象在本悟重韵中的体现

《韵略易通》中"重某韵"大多数集中在阳声韵中，总的情况不外乎是三个鼻韵尾［−m］、［−n］、［−ŋ］的消失或者归并。三个收［−m］尾韵的，不是归入［−m］韵尾，也不是归入［−n］韵尾，而是并入［−ŋ］韵尾中，然后，［−n］韵尾和［−ŋ］韵尾相混，反复相重，［如本悟的《韵略易通》"琴（侵寻）兴（庚晴）音（侵寻）"八重七韵］说明云南方音前后鼻韵尾部分相混的语言事实在明代已产生。一般来说，直到现在云南全省没有一个县，市的方言能完全区分［ən］、［əŋ］，［in］、［iŋ］两组韵母的读音的。普通话的鼻尾韵母，在云南方言中都念为鼻化元音。如昆明方言把"班边端"的韵母念成 ~a、~iɛ、~ua，恩、因、温，念成 ~e、~i、~ue。由于元音鼻化的缘故，普通话中的前鼻音（n）和后鼻音（ŋ）韵尾，在云南话中都变成了鼻化音，就不能区分了。全省没有一个县能区分根、庚，因、英的。②

（3）云南方音把 oŋ、uəŋ 合读为 oŋ

本文《韵略易通》"东洪"韵中，"非奉第九"下收录的"风，

① 吴积才、颜晓云：《云南方音概况》（二），《玉溪师专学报》1986 年第 5 期。
② 同上。

凤"等这类字下注有"重三韵"（真文），说明明代音韵里还没有产生［ən］和［oŋ］的区别，二者都读作［oŋ］。这与云南方言也是有交叉的，在云南方言里，"凤"读为［fuŋ51］。这一点吴积才先生在《云南方音概括（三）》中归纳昆明方言的声韵母情况时就提道：（昆明方言）将普通话中的 oŋ、uəŋ 合读为 oŋ，如送［soŋ］，嗡［oŋ］。另外，普通话中与 p、p'、m、f 相拼的［ən］韵母字，也读作 oŋ 韵母，如碰［p'oŋ］。①

（4）云南方音中存在大面积"重韵"的历史原因

云南方音中齐，撮不分、前后鼻相混等现象的确符合云南方音的实际情况，对于为何会产生这种现象，早就有学者研究得出：云南汉族方言的形成与云南汉族的移民史有密切联系。《云南人文地理》一书中有这样记载："周末庄蹻之开滇，率全部荆楚之民悉成云南土著，中原语言之输入自是已肇其端。（汉至唐宋）此时期之官话属少数贵族所使用，与一般人民并未发生何等影响。故可谓之为纯粹方言时期。……元代本省土民沿用方言，蒙古人沿用蒙语……明初讨平云南，留成官兵及中原人士移殖者为数颇巨。现今各县田赋，有军秋、民秋、军税、民税之分，当时汉人势力之大亦可橛也。云南语言因之发生变化，然土民势力尚大，方言与国语并用，故此时期可谓方言汉语交战时期。"本悟"重韵"正是此"交战时期"的产物。②

2. 本悟的《韵略易通》"重韵"外的云南方音特点

云南的方音特点不仅在本悟首创的"重韵"说中得以体现，也在该书中其他地方得以体现，概括起来有以下几点：

---

① 吴积才、颜晓云：《云南方音概况》（三），《玉溪师专学报》1987 年第 1 期。
② 群一：《云南汉语方音史稿》（二），《昆明师范高等专科学校学报》1998 年第 2 期。

（1）本悟的《韵略易通》"日"母字"而、二、儿、尔"等，收在"支辞"韵中，说明当时无卷舌元音韵母 er。耳二而尔儿，均读为 [e]。这一点也吴积才先生的《云南方音概括（三）》中也作了阐述。

（2）本悟的《韵略易通》"皆来"韵中，同时收录了 [ai] 韵，而现代汉语中的 [iə] 韵也收录在其中，说明本悟时代没有 [ai] 和 [iə] 的区别。这在云南大部分地区的方言中，都有所体现。

（3）本悟的《韵略易通》"戈何"韵，收录了"歌、和、合、或、获"等字，说明明代的音韵里还没有产生 [ɤ] 和 [uo] 的区别，二者可读为 [o]。这与云南方言也是有交叉的，在云南方言里，普通话中与 k、k'、x、零声母相拼的部分 ɤ 韵母字，也读作 o 韵母，如哥割 [ko]、渴科 [k'o]、河贺 [xo]、恶饿 [o]。①

（4）本悟的《韵略易通》"东洪"韵，收录了"菊"字，说明明代的音韵里 [y] 有时读作 [uŋ] 这在大理古城地区的白族话中就有所体现，那里人们管菊花叫 [tɕiuŋ³⁵ xu A̱⁵⁵]。

（5）由于云南方言的影响，次浊声母平声字分阴阳，今天普通话读阳平，而云南方音读阴平的现象是客观存在的，如："聋"读阴平，而"龙"读阳平。这也解释了为何本悟（包括兰茂）在"东洪"韵的"来在十九"下的"龙"与"聋"用〇隔开的原因。

结　语

本悟在兰茂的《韵略易通》的基础上创作另一本《韵略易通》时，体现出了一定的继承性。但二者毕竟产生于不同时代，不同地域，所以本悟本在继承兰茂本的基础上又有很大的发展，这一点集

---

① 吴积才、颜晓云：《云南方音概况》（三），《玉溪师专学报》1987 年第 1 期。

中体现在本悟恢复三十六字母的用意与他首创的"重韵"上，尤其是后者，他是本悟在音韵学史上的最大贡献。且通过对本悟"重韵"之说以及整本书的深入了解，我们可以对云南方音的形成以及云南方音中的一些特殊现象的源流有进一步的认识。

三　葛中选的《泰律》与云南方言

葛中选的《泰律》韵图较好地保存了明末汉语官话的现实语音状况，它与明初兰茂的《韵略易通》具有高度的一致性，可见它充分继承了中原汉民族共同语的特点。但是同中又有异，而这个"异"产生的原因，用明代陈第的"时有古今，地有南北，字有更革，音有转移"这句话来解释最为恰当。它不仅记录了兰书之后《太律》时代明末汉语语音的进一步发展，并与明代云南三本韵书共同勾稽出了明代汉语语音演变之迹。

（一）《泰律》声母系统中的方音成分

1. "疑"母残留

前面提到《泰律》中有"疑"母的残留，如"鍂"（位于专气商音外运射应声正规），《说文》从页、金声、五感切。"五"属"疑"母，当时与"影"母并列，显然有差别无疑，当仍保持〔ŋ〕声母；"瓁"（位于专气角音内运射应声通规），《集韵》："五郭切"，五"属"疑"母，当时读音当为〔ŋuo〕；"崖"（位于专气徵音外运疑母昌规的迟比即浊音位置）或许其声母应读ŋ。这样的例子虽不多，但它却真实地反映了云南方音的特点，对此陈长祚说："'疑'母、'影'两组既然对立，我们就不得不尊重作者的看法。在明代云南，某地、某些人口语中确乎有'疑'母存在。今天如'山崖'的

'崖'，'软硬'的'硬'，写毛笔字要'研墨'的'研'，在老一代人当中有人会隐隐约约读出一点带后鼻音声母［ŋ］来。"① 而吴积才等的《云南方音概况》中也说"云南不少县的方言里有ŋ声母。这个声母只跟方言中的开口呼韵母（普通话多为零声母）字相拼，如安、额、我、硬、岸等。有ŋ声母的县是绥江、水富、盐津、大关、永善、彝良、镇雄、威信、巧家、广南、富宁、砚山、西畴、麻栗坡、马关、文山、河口、耿马、龙陵、腾冲、梁河、丽江、宁蒗、华坪等县。"② 而《云南省志·汉语方言志》中也记录道"ŋ主要分布在滇西大理州、保山地区、滇南文山州，以及滇东北昭通地区的一些县、市。读ŋ声母的字大多来自古疑母，部分来自影母。ŋ声母在云南方言中出现，主要受到少数民族语言和其他方言的影响。如滇西片，汉族与白族、纳西族等兄弟民族杂居，而白语、纳西语中都有辅音声母ŋ（白语'我'音ŋo，'我们'音ŋɑ），对汉语自然产生了影响。"③

2. 直气宫音内运［o、au］韵"见"母字读音

《泰律·直气声音定位》图的在"直气宫音内运"的"见母正规（即开口呼）"［o］韵的位置混入了"角"（jiao/jue）字，本来"见"母字的开、合呼（即洪音韵母）位置保留［g］读音，而"见"母齐、撮呼（即细音韵母）位置则分化出［tɕ］（j）母。此处的混列，反映了云南方音"角"读为［ko］，在明代的痕迹。对此陈长祚在《云南汉语方音学史》中说："云南方音中的'角'字音［ko］，而当时通用语中已有一音［tɕiau］。作者接受并蓄，凡属［o、au］韵者统称为

---

① 陈长祚：《云南汉语方音学史》，云南大学出版社 2007 年版，第 210 页。
② 吴积才、颜晓云：《云南方音概况》，《玉溪师专学报》1986 年第 4 期。
③ 《云南省志·汉语方言志》，云南人民出版社 1989 年版，第 35 页。

'角音'"①。而"直气徵音出运"的"晓匣"母昌规（即齐齿呼）同时收有"骇"（hai）和"械"（xie），"直气徵音出运"的"见"母同时收有"盖"（gai）和"解"（jie）、"戒"（jie）等字。还有"直气和音出运"的"晓匣"母"昌规（即齐齿呼）"中收有"嚇"（xia），和"蝦"（xia/ha）两读字，反映了通海话"见系开口二等在梗摄入声不腭化，如'格'（ke），'赫'（xe）；在蟹摄（除'佳'字外）也不腭化，如'皆'［kæ］，'鞋'［xæ］；在果咸山各摄皆读腭化音，如'衔''下'［ɕia］等"②的音韵特点。"新平话中有部分声母为 g、k、h 的字，普通话声母是 j、q、x。如街（jie）、去（qu）、下（xia），新平话作量词时读（ha）、鞋（xie）。"③

3. 平翘舌不分

《泰律》中存在很多"知照"系声母与"精"组声母交混现象，如表 2-37 所示：

表 2-37　《泰律》"知照"系声母与"精"组声母交混现象举例

韵摄	声母	韵字	备注
专气徵音外运	仲声（知照母）	开口呼：斋、挄、债［tʂ］（zh）； 撮口呼：嗺穳［ts］（z）	z、zh 不分
直气徵音内运	仲声（徹穿母）	齐齿呼：齿、驰、鸥［tʂʻ］（ch）；厕［tsʻ］（c）	c、ch 不分
直气和音出运	蕤声（审禅母）	开口呼：洒［s］；沙、嘎、杀［ʂ］	s、sh 不分

① 陈长祚：《云南汉语方音学史》，云南大学出版社 2007 年版，第 165 页。
② 杨时逢：《云南方言调查报告》（上），中央研究院历史语言研究所 1969 年版，第 423 页。
③ 张萝主编：《新平人学话手册》，云南省玉溪行署教育局 1989 年，第 6 页。

表 2 - 37 中反映了云南方音中平、翘舌不分的普遍现象。①

表 2 - 38　　　云南方言平舌音与翘舌音不分语音现象举例

普通话	云南方音		同音字	云南方音		同音字
zheng	元江	zen	争峥狰眐筝挣	峨山	zhen	征争眐蒸狰整拯正政症证郑
					zen	挣
	通海		正征争蒸整拯政	新平	zhen	正征蒸症整拯政证挣郑
	华宁		征争眐蒸狰整拯正政症证郑帧		zen	争眐筝挣峥狰
	江川	zhen	征蒸整拯症正政证郑	易门	zhen	正征蒸帧整拯政症证郑
		zen	争眐峥狰挣		zen	争眐筝挣峥狰
chu	元江	chu	出畜黜绌蠢	峨山	chu	出
		zhu	触		cu	初锄楚础
	通海		初出除锄楚储处蠢畜		zhu	触忪
	华宁	cu	初出除蜍厨橱蹰锄雏褚楚处杵储蠢畜	新平	chu	出
					cu	初锄楚础

---

① 张莳主编：《元江人学话手册》，云南省玉溪行署教育局 1989 年，第 29、36 页。张莳主编：《华宁人学话手册》，云南省玉溪行署教育局 1989 年，第 37、51、55 页。张莳主编：《江川人学话手册》，云南省玉溪行署教育局 1989 年，第 29 页。张莳主编：《峨山人学话手册》，云南省玉溪行署教育局 1989 年，第 19—26 页。张莳主编：《新平人学话手册》，云南省玉溪行署教育局 1989 年，第 40—43 页。张莳主编：《通海人学话手册》，云南省玉溪行署教育局 1989 年，第 45—48 页。张莳主编：《易门人学话手册》，云南省玉溪行署教育局 1989 年，第 51、55 页。

续　表

普通话	云南方音		同音字	云南方音	同音字
chun	通海	cun	春蠢	华宁 cung	春椿蠢
		sun	唇纯淳醇	sung	顺舜瞬
	峨山	chun	纯	易门 shun	唇醇淳纯
sheng	元江	sen	生牲笙甥省	峨山 shen	升声生牲胜盛剩圣
			生声升省胜剩盛圣	sen	省
	通海		升生牲笙甥声省胜剩盛圣	新平 shen	升声
	海宁			sen	升牲笙甥省胜剩盛圣

从表2-37"《泰律》'知照'系声母与'精'组声母交混现象举例"与表2-38"云南方言平舌音与翘舌音不分语音现象举例"可见，云南方音多平翘舌不分，且"云南方言里约有1/3县、市的方言没有舌尖后音声母〔tʂ、tʂʿ、ʂ〕，普通话读作〔tʂ、tʂʿ、ʂ、ts、tsʿ、s〕声母的字，这些方言都读为〔ts、tsʿ、s〕。"① 而《通海县志》中也记录了通海话同样也有这样的特点："通海话无舌尖后音声母，普通话读〔tʂ、tʂʿ、ʂ、ʐ〕声母的字，均读作〔ts、tsʿ、s、z〕声母。如'山'读sā；'吃'读作tsʿi。"②

4. 关于"人"母

《泰律》的《直气角音内运第六》图的"射应声（即影组零声

---

① 吴积才、颜晓云：《云南方音概况》，《玉溪师专学报》1986年第4期。
② 《通海县志》，云南人民出版社1992年版，第634页。

母）元规"（即撮口呼）平声的位置，出现"容"（rong）和"邕"（yong）二字，呈现阴平、阳平的对立；同样的《直气角音出运第五》图的"射应（即影组零声母）元规"的位置，阴平上出现"荣"（rong）字，而阳平位置则有"萦"（ying）字与之相对而出。而《直气角音内运第六》图的"蕤声（即日母）通规"（即合口呼）阴平的位置则出现"鳙"（yong）字，该字在《广韵》中为"馀封切，以（喻四）母字"，可见本该收在"影喻"零声母组的韵字出现在了"日"母中。而这种交叉相混的现象也出现在现在的云南方音中，云南人大多把"容易""溶化""光荣"等词里的"容、溶、荣"等字读为［yong］，如：通海话将"容、溶、熔、榕、蓉、荣"等普通话中读为［ʐoŋ］的字念作［ioŋ］。① "华宁话［j］声母的字，普通话读 r 声母，如'容软'。"② 易门话把"容溶熔榕蓉荣嵘融"全读为 yong ③。"容、榕、荣等字，新平话读音为零声母（y），普通话声母应为 r。如'容'，新平话读作 yong，普通话读作 rong。"④ 对于这种现象陈长祚在《云南汉语方音学史》中说："'容、溶、蓉、融'是'一'母（即影组零声母）字，云南方音今天仍读 yong，通用语的 r 声母是明代以后产生的音变。"⑤

5. 关于 v 母

前面讲到"微"母在《泰律》时代已经从"明"母中分化出来而成［v］，且"微"母（v）在韵图中只与撮口呼相拼；如："直气和音出运"的"无声"中"微母"的撮口呼位置收有"襪"（即

---

① 《通海县志》，云南人民出版社 1992 年版，第 645 页。
② 张莆主编：《华宁人学话手册》，云南省玉溪行署教育局 1989 年，第 9 页。
③ 同上书，第 54 页。
④ 同上书，第 6 页。
⑤ 陈长祚：《云南汉语方音学史》，云南大学出版社 2007 年版，第 24 页。

袜）字。保留了云南话中"袜"读［va］在明代的痕迹。对此，
《云南省志·汉语方言志》中记有："云南绝大多数地区的方言都有
v 声母，占全省 128 个县、市的 85% 以上。［v］在云南方言中的表
现为三种情况：一是既能与合口呼韵母相拼，又能与开口呼韵母相
拼。这主要是滇中和滇西的大部分县、市。如'晚'音 vÃ'袜'音
vA；二是只出现在单元音韵母 u 的前面。昭通地区、文山州、楚雄
州的大部分县、市，丽江地区的部分县即属于这种情况。如'乌、
无、五、午、务'等读作 v 声母；三是 v 的发音弱化或清音化，发
音时齿唇仍有轻微接触，然而摩擦程度减弱，浊音成分减少，实际
音值是半元音 v。如老派昆明话还保留 v 声母，如'问'读作 vəɹ，
但无论读作 v 还是 u（w），已无区别词义的作用，故类似地区，v
不再作为一个独立的音位。"①

　　这就是明末通用语的声母系统，与普通话相比，我们发现《泰
律》声母系统已经非常接近现在的普通话声母系统了，它只比普通
话多了一个 v 母，tʂ组声母卷舌化程度已经很高，而 j、q、x 三个
新声母也已经从"精"组合"见晓"组的细音韵母中分化出来，此
后将逐渐独立、成型。

（二）《泰律》韵母系统中的方音成分

1. "嫩"字的读音

"嫩"原属中古臻摄魂韵合一等韵字，在现代汉语中读音为
［nèn］，而葛中选却将它跟麕（nún）、炳（nèn）一起混收于收于
《泰律》专气宫音外运［nɛ（ŋɛ）、iən（iɛŋ）、uən、yən（iuŋ）］的

---

① 《云南省志·汉语方言志》，云南人民出版社 1989 年版，第 34 页。

"通规"（即合口呼）中，那么按照它在此图中的位置，"嫩"就该读作［nùn］，而不是［nèn］。观察现在的云南方音，我们发现通海人就将"嫩"读作［nùn］①，而华宁人将之读为 nùng②，即在云南现在的方言中"嫩"还保持着中古合口的读音。

2.［−m］［−n］［−ŋ］相混

据"《泰律》与兰茂的《韵略易通》韵母比较表"可知，葛氏将闭口韵［−m］韵尾的深摄归入了宫音内运（［əŋ］类韵）中，使得［−m］与［−ŋ］相混；而在宫音外运（［ən］类韵）中又混入了［−ŋ］韵尾的梗摄字，造成［−n］、［−ŋ］相混的现象。对此王松木在其博士论文《明代等韵之类型及其开展》中提道：依照近代汉语的演化常轨，此类闭口韵字（即［−m］韵尾］字）多与收舌尖鼻音［−n］之臻摄字相混，宜将之归入宫音外运（［ən］类韵）中③，即王力所说的［−m］尾当并入相当的［−n］尾④中；而"中古梗摄字收舌根鼻音韵尾［−ŋ］，本当归入宫音内运（［əŋ］类韵）中"⑤ 葛氏却将他归入宫音外运（［ən］类韵）中，对于这种不合近现代汉语语音演变常轨的现象（［−m］与［−ŋ］相混，［−n］［−ŋ］相混）却可以在现在的云南方音中得到解释。在杨时逢的《云南方言调查报告》中说："曾梗摄舒声除少数字混入通摄外，与深臻摄舒声相混（但除臻摄合口一等端系及三等端系字外），其他皆收［−n］尾，如'深'sən，'门'mən，'闻'vən，'能'nən，

①　张莘主编：《通海人学话手册》，云南省玉溪行署教育局1989年，第39页。
②　张莘主编：《华宁人学话手册》，云南省玉溪行署教育局1989年，第48页。
③　参见王松木《明代等韵之类型及其开展》，博士学位论文，台湾中正大学中文所，2000年。
④　王力：《汉语史稿》，中华书局2004年版，第216页。
⑤　参见王松木《明代等韵之类型及其开展》，博士学位论文，台湾中正大学中文所，2000年。

'耕' kən；如'今'='巾'='京'='经' tçin。"① 然后他描述云南通海河西方言的音韵特点中说："曾梗摄舒声除少数字混入通摄外，与深臻摄舒声相混，皆收鼻化音，如'增'=徵 tsẽ，'京'='巾'='今'tç ĩ，'陵'='林' l ĩ。"② 而陈长祚也在《云南汉语方音学史》中说："它以无可置疑的大量史实，记载了云南汉语方音受兄弟民族语音影响，特别在阳声韵三个收鼻尾音［-m、-n、-ŋ］上，首先是相互混乱，直至消失到元音鼻化的过程。"③ 他说："由于［-m、-n、-ŋ］相混，必然会导致所有带鼻尾音韵母统统相混。"④ 如"通海方言除 oŋ、ioŋ 二韵之外，无复合鼻尾音韵母，而以鼻化元音取代之"⑤。《云南省志·汉语方言志》也记录了这种特点，"一般地说，云南全省没有一个县、市的方言能区分［ən、əŋ］和［in、iŋ］两组韵母的读音，故'根、真、深'和'庚、蒸、生'同音，多读作 ẽn 韵；'因、今、心'和'英、京、星'同音，多读作 ẽn 韵"⑥。对此，王力先生说"现代许多方言里有许多鼻化元音的存在。鼻化元音一般是从代鼻音尾韵的元音发展来的。其发展过程是韵尾鼻音影响元音使之鼻化，起初元音鼻化后仍带鼻音尾韵，后来韵尾鼻音逐渐短弱以至于脱落才变为鼻化元音"⑦。

3. 齐、撮不分

葛中选将"谑、略、约"等"撮口呼"字收在"专气角音内

① 杨时逢：《云南方言调查报告》（上），"中央研究院"历史语言研究所 1969 年版，第 424 页。

② 同上书，第 441 页。

③ 陈长祚：《云南汉语方音学史》，云南大学出版社 2007 年版，第 218 页。

④ 同上书，第 231 页。

⑤ 《通海县志》，云南人民出版社 1992 年版，第 634 页。

⑥ 《云南省志·汉语方言志》，云南人民出版社 1989 年版，第 59 页。

⑦ 王力：《汉语语音史》，商务印书馆 2012 年版，第 548 页。

运"的"昌规"（即齐齿呼）栏，又将"吡、譬、匹、皮"等"齐齿呼"字收在"徵音内运的'元规'（即撮口呼）当中。同样又把'篇、扁、片'等'齐齿呼'字收在'商音外运'的撮口呼当中"①。可见齐、撮呼韵母在《泰律》中的普遍相混。而这种齐撮不分的现象普遍存在于现在的云南方言中，吴积才等的《云南方音概况》（二）就记录了这种现象，"云南方言区别于普通话的重要特点之一是，不分 i（衣）y（鱼）。根据调查，全省有撮口呼的县共 46县，这些县有鱼（y）、月（ye）、冤（yan）、云（yn）韵，而有 82县没有这四类韵，也就是没有撮口呼韵母，不区分 i、y 韵的方言，一般都是把 y、ye、yan、yn 韵读为 i、ie、ian、in 韵。这类方言占绝大多数，因而构成了云南方言突出特征"②。这种现象同样也体现在通海方言中，"通海方言韵母 30 个，无撮口呼韵母。普通话读撮口呼韵母的字，通海话均读作齿齿呼"③。

4. ［uŋ、əŋ、uəŋ］三韵字都读作［oŋ］韵

葛中选将"东、公"（合口呼［uŋ］韵），"翁、蓊、瓮"（合口呼［uəŋ］韵），"佣、蓬、澎"（开口呼［əŋ］韵），"蒙、捧、风、冯、俸"（开口呼［əŋ］韵）等韵字同收于专气宫音内运［əŋ］类韵中，反映了云南方音"将普通话中的［əŋ、oŋ、uəŋ］合读为［oŋ］"④ 的现象，而且"普通话中与 p、p'、m、f 相拼的［eŋ］韵母字一般被读为［oŋ］韵母，如梦［moŋ］、风［foŋ］、捧［p'oŋ］，绷［poŋ］"⑤。"在云南大多数方言种，［oŋ］韵包含着普通话的

---

① 陈长祚：《云南汉语方音学史》，云南大学出版社 2007 年版，第 215 页。
② 吴积才、颜晓云：《云南方音概况》（二），《玉溪师专学报》1986 年第 5 期。
③ 《通海县志》，云南人民出版社 1992 年版，第 634 页。
④ 吴积才、颜晓云：《云南方音概况》（三），《玉溪师专学报》1987 年第 1 期。
⑤ 同上。

［uŋ］（东、公）、［əŋ］（朋、蒙）、［uəŋ］（翁、瓮）三韵字。如南华、通海、红河、文山、砚山将［uŋ、uəŋ、uaŋ］等韵字读作［oŋ］；绥江更把［uŋ、uəŋ、ən、uen］等韵字都读作［oŋ］，如'孔、通、翁、门、奔、顺、横'等。"① 这点充分反映在通海话中，"在普通话中本不读 ong 韵的字，通海话读为 ong 韵字。如普通话的 uang 韵字'广、况、黄、状、创、霜、汪'；普通话中另外一些韵母的部分字，通海话也读 ong 韵。如'朋、碰、蒙、梦、峰、风'；ueng 韵：'翁、嗡、瓮'"②。

5. 云南方音中的两个特殊韵母［io］、［uɛ］

（1）［io］韵

葛中选将"谑（xue）、脚（jiao）、郤（却）（que）、绰（chuo）、若（ruo）、略（lüe）、约（yüe）、药（yao）、爵（jiao）、鹊（que）、削（xue）"等入声字，都收在"专气角音内运"的"昌规"［io］（即齐齿呼）中，反映了这些韵字在明末都读［io］。这个特殊读音仍然保存在现在的云南方音中，"全省 133 个调查点中，有 128 个点有 io 韵。如'略、学、虐、削、乐、钥、嚼、脚、鹊、确、约、觉、却'等字，经过分析其中古音来源，发现这些字都来是来自入声。属宕开三药、江开二觉韵"③。

（2）［uɛ］（［ue］）韵

葛中选将"或、国"二字收于"专气华音内运的通规（合口呼）"中，读［uɛ］。这一特殊读音同样也保存在现在的云南方音中，"全省近 1/3 的县、市方言有 uɛ（uɛ、ue、uɛ、uɣ）韵，读这

---

① 《云南省志·汉语方言志》，云南人民出版社 1989 年版，第 60 页。
② 张莆主编：《通海人学话手册》，云南省玉溪行署教育局 1989 年，第 13 页。
③ 吴积才、颜晓云：《云南方音概况》（三），《玉溪师专学报》1987 年第 1 期。

个韵的字更少。仅'国、或、扩、阔、获、惑'等几个，在普通话中读 uo 韵，在云南其他方言中读 o 韵"①。

6. ［ai］和［iə］

葛中选将"械"（蟹摄皆韵开口二等匣母，［çiə]）、"解"（蟹摄佳韵开口二等匣母，［tçiə]）、"皆"（蟹摄皆韵开口二等见母，［tçiə]）、"戒"（蟹摄皆韵开口二等见母，［tçiə]）等韵字跟"骇"［xai］等韵字同收于"专气微音外运"［ai］韵类的"昌规"（即齐齿呼［iai]）位置。可见《太律》时代没有［ai］和［iə］的区别。这在《云南方言调查报告》中可以找到直接证据，如在该书的河西方言分地报告的"见系"（即 k、k'、x）［ai］韵中收入了"该、皆、开、孩、鞋、改、解、楷、盖、介、戒、械、概、忾、亥"等字②，可见"见系开口二等在蟹摄（除'佳'字）及梗入不腭化，还读洪音"③。

7. 云南方言等个别［ɤ］韵母字读作［o］

葛中选将普通话读［he］的"何、诃"，和普通话读作［ge］"歌"以及"可"（ke）至于角运内运（［o]）类韵中，这与云南方言也是有交叉的。"在云南方言里，普通话中与 k、k'、x 相拼的部分 ɤ 韵母字，也读作［o]，如'哥割［ko]、渴科［k'o]、河贺［xo]、恶饿［o]。"④如"普通话中 k、k' 声母的 ə 韵字，通海方言大多读作［o]韵，如'科、渴、课'读为［k'o]；'哥、葛、个'读为［ko]"⑤。

① 《云南省志·汉语方言志》，云南人民出版社 1989 年版，第 60 页。
② 杨时逢：《云南方言调查报告》（上），"中央研究院" 历史语言研究所 1969 年版，第 435 页。
③ 同上书，第 440 页。
④ 吴积才、颜晓云：《云南方音概况》（三），《玉溪师专学报》1987 年第 1 期。
⑤ 《通海县志》，云南人民出版社 1992 年版，第 634 页。

综上，可说《泰律》韵母系统揭示了近现代汉语官话韵母系统继兰茂的《韵略易通》后的发展轨迹——非常接近现代普通话韵母系统。同时，《泰律》中记录的大量异于近现代汉语发展演变的现象，正是云南方音发展的例证。

第三节　明代云南少数民族语言对汉语方言的影响

一　汉语在云南的变化

元代以前，汉族移民"变服从其俗"与云南土著民族相融合，口头形式的汉语逐渐丧失了交际作用，但是汉字和汉语书面语在云南仍有较大影响。明初，大量汉族移民云南，雷厉风行的屯田制使得云南居民结构发生巨大改变，甚至有的地方汉族成为主体、中原文明占据优势，民族文化交流促进了汉语的传播及云南方言的形成，官话在云南各地不可避免地发生着变化，云南方言变化类型在明代已基本形成。

二　云南方言特点

（一）云南方言音系的形成

语音是方言的表现形式，也是方言形成的标志。明代正统年间，云南各地传播的官话音系实已夹杂云南方言音系，我们或可说云南方言于明代前期（正统年间）已初见雏形。明中期释本悟改编《韵略易通》，其语音系统与明初官话音系相比有明显差别，却与今云南方言音系基本一致，我们可认为云南方言大约于明代中期开始形成，往后发展，特点更加突出、明显、类型化。变化类型大体如下：

1. 声母变化

（1）声母变化基本类型是：

"人"母（[ʐ]）与"一"母（零声母）交混不分，"鞋蟹[ɕie]"的声母由[ɕ]读为[x]，平舌音（z、c、s）与翘舌音（zh、ch、sh）不分，"j、q、x"与"z、c、s"相混，n 与 l 不分情况等。这些语音现象是云南方言与中原汉语的最大区别。

（2）最为特别的是：

①声母[ŋ]（"疑"母）。通用语变为零声母。云南方音中，[ŋ]声母在开口呼、合口呼前，仍作[ŋ]保留；在齐齿呼、撮口呼前，[ŋ]变作 n。

②声母"见溪群"。云南方音中，声母"见溪群"遇齐、撮及开、合的变化，并未按照通用语演变规律变为 j、q、x 和 g、k、h，如"皆"（中古音[iai]），今音为 jie，云南方音却丢弃介音，保留[ai]，声母为 g，而非 j。

③保留[v]、[z]母。白语、彝语、纳西语地区，如滇中、滇西片较为明显。

2. 韵母变化

主要体现为韵母系统简化：丢失韵尾，包括鼻音韵尾、塞音韵尾，部分丢失鼻音韵尾的韵母，其韵腹元音鼻化；复元音单音化。

（1）阳声韵的演变，-m 韵尾已不存在，还保留-n、-ŋ，但-n、-ŋ 又是相混的。

（2）云南方言还可分为两大类型——阳声韵带鼻韵尾（方言点占20%）、阳声韵有不同程度的鼻化或读成口元音等现象（方言点占80%），前一种情况，明代已很明显，后一种情况还无法看出。中古的九个阳声韵摄，在云南方言合并为四类：咸摄和山摄一类，宕摄和江摄一类，深摄、臻摄、梗摄和曾摄一类，通摄一类（"蓬、篷、蒙、梦、风、封、峰"等通摄字仍在通摄）。大都居住在云南内地的彝、白、哈尼、傈僳、纳西、拉祜等占云南少数民族人口60%以上的民族，其语言的韵母大多不带鼻韵尾，致使区域内的汉语方言鼻韵尾脱落比较多，有的甚至全部脱落。带有鼻韵尾的少数民族语言，使用人口比较少，这些民族多居住在云南边界，如版纳、德宏、文山等，这些地方的汉语变化相对要小、慢，就今天来讲，这些地方的人们学普通话较其他地方的都要容易得多。这些特点与彝语等少数民族语言只有开音节，没有闭音节，没有复元音的音节结构不无关系。①

（3）韵母 e 与声母 g、k、h、零声母相拼时，普通话读作 [ɤ]，云南方言则读作 [ɔ] 或 [uɔ]，如"歌哥个戈""科课可""何河荷呵苛诃贺禾和""娥鹅屙"等。

（4）齐撮不分，还产生了一个云南特色韵母 io。

（5）还有一些不太通俗易见的情形，如：on、uan 合并为 uan；ian、iam、ien 合并为 ian；"庚"与"亘"中古为"梗开二等"与"曾开一等"，《中原音韵》是 ing 与 eng，明代则合并为 eng；中古时，"傀"为蟹摄合口一等、"圭"蟹摄合口四等、"规"为止摄合

---

① 杨瑞鲲、王渝光：《云南少数民族汉语的产生与云南汉语方言的形成》，《通化师范学院学报》2014 年第 9 期。

口三等，明代全合并在"西微"韵合口呼等。①

3. 声调变化

早期云南方言有入声，入声逐渐消失后就与其他声调归并。云南方言的入声普遍与阳平归并，其他西南官话也如此。古入声归阳平，这是西南官话不同于其他官话的主要特征。

（二）词汇演变

云南方言里保留着大量的明代及明代以前中原汉语词语，常能见到中原古老汉文化的遗存。更有甚者，随着历史的演进、社会的变迁，部分中原古文化，在内地不易找到或已找不到，在云南方言中却仍有遗存。保留的同时，亦有更多的民族、地域特色融入其中，形成特有的云南民族融合色彩，从词汇角度形成云南方言特色，云南方言从而成为中原官话一种新的地域变体。

---

① 陈长祚：《云南汉语方音学史》，云南大学出版社2007年版，第332—334页。

第三章　清代云南少数民族语言
对汉语发展的影响

　　明代云南人口总数不到 250 万人，每一州、县平均多不过 35000 人，明代总体体现为地广人稀、土地资源相对丰富。清乾隆四十年（1775）云南至少有 400 万人口，到道光三十年（1850）云南人口可能已增至 1000 万。民国《广南县志稿》说："在二三百年前，汉族人至广南者甚稀……山岭间无水之地，尽弃之不顾。清康、雍以后，川、楚、粤、赣之汉人，则散于山岭间，新垦地以自殖，伐木开径，渐成村落。……迨至嘉、道以降，黔省农民，大量移入。于是，垦殖之地，数以渐增，所遗者只地瘠水枯之区，尚可容纳多数人口，（后至之）黔农无安身之所，分向干瘠之山，辟草莱以立村落，斩荆棘以垦新地，自成系统，不相错杂，直至今日，贵州人占山头，尚为一般人所常道。"清代，人地矛盾激化，汉族移民由城市平坝地区向山区迁移，这也是汉语言文化与少数民族语言文化交汇融合的新变化。同时，明代移民多来自江南、江西，清代以后，迁入云南的汉族移民则主要来自湖广、四川、贵州等地，共同语在云南广泛流通的同时，不同的汉语方言也进入云南、影响着云南方言。通过对清代云南地方文献中的语言文献进行分析，发现此期的云南方言又有新变化。

第一节　清代云南汉语基本面貌

一　马自援的《等音》（约 1673 年）

作者马自援，于前文"高崶映《等音声位合汇》"已作介绍，此处不再赘言。其《等音》虽为规范汉语语音，仍可看到云南方言发展的轨迹。

（一）声母

《等音》声母分为 21 个，具体如表 3 – 1 所示。①

表 3 – 1　　　　　　　　《等音》中的声母分类

字母	现代拟音	字母	现代拟音	字母	现代拟音	字母	现代拟音
帮	b	滂	p	明	m		
非	f	微	[v]				
端	d	透	t	泥	n	来	l
精	z	清	c	心	s		
照	zh	穿	ch	审	sh	日	[ʒ]
见	g、j	溪	k、q	晓	h、x	疑	[ŋ]
影	o						

---

① 拟音参见陈长祚《云南汉语方音学史》，云南大学出版社 2007 年版，第 241 页。

可见《等音》继明代后对三十六字母仍是大幅归并。这一进程中，普通话的声母已见雏形——b、f、m、f、d、t、n、l、z、c、s、zh、ch、sh、g、k、h、j、q、x、零声母；"微"母［v］、"疑"母［ŋ］仍存在；r（［ʐ］）声母还未产生；舌面音j、q、x和舌根音g、k、h仍共用一组字母（见、溪、晓）。

（二）韵母

关于韵母，马自援认为："前人分韵多寡不一，今援仅以天下之音，按五音并分一十三类，使归于正，以合十二律及闰月之数。"故而《等音》按五音十三类分韵①：

表 3 - 2　　　　　　　　　　　**《等音》中的韵母分类**

	宫	商	角	徵	羽
一	光 uaŋ	冈 aŋ	姜	江 iaŋ	恾 yaŋ
二	官 uan	干 an	兼 iɛm	间 ian	涓 yan
三	公 uŋ	庚 əŋ	绚 iuəŋ	京 iŋ	弓 iuŋ
四	裩 un	根 ən	金 im	巾 in	君 yn
五		高 au		交 iau	
六	乖 uai	该 ai		皆 iai	
七		钩 ou		鸠 iou	樛 you
八	规 uei	（ei）			
九	锅 uo	歌 o			

----

① 拟音参见李新魁《汉语等韵学》，中华书局 1983 年版，第 310—311 页；陈长祚《云南汉语方音学史》，云南大学出版社 2007 年版，第 247 页。

续　表

	宫	商	角	徵	羽
十	国（ueʔ）	革（eʔ）e		结（ieʔ）ie	决（yeʔ）ye
十一	孤 u				俱 y
十二	骨（uʔ）u	Ɪ，ɚ		基 i	居 ʮ
十三	瓜 ua	迦 a	家 ia		

从表3-2可见，在《等音》韵母中有较为突出的显示：

①有的没有拟音，有的拟音同时又加上括号，这一现象反映了语音模棱两可的语言现实——［ʔ］有的时候存在，有的时候不存在。例如"骨"是入声字，发音时可能带［ʔ］，可能不带［ʔ］，故而"突"既收在"十一韵"，又收在"十二韵"中，这一现象就不足为奇了。

②"俱"和"居"的分列十一韵合十二韵，也体现了作者的审音困难。然两字发音虽存在细微差别，但在兰茂的《韵略易通》时便已是同音字，同时收在"见"母"居鱼"下。

③拟音的45个韵母中，中古时"间、巾"为［-n］尾韵字，"兼、金"为［-m］尾韵字，《等音》把"间、巾"归"徵"音，把"兼、金"归"角"音，可知当时仍有［-m］尾音字存在。

（三）声调

《等音》声调分为五类：平、上、去、入、全（即阳平）。马自援把"全"单独列图，不仅区分了上平声（即阳平）、下平声（即阴平），较之兰茂、释本悟用○号隔开，更加明显地突出了"上平声"的存在。

二 林本裕的《声位》（约1673年后）

林本裕认为字音"各有分位，而不可移"，"有其声即有其位"，故为其书定名为《声位》。

（一）声母

《声位》声母为20个，如表3-3所示。

表3-3 《声位》中的声母拟音

字母	现代拟音	字母	现代拟音	字母	现代拟音	字母	现代拟音
帮	b	滂	p	明	m		
非	f	微	[v]				
端	d	透	t	泥	n	来	l
精	z	清	c	心	s		
知	zh	穿	ch	审	sh	日	[ʒ]
见	g、j	溪	k、q	晓	h、x	疑	o

林本裕的《声位》声母在《等音》基础上进一步压缩，"影"与"疑"合并，变为了零声母。表中所列20个声母与现代汉语普通话声母几已相同，不同有三：（1）gj/kq/hx仍同用一组字母记录——见溪群；（2）"微"[v]仍存在；（3）r（[ʐ]）声母仍未产生。

（二）韵母

林本裕对马自援的《等音》的"五呼十三韵"深以为是："惟马盘什（马自援又名）《等音》分属五音，每声各十三韵，合律闰之数。……诚独得之妙，增之不可，减之不可，前无古人，后无来者矣！"故其框架多有承袭。

表3-4　　　　　　　　《等音》与《声位》韵目比较①

	《等音》						《声位》						韵目中的古音
	韵目	例字					韵目	例字					
		宫	商	角	徵	羽		宫	商	角	徵	羽	
		合	开		齐	撮		合	开		齐	撮	
一	光	帮			姜	隈	光	隈	帮		江		光：宕唐合一
二	官		斩谄闪 am	谦添 iɛm			官			斩谄闪 iɛm	欠忝 iɛm		官：山桓合一
三	公		崩烹	炯顷			宫	崩烹 uŋ			炯顷		公：通东合一 宫：通东合三
四	裩		臻	侵 im			昆			:	钦 im		裩昆：臻魂合一
五	高	包	褒		乐 iau（io）		高		包				高：效豪开一
六	乖	蜕 uei 迈 uai			崖岩		乖		水				乖：蟹皆合二
七	钩	邹覆					钩		褒（ou）诹	邹	彪		钩：流侯开一

---

① 表中注音，主要借鉴上海师范大学"东方语言学网（www.eastling.org）"之中古拟音。括号内为云南方音。

续　表

	《等音》韵目	宫(合)	商(开)	角	徵(齐)	羽(撮)	《声位》韵目	宫(合)	商(开)	角	徵(齐)	羽(撮)	韵目的中古音
八	规	水	肥微				圭	雷内类			肥fi 微vi		规:止支合重钮四 圭:蟹齐合四
九	锅	错			脚(io)		锅	鄱	错	角(io)譒	觉(io)	学(io)	锅:果戈合一
十	国		舍	业(nie)	业	劣	遮			蛇			国:曾德合一,入 遮:假麻开三,平
十一	孤	处突		执蛰十			沽		职尺石				孤沽:遇模合一
十二	骨	突	而				初	处		而	之痴诗		骨:臻没合一,入 初:遇鱼合三,平
十三	瓜		阁au(ɔ)				瓜				瑟(ɔ)		瓜:假麻合二

（三）声调

林本裕称:"郝京山于四声后转一声为五,马盘什因之,定为平上去入全五声是也。第两平分列首尾,中夹三仄,殊不自然,亦似是而非。"[①] 故把声调分为五类:开、承、转、纵、合。

---

① 郝京山,即郝敬(1558—1639),字仲与,号楚望,今湖北京山人,世称"郝京山先生",晚明时期著名的经学家和思想家。

三 释宗常《切韵正音经纬图》(1700 年)

云南昆明海印寺释宗常所撰《切韵正音经纬图》，于康熙庚辰三十九年完成。本书有原著和改编本，改编本流传较广，两个版本存在较大区别。赵荫棠、李新魁先生在《等韵源流》《汉语等韵学》书中谈到的都是改编本。本书以原著为底本进行研究。

宗常于序中说："愚弱冠时负笈鸡山，学于石钟觉宇老人，追随杖履，执侍有年，每疑老人生长南徽，语含中韵。因请其故，遂而授愚声音之法，始悉今昔南北音韵清浊之道。"于撰书时便"摘取梅氏所辑横直二图合二为一，但不尽用其说，复搜古今音韵之确当者参而订之"。寥寥数语已可知作者指导思想和书本框架体系。

(一) 声母

作者用三十六字母表示声类系统。

表 3–5　　　　　《切韵正音经纬图》三十六组声母

| 序号 | 字母 | 开 | | 合 | | 齐 | | 撮 | | 序号 | 字母 | 开 | | 合 | | 齐 | | 撮 | |
		平	仄	平	仄	平	仄	平	仄			平	仄	平	仄	平	仄	平	仄
1	见	g				j				19	从床	ch 的阳平字，个别 sh							
2	溪	k				q				20	清穿	ch							
3	群	k	g	k	g	q	j	q	j	21	邪禅	ch 的阳平字，个别 sh							
4	疑	o（少数 n，个别 r）								22	心审	sh，个别 s							
5	知端	d（少数 zh）								23	晓	h				x			
6	彻透	t								24	匣	h				x 的阳平字			
7	澄定	t	d	t	d	t	d	t	d	25	影	o							
8	娘泥	n								26	喻	o							

续　表

序号	字母	开平	开仄	合平	合仄	齐平	齐仄	撮平	撮仄	序号	字母	开平	开仄	合平	合仄	齐平	齐仄	撮平	撮仄
9	非邦				b					27	邦非				f				
10	敷滂				p					28	滂敷								
11	奉并	p	b	p	b	p	b	p	b	29	并奉			f 的阳平字					
12	微明				m					30	明微				v				
13	照精		z				j			31	来				l				
14	床从		c				q			32	日				r				
15	穿清		c				q			33	端知				zh				
16	禅邪		s				x			34	透彻				ch				
17	审心		s				x			35	定澄			ch 的阳平字					
18	精照				zh					36	泥娘				n				

不难看到表 3 - 5 中有同音现象，作者于"重母互音"中说道："知照非敷递互通，泥娘穿彻用时同，澄床疑喻相连属，六母交参一处穷。""三十六字母之重，其中有可并者，谓知彻澄娘敷喻六母，音同照床穿泥非疑，今以敷母并非，喻母并疑，尚余知彻澄娘四母，列于韵末，俾学者逢双音互用之切，照母呼子有凭，庶几切无错误也。"三十六母合并了六母，所以，实际为三十个声母类别二十三个声母：b、p、m、f、d、t、n、l、z、c、s、zh、ch、sh、r、j、q、x、g、k、h、o、v。

（二）韵母

原著有三十八韵母（改编本有三十六韵母），以开括（开口呼）、发括（齐齿呼）、收括（合口呼）、闭括（撮口呼）四呼加以统括。

表3-6　　　　　　　《切韵正音经纬图》三十八韵母①

序号	一翕音收括	序号	二闢音开括	序号	三闢音发括	序号	四翕音闭括
1	公 ong	11	庚 eng	21	经 ing	31	恭（üng）
2	昆 un	12	根 en	22	巾 in	32	钧 ün
3	傀 uei	13	高 ao	23	浇 iao	33	规（üei）
4	光 uang	14	冈 ang	24	薑 iang	34	惟（üang）
5	孤 u	15	钩 ou	25	鸠 iou	35	拘 ü
6	虢	16	喈	26	鸡 i	36	居
7	乖 uai	17	该 ai	27	皆（iai）	37	玦 üe
8	戈 uo	18	歌 o	28	迦 ie	38	涓 üan
9	瓜 ua	19	迦 a	29	嘉 ia		
10	官 uan	20	干 an	30	坚 ian		

"（）"号，为作者释宗常难以统一拟音，姑且拟作括号里的音。"□"号，陈长祚先生也认为"显示作者自己也意识到它们不够精确的意思"②，即似为作者难于找到精确的韵目，暂以此字代替。凡例中提到"……（入声）'谷'字，皆云：'孤古故谷'。'各'字宜云'歌哿箇各'为顺。古云：'公鞲贡谷'，'冈䉙钢（又音 gàng）各'，似觉拗扭。第详于此，俟智者辨之。"作者认为"古云"拗扭，正反映了语音发展到清代，入声字辅音韵尾消失，韵母、声调发生了变化。

---

① 主要参见陈长祚《云南汉语方音学史》，云南大学出版社 2007 年版，第 329 页。
② 同上书，第 330 页。

（三）声调

《切韵正音经纬图》声调分为平、上、去、入四声，入声配阳声韵。

四　杨琼、李文治《形声通》（1905 年）

大理府杨琼、李文治合写的《形声通》被视为是云南自明代兰茂《韵略易通》、葛中选的《太律》至清代马自援的《等音》、林本裕的《声位》、释宗常的《切韵正音经纬图》等所代表的传统音韵学的终结与革新，也被看作传统语言学和现代语言学在云南语言学史上的分水岭。①

（一）声母

《形声通》有二十四音父，即二十四声母。

表 3 – 7　　　　　　　　《形声通》二十四声母

发音部位			二十四声母	汉语拼音	其他
《形声通》名称	今名	古名			
牙部	舌根	牙音	干［k］、看［k'］、犴［ŋ］	g、k	［ŋ］
舌部	舌尖中	舌头	单［t］、滩［t'］、难［n］、兰［l］、r［r］	d、t、n、l	r［r］

---

① 张华文：《〈形声通〉研究》，《云南师范大学哲学社会科学学报》1995 年第 5 期。

续 表

发音部位			二十四声母	汉语拼音	其他
《形声通》名称	今名	古名			
唇部	唇齿	清唇	翻 [f]、横 [v]	f	[v]
	双唇	重唇	班 [p]、攀 [p']、蛮 [m]	b、p、m	
	舌根	喉音	顶 [x]	h	
		喉音	安 [o]	零声母	
齿部	舌尖前	齿头	钱 [ts]、餐 [ts']、珊 [s]、sh [ʃ]、z [z]	z、c、s	z [z] sh [ʃ]
	舌尖后	舌上、正齿	醮 [tʂ]、? [tʂ']、山 s [ʂ]、然 [ẓ]	zh、ch、sh、r	

作者于卷一《读法》提道："母音较父音尤少，其开、合、齐、撮四部但以开部统之。……—以父音为主，与反切法之以下一字为比例者不同。"卷四《音族章》提道："何谓音族？二十四字父之开口音联属齐齿、合口、撮口之七十二音，共得九十六音是也。齐、合、撮三音与开口异质而同气，'干'得'坚'音而口齐，'干'得'官'音而口合，'干'得'涓'音而口撮，'坚、官、涓'之统于'干'，犹诸父之统于父也。"可知，所谓二十四音父只能算作开口音父，实则这二十四个音父还隐含着与之相配的齐、合、撮七十二个准音父（准声母）所谓"音族"，就是这二十四个开口音父与齐、合、撮七十二个准音父的总和；看似无 j、q、x 声母，实则已包含其中，作者以"干" [k] 表示开口，以"干坚" [tɕi] 表示"干"的齐齿，以"干官" [ku] 表示"干"的合口，以"干涓" [tɕy] 表示"干"的撮口，再类推"看坚、看涓"（ [tɕ']）、"顶坚、顶涓"

（［ç］）声母，便可看出 j、q、x 的存在。

（二）韵母

《形声通》有二十音母，即二十韵部。

表 3 - 8　　　　　　　　　《形声通》二十音母①

	长	舒	短	促
商音（张）	安［an］	□ar［a］	鸯［aŋ］	（遏）［ak］
微音（抵）	恩［ən］	□air［ə］	罂［əŋ］	（餲）［ət］
宫音（中）	□a［ei］	□o［ɔ］	□on［ɔŋ］	（屋）［ɔk/ɔt］
角音（缩）	哀［ai］	□er［ɛ］	谙［am］	（緆）［ɛt］
羽音（聚）	燻［au］	阿［o］	讴［ou］	（恶）［ok/ot］

上文分析音父时提到，作者以开、齐、合、撮四呼与音父（声母）相配，在音节的切分上把［i、u、y］三个音素皆划归声母，因此这二十个韵部均为开口韵部，［i、u、y］三个音素，都隐含在二十四音父的齐齿音、合口音和撮口音中，如音父"'干'得'坚'音而口齐，'干'得'官'音而口合，'干'得'涓'音而口撮"，其中便含有 g - ji、g - gu、g - jü 对应关系，以及［i、u、y］三个因素的音节划分归并——归在声母中。

表格中"□"，作者于卷一《体例》中指出："安母二十韵中，

_____

① 参见张华文《〈形声通〉研究》，《云南师范大学学报》（哲学社会科学版）1995年第 5 期。

如'隈'之开口、齐齿,'燫'之合口,'鸭'之开口,'衣'之开口,'乌'之开口、齐齿,'耶'之开口、齐齿、合口,'阿'之齐齿,'翁'之开口、齐齿等韵,中国全无字以纪音,其余每韵中亦多有音而无字者,今用英字纪之以为识别,读者按英字读之,即知其列内之本音矣。"可知,有音无字情况,作者就设定借用英文字母来记录实际音读,表中如 a［ei］、ar［a］、air［ə］、o［ɔ］、er［ɛ］、on［ɔŋ］六个音母(即韵部)。依据作者所说,还可粗略汇总如表3-9所示。

表3-9　　　　　　　以英文字母记录实际音读汇总

四呼＼韵部	开口	合口	齐齿	撮口
隈	有音无字	uei	有音无字	—
燫	ao	有音无字	当有 iao	—
鸭	有音无字	当有 ua	ia	—
衣	有音无字	—	i	—
乌	有音无字	u	有音无字	—
耶	有音无字	有音无字	有音无字(耶,即音 ie)	üe
阿	o	当有 uo	有音无字	—
翁	有音无字	［uŋ］ueng	有音无字	üng (今作 iong)

综合二十音母表与此表,及音父表［i、u、y］的归并,《形声通》完整韵母系统便可见一斑,与现代汉语韵母系统几近相同。

（三）声调

作者于《体例》中提道："世传平声，或曰阴平、阳平，或曰上平、下平，用二言为符号与仄声之上、去各一言者殊不一律，今易为'升、沉'二字，谓之升、沉、上、去四准。"可知《形声通》声调为"四准"——升、沉、上、去，即阴平、阳平、上声、去声，与共同语无异。

第二节　清代云南汉语方言特点

清代，全国各地汉族人口源源不断移居云南，这时的云南汉族人口已占绝对优势，但因原籍不同，语言五湖杂糅，云南各地汉语因此既有共同的变化，也有各具特色的渐进变化。

一　马自援的《等音》中的云南方音

（一）声母

《等音》也记录了云南方音：g、k、h 与 j、q、x 不分；有［v］声母存在。至于"疑［ŋ］"声母，马自援提道："（疑）略与'影'母相同，其声似有似无。此母盖呼以'移'不得，呼之以'泥'亦不得，而实若'移、泥'之合音也。""宫、商二音之内另有其声，及于角、徵、羽三音之内，与'影'母之声相似。"我们可理解为：在这样的不确定中，显示出"疑"母在当时的分化，以及在齐齿呼、撮口呼中与"影"的合并，在开口呼、合口呼中仍有保存。"移""泥"的摇摆不定中，云南方言出现了不同于普通话的选择：(1) 在开口呼、合口呼中，仍保留 [ŋ] 声母。如：阿（～附、～胶）、婀（～娜）—[ŋo⁴⁴]；峨、娥、蛾、俄、哦、讹、鹅、恶（～心、罪～、～毒）、鄂、鳄—[ŋo³¹]；饿 [ŋo²¹²]；蜗、涡、窝、挝、莴（～笋）—[ŋo⁴⁴]；我 [ŋo⁵³]；沃、握、幄、卧—[ŋo²¹²]；翁、嗡—[ŋong⁴⁴]；瓮 [ŋong²¹²]。(2) 在齐齿呼、撮口呼中，变作 n。"疑"母在"齐""撮"前，云南方音没有全归入"影"母，如"疑、业、研、仰"等，声母都为 n。云南方音"硬"更有意思，音 [ŋen²¹²]，其声母既非 n，也非零声母，而是丢弃介音 [i]，保留了 [ŋ] 声母。

（二）韵母

《等音》把"兼、金"与"姜、绛"（中古为 [-ŋ] 尾韵字）同归"角"音，可看到，在云南方言中，中古 [-m] 尾音字在近古时是先并入 [-ŋ] 尾韵字的，此间在多民族接触中，[-ŋ] 丢失甚至鼻化亦会同时发生。"皆"与"结"的分列，也很有意味，二者今音都为 ie，今音声母演变显示见溪群遇齐、撮便变为 j、q、x，遇到开、合变为 g、k、h，"皆"中古音 [iai] 有介音 [i]，所以今音变为 jie，然而云南方音却未按此规律演变，而是念作 gai，由此可看到语音演变轨迹：丢弃介音，保留了 [ai]，声母自然为 g，而非 j。类似情况还有：街、解（放）、介、阶、界、芥、戒、届、疥—gai；鞋、械、蟹—hai；（房）间—gan；牛角—角 go；等等。

二　林本裕的《声位》中的云南方音

林本裕的《声位》与《等音》目的一致，为规范汉语语音，记录读书音，但仍可看到云南方言口语语音。

（一）声母

声母在《等音》基础上有归并，其间云南方音仍然很明显：g、k、h 与 j、q、x 仍同用一母；［v］声母仍然存在。深入考察，发现平翘不分现象更为突出，如："臻"（zhěn）收在"精"（z）母下，"初、锄、愁、馋、楚、磢（chěn）、忏"等收在"清"（c）母下，"疏、数、渗、瘦"等收在"心"（s）母下。

（二）韵母

"《等音》与《声位》韵目比较"表中，可看到通用语的发展，作者不确定的音多归在"角"音内，而这不确定，正是云南方音与通用语发生冲突的显现及云南方音的变化轨迹。也可看到云南方音的新例，其间归音令人费解的即多为云南方音，例如：（1）韵目中，"国"变"遮"是入声字变非入声字，云南方音就读作 gue^{31}。（2）例字中，［-m］韵尾字归在"官、裩、昆"下，反映云南方音［-m］的消失轨迹；"崩、烹"收在"宫"音，正是反映了云南方音的读法 bong^{44}；"蜕"与"迈"同列，反映了云南方言 uei、uai 不分现象；"脚、角、觉、学"收在"锅"韵目下，反映的是云南特色韵母［io］；"瓜"韵目［a/ia/ua］下收"阁（［ak］）、瑟（［et］）"，在云南方言中两字韵母都为［ɔ］，这里不排除是云南方音中复元音多单音化变音特点。

三　释宗常的《切韵正音经纬图》中的云南方音

（一）声母

释宗常于"凡例"中说道："……如滇音以崇（音重）念丛，师（音诗）念思，生（音声）念僧，争（音征）念增，责（音蛰）念则之类，若删之，辨证无凭，故以同音余韵附之，以证其讹。"作者指导思想为维护正音、证滇音之讹，但是因自己根深蒂固的滇音，难免出现混乱，如其文中"责"，中古声母确为"庄"［tʃ］母，然当时通用语已为精母［ts］，"责（音蛰）"并非正音，反是云南方言平翘不分特点。《切韵正音经纬图》便可从两个角度看云南方音时音：（1）宗常在书中的声韵归类；（2）宗常在声韵归类中的混乱莫辨状况。

（二）韵母

《切韵正音经纬图》所列韵目可看到通用语的分合，亦可以看出云南方音的演变轨迹，如：入声字"虢"，中古音［kuèk］，下统"国、或"等，云南方音为［ue］，不读［uo］；"皆""迦"分列，也是反映云南方音没有完全遵循——今音声母演变显示的"见溪群"遇"齐撮"便变为 j、q、x，遇到"开合"变为 g、k、h。"皆"（中古音［iai］）有介音［i］，所以今音变为 jie，云南方音却丢弃介音，保留了［ai］，声母自然为 g，而非 j；"蓬、蒙、蠓、翁、蓊、瓮"等字，云南方音为 ong，与此书将其收在"公韵第一"，可见云南方音对古音的承袭，而今普通话却音 eng，分合不言而喻。

其"音同某韵附之"体例不仅让我们看到某韵部的源流、分合，更让我们看到大量的云南方音演变轨迹。例如：

（1）"甘"（[am]）等，"音同干韵附之"（[an]）；

（2）"间"[æn]等、"兼"（[iem]）等、"监"[am]等，"音同坚韵附之"（[ien]）。

不难看出，云南方音中的[-m]尾韵字，变作了[-n]尾韵音。

四　杨琼、李文治的《形声通》中的云南方音

（一）声母

《形声通》较为特殊的是"犴[ŋ]、r[r]、横[v]、z[z]、sh[ʃ]"五个声母。"犴[ŋ]、横[v]"是云南方音，前面韵书已有记录，此书继续保留；"r[r]、z[z]、sh[ʃ]"是作者借用英文字母来记录西音或方言音读的，其中z[z]声母为云南方音，这是云南方音[z]在韵书中的第一次体现，《形声通》也被视为是记录云南汉语方言中有[z]声母的第一部韵书。① 同时，大理地区白语语音中存在"[ŋ]、[v]、[z]"三个声母，如[va]（袜）、[ŋa]（咬）、[ʐ̩]（二、二月）等，可认为云南方音中存在这三个声母有白语的影响。

（二）韵母

《形声通》的"促音"，有学者认为所谓"促音"只能指收[-ʔ]而言，也可算作白语中的声调。其具有的口肌、喉肌紧张的性质，与白语"紧元音"性质相同②。

---

① 陈长祚：《云南汉语方音学史》，云南大学出版社 2007 年版，第 446 页。
② 同上书，第 451 页。

第三节　清代云南少数民族语言对汉语方言的影响

汉语云南方言在明代已经形成。清代，云南移民由明代强制性、政策性移民向清代经济互补性、自发性移民的迁徙模式转变，造成明清汉移民在类型上有较大差别，汉文化在传播的过程中，也由以往以儒家经典为传播内容，以教育机构为传播途径所形成的精英文化的传播模式向大众文化传播模式转变，云南方言在此期也发生了新变化。

首先，汉族移民在不同时期迁移入滇，与云南当地少数民族处于不断的融合中，随着民族间的交融渐进，汉语与少数民族语言的不对等相互影响着，语言间影响的方向不限于强势语言对弱势语言，云南少数民族语言继续广泛、深入影响着最强势汉语。

其次，随着汉族移民不断由平坝城镇向山区推进、汉族移民向山区渗透的增加，进入人数的增多使山区少数民族的文化也出现一定程度变迁。同时存在因迁移路线不同而影响着汉语与少数民族语言的演变。汉族移民首达云南东北部、北部，继而前往东南部、南部、西南部，汉族人口在这些地方相对占优势，汉语对少数民族语言的影响相对较大，这些地方的汉语变化速度相对要慢一些，语言面貌变化要小一些；越往云南腹地，汉族人口越少，汉语对少数民族语言的影响越小，在这些地方的汉语演变速度快、面貌变化大，声母、韵类相混现象比较多。民族间的融合快慢与深浅影响着两种语言的演变快慢与深浅。

最后，语音变化。清代云南方言变化特点是：在承袭明代的变化基础上，又有新的语音现象产生。

（1）声母变化：①g、k、h 与 j、q、x 不分。"见溪群"的普通话演变规律是：遇"齐撮"便变为 j、q、x，遇到"开合"变为 g、k、h。云南方言则表现为：有介音［i］，丢弃介音，声母仍为 g，而非 j。②"疑［ŋ］"声母，（1）在开口呼、合口呼中，仍保留［ŋ］声母，在齐齿呼、撮口呼中，变作 n，普通话全变为零声母。③受大理白语影响，产生了"r［r］、z［z］、sh［ʃ］"三个方言声母。④平翘不分现象更为突出，仍有［v］声母存在。

（2）韵母变化：①中古［-m］尾音字在近古时是先并入［-ŋ］尾韵字的，此间在多民族接触中，［-ŋ］丢失甚至鼻化亦会同时发生。②产生了云南特色韵母［io］。③云南方音中复元音多变为单元音化。④"蓬、蒙、蠓、翁、蓊、瓮"等字，云南方音承袭古音读为 ong，普通话音 eng。

正如罗常培于《云南之语言》中所言："音素简明，词汇雅达，语法平正。虽与中原相去万里，而语言固无扞格也。"地域阻隔，造成云南方言新陈代谢较为缓慢，云南方言多承袭古代汉语特点，特别是词汇承袭至今较为突出；多民族聚居，云南方言语音多受民族语语音影响，语音面貌平直舒缓，发音动程短促，舌位升降、嘴唇开合的幅度小、变化少，云南方言语音简洁明快特色的逐渐形成，便也是云南方言独立地位的徐徐确立。然山峦相阻，却水流相通，雅言、官话、普通话与云南方言并不矛盾、冲突，与不同方言区人交流时应用共同语，方言区内用自己的方言为何不可？方言的使用价值和文化价值不容小觑。同时，共同语里有些词语不如方言词表达得确切、生动，也可不断吸收方言词来丰富共同语的词汇。主体化与多样化相结合，是云南方言衍变的轨迹，更是西南边疆多民族融洽相处、和睦演进的历史、现状与方向。

第四章 云南地方文献中的语言 文献与云南方言

语言是人类文明的缩影，它记录着人类的社会关系、经济文化交往、民族的历史等，通过对语言的研究可了解语言背后独特的文化现象。正如学者们提到的"对于社会现象、文化现象的研究，总是离不开纵横两方面的比较的"①，方言研究，一方面与上古、中古音比较，一方面与普通话比较，是这一学科成熟的表现。

一 地方语言文献为历史语言学研究文本

（一）为方音研究、语音史研究提供文本与例证

"任何方言的语音系统用历史的观点去透视都不是单纯的系统，而是叠置的系统，都有不同历史时代的语音成分的沉积。其中不但有历代共同语语音的成分也有古方言的成分和不同历史时期的方言自身的创新。"② 地方语言文献保存大量的历史资料，故而必须根据

① 李如龙：《谈汉语方言的比较研究——兼评〈汉语方言大词典〉》，《辞书研究》2000 年第 4 期。
② 李如龙：《谈汉语方言的比较研究（下）——世纪之交汉语方言学》，《语文研究》2000 年第 3 期。

汉语文献本身来探讨汉语发展规律，据此再去发展和补充普通语言学理论。语言文献记录了时音，分析云南地方文献中的语言文献，可见中原汉语各时期在云南的历史状况和发展规律，亦可见云南方言形成的历史轨迹和演变规律。对照古汉语语音，我们会看到云南汉语或某个音类一分为几，或某几个音类合而为一，或某几个音类发生变异等，或不同历史时代语音特点和语音成分叠置整合，或字音异读，整理出古音或方音的各类对应和种种异读，"把这些对应汇总起来，拿古今语音演变史最为参照，方言语音的历史层次就清楚地显示出来了"①。透视云南汉语历史源流，查明其演变的原因，厘清云南方言语音系统的形成规律与特点，这样便可把云南方言放在整个汉语语音发展史上作出历史的定位，也为全国汉语语音史的研究与定位提供例证。

（二）为方言词汇研究、词汇史研究提供用例与佐证

很多方言词汇，我们只知其音、其义，不知其形，更不知其源。通过地方语言文献可考求方言词汇本字，追溯其源流，"拿方言词与古汉语作比较，考察方言与不同历史时期古籍上记录的用语的关系"，② 可研究方言词汇与某一断代词汇的关系，亦可对方言词汇作纵向历时比较研究，考察在历史长河中，方言词汇的新造词、历史词还可深究方言词汇词义的演变情况，揭示方言词汇义项增加、义项减少、词义扩大、词义缩小、词义指移、词义情移、词义范围转移、词义轻重不同等演变过程和规律，分析其继承与变化的程度、

---

① 李如龙：《谈汉语方言的比较研究（下）——世纪之交汉语方言学》，《语文研究》2000 年第 3 期。

② 同上。

数量、影响因素及变化时间，由个别到整体，由共时到历时，便可全面掌握方言词汇史特点、汉语词汇史全貌，以及与之维系紧密的民族文化、地域文化、地方历史文化。

云南地方文献中的语言文献为研究云南汉语方言、汉语史提供了文本与例证，通过研究既可看到中原汉语的悠久历史、坚强的继承性和无限的生命力，亦可看到云南方言的开放性、容纳性和创造力，以及古代语言接触与融合的发生，实现立足事实分析语文现象，依据文献研究汉语历史，贯通古今探索演变规律，助推中国特色语言学的建设与发展。

二　地方语言文献是研究语言学家的依据

语言，既是思维表达、信息交流的符号系统，又是交流思想、维持和发展社会联络的交换系统，也是民族文化和地域文化的表现形式系统。[①] 语言文献是语言学家的语言学思想、语文学功底和语言学眼光的最直接反映，通过研究语言文献，可看到语言学家个体特点，也可看到流派的差异。云南地方文献中的语言文献，是云南历史上语言学家、语言学流派特点分析研究的最佳依据。知人而论世，方言是历史的产物，语言学家生活的时代、地域以及环境的变迁等，对语言学家的语言能力、语言认知等有着深深的影响，我们从语言文献中反映出来的语言现象和特点，也可窥析语言学家生活时代的特色、地域文化特征、环境变迁情况及语言学家的语言能力、语言认知等。云南地方文献中的语言文献不仅保留了汉语史、云南方言史资料，也蕴含着大量的边疆民族史、文化史、社会发展史信息，

---

① 参见李如龙《谈汉语方言的比较研究（下）——世纪之交汉语方言学》，《语文研究》2000 年第 3 期。

云南地方文献中的语言文献是研究云南语言学家、云南汉语史、边疆民族文化发展史不可或缺的历史资料与解读文本。

三　地方语言文献是文献学的研究对象

《论语·八佾》记载："子曰夏礼吾能言之，杞不足征也；殷礼吾能言之，宋不足征也。文献不足故也，足则吾能征之矣。"文献是考察现实、参验古今的主要依据和资料辅证。文献传承过程中，各个学科领域和各种不同类型的具体文献的传承，不仅参与了对中国文化的民族特色塑造，而且影响了中国人对自身心理情感与思想文化的民族认同。以云南语言文献作为研究对象，分析语言文献的传承和创新方式，研究语言文献的特点、功能、类型、流布、发展规律等，可揭示云南语言文献特点、语言文献发展规律及文献学发展历史等，也可引发人类语言学、社会语言学、文化语言学研究与发展。

总之，通过研究云南地方文献中的语言文献探究云南方言、少数民族语言对汉语方言的影响，是历史比较语言学研究方法及"古代汉语—方言—普通话"比较研究法的较好实践与创新。既是充分运用传统音韵学的分析方法和关于中古音的研究成果，拿方言和古汉语、普通话进行比较，从历时与共时、宏观与微观不同角度，对云南汉语方言与少数民族语言的接触和影响进行了系统深入的研究，更可对云南地方文献中的语言文献进行较为全面的收集整理，从语音、词汇等方面，描写少数民族语言对汉语方言影响的具体表现，分析汉语方言变异的原因，探讨民族杂居和语言接触影响语言变化的一般规律，使部分特殊方言现象得到合理解释，为双语学、汉语和少数民族语言接触研究提供了研究范例、历史资料和参考性资料，拓宽了汉语方言研究视野，丰富了语言接触理论，对语言学理论的发展有积极促进作用。

主要参考文献

1. **史料**

《明史》，中华书局 2000 年版。

景泰《云南图经志书》十卷，云南大学历史系向云南省图书馆传钞北京图书馆藏景泰六年刻本五册本。

《正德云南志》，正德五年春本。

《万历云南通志》，龙氏灵源别墅铅字 1934 年重印万历四年刻本。

《康熙云南府志》，康熙三十五年刻本。

《道光云南通志》，道光十五年（1835）刊六十册之复印本。

《光绪云南通志》，光绪二十年（1894）刻本。

《（光绪续修）嵩明旧志》，1926 年重印光绪十三年（1887）刻本。

《嵩明县志》卅八卷，1935 年铅印本。

《新纂云南通志》，云南印书局 1949 年铅印本。

《云南丛书总目》，云南图书馆藏版 1915 年版。

《云南丛书》，云南丛书处 1915 年版。

李小缘编辑：《云南书目》，云南人民出版社 1988 年版。

方树梅：《明清滇人著述书目》，云南大学西南文化研究室 1944 年版。

方树梅：《滇南碑传集》，云南民族出版社2003年版。

方树梅：《滇南书画录》，云南省图书馆1926年铅印本。

（明）刘文征：《天启滇志》，云南教育出版社1991年版。

袁嘉谷：《滇绎》，东陆大学，民国十三年（1924）铅印版。

李根源辑：《永昌府文征》，云南美术出版社2001年校注本。

《中国古籍善本书目》，上海古籍出版社1998年版。

王重民：《中国善本书提要》，上海古籍出版社1983年版。

阳海清等编：《文字音韵训诂知见书目》，武汉人民出版社2002年版。

《中国科学院图书馆藏中文古籍善本书目》，科学出版社1994年版。

《云南省图书馆善本书目》，云南省图书馆光电誊印本。

《四川省图书馆藏古籍目录》，四川省图书馆1958年版。

《四川省古籍善本书联合目录》，四川辞书出版社1989年版。

黄虞稷：《千顷堂书目》，上海古籍出版社2001年版。

（清）谢启昆：《小学考》，光绪戊子（1888）浙江书局刻本。

（清）钱曾：《读书敏求记》四卷，扫叶山房石印1914年版。

（清）释圆鼎纂：《滇释记》，云南丛书本。

《四库全书总目提要》，商务印书馆1933年版。

《景印文渊阁四库全书》，台湾商务印书馆1972年版。

《续修四库全书提要》，台湾商务印书馆1972年版。

《四部丛刊书录》，商务印书馆1922年版。

《丛书集成新编》，新文丰出版公司1985年版。

《丛书集成续编》，新文丰出版公司1989年版。

《中国丛书综录》，中华书局1959—1962年版。

李调元编：《函海》，清乾隆中绵州李氏万卷楼刊，嘉庆十四年李鼎元重刊印本。

方国瑜主编：《云南史料丛刊》，云南大学出版 2000 年版。

方国瑜：《中国西南历史地理考释》下册，中华书局 1977 年版。

郝正治：《汉族移民入滇史》，云南大学出版社 2003 年版。

苍铭：《云南边地移民史》，民族出版社 2004 年版。

《云南省志·汉语方言志》，云南人民出版社 1989 年版。

《通海县文化志》，云南通海印刷厂承印 2000 年版。

《通海县志》，云南人民出版社 1992 年版。

玉溪市档案局主编：《玉溪碑刻选集》，云南人民出版社 2009 年版。

（清）董枢修，罗云禧等纂：《河西县志》，成文出版社 1975 年版。

（清）魏荩臣修，阚祯兆纂：《康熙通海县志》，云南人民出版社 1993 年版。

2. 古籍原典

（明）兰茂：《韵略易通》，《续修四库全书·经部·小学类》第 185 册，上海古籍出版社 2002 年版。

（明）兰茂：《韵略易通》不分卷，明云南刻本。

（明）兰茂：《韵略易通》二卷，吴允中校，明万历山东刻本。

（明）兰茂：《韵略易通》二卷，吴允中校，云南丛书底本。

（明）兰茂：《韵略易通》二卷，吴允中校，明宝旭斋刻本。

（明）兰茂：《韵略易通》二卷，吴允中校，明集义堂刻本。

（明）兰茂：《韵略易通》二卷，（清）李棠馥校正，清康熙四年刻本。

（明）兰茂：《声律发蒙》，清安顺陈焕文堂刻本（1644）。

（明）兰茂：《声律发蒙》，清曲靖启贤堂刻本（1644）。

（明）兰茂：《声律发蒙》，云南丛书本（1914）。

（明）兰茂：《声律发蒙》二卷，清咸丰十年务本堂本。

（明）兰茂：《声律发蒙》二卷，清光绪十九年务本堂本。

（明）兰茂：《声律发蒙》二卷，民国云南务本堂铅印本。

（明）释本悟：《韵略易通》一卷，《云南丛书》本。

（明）释本悟：《韵略易通》不分卷，清康熙六年释彻润刻本。

（明）释本悟：《韵略易通》不分卷，清康熙八年嵩明琮玲山何有庵释书见重刻本。

（明）释本悟：《韵略易通》不分卷，依书见重刻本之清抄本。

（明）兰茂撰，毕拱辰更定：《韵略汇通》，油印蓝格钞本。

（明）葛中选：《太律》，《续修四库全书·经部·乐类》114册，上海古籍出版社2002年版。

（明）葛中选：《泰律十二卷外篇三卷》，光绪二十八年至三十年经正书馆重刊本。

（明）葛中选：《泰律外篇：三篇》，清康熙间刻本。

（明）杨慎：《升庵外集》，清道光甲辰影明版重刻本。

（明）杨慎：《杨升庵全集》，清乾隆乙卯年养拙山房重刻本。

（明）杨慎：《艺林伐山》二十卷，明万历癸酉刻本。

（清）杨琼：《寄苍楼集》，民国二年铅印本。

（清）袁嘉谷：《滇绎》，民国十二年铅印本。

（清）释宗常：《切韵正音经纬图》一卷，清康熙云南刻本。

（清）吴树声：《歌麻古韵考》第四卷，清同治八年原刻本。

（清）吴树声撰：《歌麻古韵考》第四卷，苗夔补注、渭南严氏1935 年刻本。

（清）吴树声：《合音辑略》第一卷，清抄本。

（清）吴树声：《诗小学》第三十卷，云南丛书馆辑订本。

（清）吴式钊：《六书纲目一卷切韵导原第一篇一卷》，清光绪十五年本。

（清）吴式钊：《六书纲目一卷切韵导原第一篇一卷》，清光绪年间本。

（清）吴式钊：《〈六书纲目〉总论》，云南丛书本。

（清）杨琼、李文治：《形声通》，文字改革出版社 1957 年版。

（清）杨琼、李文治：《形声通》，日本东京，清光绪三十一年本。

（清）杨琼撰，沈钟参订：《肆雅释词二卷》，清光绪二十三年刻本。

（清）杨琼撰，沈钟参订：《肆雅释词二卷》，云南丛书馆辑订本。

（清）杨名飚：《经书音字辨要》，清道光十三年原刻本。

（清）杨名飚：《经书音字辨要》，崇纶校，清道光二十七年合德堂刻本。

（清）杨锐材撰，方先农注：《四书音义声韵补六卷》，清道光二年树德堂刻本。

（清）华韫璋：《华氏音学一卷》，清咸丰间稿本。

（清）张澐卿辑：《诗韵辨字增注五卷》，清光绪刻本。

3. 工具书

《汉语大字典》，四川辞书出版社 2010 年版。

《汉语大词典》，上海辞书出版社 2011 年版。

《现代汉语词典》，商务印书馆 2010 年版。

汤可敬：《说文解字今释》，岳麓书社 2001 年版。

曹述敬主编：《音韵学辞典》，湖南出版社 1991 年版。

臧励和等编：《中国人名大辞典》，商务印书馆 1921 年版。

杨家骆：《四库全书学典》，上海世界书局 1946 年版。

《云南辞典》，云南人民出版社 1993 年版。

4. 论著

钱曾怡主编：《汉语官话方言研究》，齐鲁书社 2010 年版。

赵荫棠：《中原音韵研究》（二卷），商务印书馆 1936 年版。

李新魁：《汉语等韵学》，中华书局 1983 年版。

耿振生：《20 世纪汉语音韵学方法论》，北京大学出版社 2004 年版。

耿振生：《明清等韵学通论》，语文出版社 1992 年版。

陈长祚：《云南汉语方音学史》，云南大学出版社 2007 年版。

胡安顺：《音韵学通论》，中华书局 2002 年版。

王力：《汉语史稿》，中华书局 2004 年版。

王力：《汉语语音史》，商务印书馆 2012 年版。

王力：《汉语音韵》，中华书局 2003 年版。

陆志韦：《陆志韦近代汉语音韵论集》，商务印书馆 1988 年版。

向熹：《简明汉语史》（上），商务印书馆 2010 年版。

史存直：《汉语史纲要》，中华书局 2008 年版。

周振鹤等：《方言与中国文化》，上海三联书店 1986 年版。

袁家骅：《汉语方言概要》，文字改革出版社 1983 年版。

尤中：《云南民族史》，云南大学出版社 1994 年版。

赵荫棠：《等韵源流》，商务印书馆 2011 年版。

简启贤：《音韵学教程》，巴蜀书社 2013 年版。

唐作藩：《音韵学教程》，北京大学出版社 2002 年版。

周振鹤、游汝杰：《方言与中国文化》，上海三联书店 1986 年版。

张玉来：《〈韵略易通〉研究》，天津古籍出版社 1999 年版。

张苿主编：《元江人学话手册》，云南省玉溪行署教育局，1989 年。

张苿主编：《华宁人学话手册》，云南省玉溪行署教育局，1989 年。

张苿主编：《江川人学话手册》，云南省玉溪行署教育局，1989 年。

张苿主编：《峨山人学话手册》，云南省玉溪行署教育局，1989 年。

张苿主编：《新平人学话手册》，云南省玉溪行署教育局，1989 年。

张苿主编：《通海人学话手册》，云南省玉溪行署教育局，1989 年。

张苿主编：《易门人学话手册》，云南省玉溪行署教育局，1989 年。

杨时逢：《云南方言调查报告》（上），中央研究院历史语言研究所1969 年版。

李晓斌：《历史上云南文化交流现象研究》，民族出版社 2005
年版。

5. 期刊论文

李兆同：《云南方言的形成》，《思想战线》1999 年第 1 期。

群一：《云南汉语方音史稿（三)》，《昆明师专科学报》1999
年第 1 期。

吴积才、颜晓云：《云南方音概况》，《玉溪师专学报》1986 年
第 4 期。

吴积才、颜晓云：《云南方言概况》（二)，《玉溪师专学报》
1986 年第 5 期。

吴积才、颜晓云：《云南方音概况》（三)，《玉溪师专学报》
1987 年第 1 期。

薛才德：《从云南汉语方言阳声韵的演变看少数民族语言对汉语
的影响》，《思想战线》1992 年第 4 期。

李晓斌：《清代云南汉族移民迁徙模式的转变及其对云南开发进
程与文化交流的影响》，《贵州民族研究》2005 年第 3 期。

杨瑞鲲、王渝光：《云南少数民族汉语的产生与云南汉语方言的
形成》，《通化师范学院学报》2014 年第 5 期。

叶宝奎：《也谈本悟〈韵略易通〉的重 × 韵》，《古汉语研究》
1999 年第 2 期。

颜静馨：《〈太律〉之音学研究》，硕士学位论文，中正大学，
2002 年。

戴飞：《〈太律篇〉音系研究》，硕士学位论文，苏州大学，
2010 年。

张玉来、戴飞：《论葛中选〈太律〉的音韵学价值》，《山东大学学报》2012 年第 4 期。

张玉来：《〈韵略易通〉的音系性质问题》，《徐州师范大学学报》1997 年第 2 期。

何云：《葛中选和他的〈泰律〉》，《芒种》2012 年第 14 期。

张华文：《〈形声通〉研究》，《云南师范大学学报》1995 年第 5 期。

黎新第：《近百年来明代汉语共同语语音研究述略》，《重庆师范大学学报》2005 年第 5 期。

鲁国尧：《研究明末清初官话基础方言的廿三年历程——"从字缝里看"到"从字面上看"》，《语言科学》2007 年第 2 期。

李如龙：《谈汉语方言的比较研究——兼评〈汉语方言大词典〉》，《辞书研究》2000 年第 4 期。

李如龙：《谈汉语方言的比较研究（下）——世纪之交汉语方言学》，《语文研究》2000 年第 3 期。

赵俊梅：《明代韵书〈太律〉语音系统与云南方言》，硕士学位论文，云南大学，2015 年。

6. 其他

通海县文化旅游局：《〈泰律〉与葛中选》，2006 年 6 月 24 日，通海网（tonghai. gov. cn）。

上海师范大学语言研究所：东方语言学网（www. eastling. org）"上古音、中古音查询系统"。